U0829390

许钧翻译论丛

傅雷翻译研究

许钧 宋学智 胡安江 著

译林出版社

图书在版编目（CIP）数据

傅雷翻译研究 / 许钧，宋学智，胡安江著. —南京：译林出版社，2024.7
（许钧翻译论丛）
ISBN 978-7-5447-9902-7

Ⅰ.①傅… Ⅱ.①许… ②宋…③胡… Ⅲ.①翻译理论 Ⅳ.①H059

中国国家版本馆 CIP 数据核字（2023）第 183123 号

傅雷翻译研究　许　钧　宋学智　胡安江 / 著

责任编辑　刘　池
装帧设计　侯海屏
校　　对　王　敏　施雨嘉
责任印制　颜　亮

出版发行　译林出版社
地　　址　南京市湖南路 1 号 A 楼
邮　　箱　yilin@yilin.com
网　　址　www.yilin.com
市场热线　025-86633278
排　　版　南京展望文化发展有限公司
印　　刷　江苏凤凰新华印务集团有限公司
开　　本　718毫米 ×1000毫米　1/16
印　　张　17.75
插　　页　4
版　　次　2024 年 7 月第 1 版
印　　次　2024 年 7 月第 1 次印刷
书　　号　ISBN 978-7-5447-9902-7
定　　价　88.00 元

版权所有 · 侵权必究
译林版图书若有印装错误可向出版社调换。质量热线：025-83658316

翻译的价值是无可估量的

——“许钧翻译论丛”总序

从大学毕业至今，已经近45年了。回想这40多年走过的路所做的事，我自己觉得最有意义的是翻译。我曾不止一次地说过，我做的工作，基本上只与翻译有关。我做翻译，包括口译与笔译，口译做过同声传译，也做过学术翻译、陪同翻译，有机会认识了联合国前秘书长加利、著名哲学家德里达、诺贝尔文学奖得主勒克莱齐奥等先生，有的还成了很好的朋友。笔译主要是文学翻译，也译过一些重要的学术著作。在做翻译的基础上，我对翻译进行思考，进行研究。除了做翻译，研究翻译，我的主要工作是教翻译，培养做翻译、研究翻译的人才。这几十年来，我之所以坚持不懈地做翻译、研究翻译和教翻译，是因为我对翻译重要性的认识在不断深入，因为我们都知道不同民族的交流离不开翻译，社会的发展离不开翻译，世界的和平也离不开翻译。

我从翻译出发，通过翻译研究，把目光投向了人类悠久的翻译历史，在历史的审视中，对翻译的本质、翻译的作用、翻译主体的活动、翻译研究的发展和翻译学科的建设进行思考。感谢译林出版社的厚爱，系列推出我的翻译研究成果。可以说，这套“许钧翻译论丛”记录的就是我40余年来在翻译与翻译研究的道路上对翻译的思考与探索的印迹。

翻译活动是丰富的，有多种形态。雅各布森将翻译活动分为三种类型：符际翻译、语际翻译和语内翻译。符际翻译和语际翻译，我们译学界有过不少研究，但对语内翻译，似乎关注不多。我在《绕不过去的翻译问题》一文中曾谈道,“一个民族的文化是不断创造、不断积累的结果。而翻译,在某种意义上,则是在不断促进文化的积累与创新。一个民族的文化的发展,不能没有传统,而不同时代对传统的阐释与理解,会赋予传统新的意义与内涵。想一想不同时代对‘四书’‘五经’的不断‘翻译’,不断阐释,我们便可理解,语内翻译是对文化传统的一种丰富;是民族文化得以在时间上不断延续的一种保证”。

翻译的价值是无可估量的。在我看来,翻译的价值是多方面的,有社会价值、文化价值、语言价值、创造价值和历史价值。对于翻译的社会、文化价值,我们现在了解得比较多了。从整个人类社会发展来看,翻译能够克服语言差异造成的阻碍,达成双方的相互理解,为交流和对话打开通道。正是借助翻译,人类社会才从相互阻隔走向了相互交往,从封闭走向了开放,从狭隘走向了开阔。从某个具体国家民族的社会文化发展来看,翻译通过对别国先进科技和文化的介绍,能够引进知识,开启民智,塑造民族精神和国人思维,在特殊时期甚至能对社会重大政治运动和变革实践产生直接的影响,成为一种文化的构建力量。

而翻译的语言价值观,从根本上说,就是如何认识翻译活动对语言产生的作用和影响问题。翻译是一种特殊的写作活动,又与写作活动不同,两种语言的交锋很容易创生“第三种语言”,进入译者母语后,能够从句法、词汇等方面丰富并拓展后者。梁启超曾讨论过佛经翻译文学对汉语的直接影响,据他介绍,当时日本人编了一部《佛教大辞典》,其中收录“三万五千余语”,暂不论这“三万五千余语”是否完全进入汉语系统,可以肯定的是,创造新词的过程是汉语逐渐丰富的过程。另外很重要的一点是,新词汇也意味着新观念,语言上的变化也会对思想观念、思维方式造成影响,如是观之,我们就会明白为何“五四”运动前后,几乎所有进步报刊都登载了翻译作品,而鲁迅、刘半农、沈雁冰、郑振铎、瞿秋白等人又为何会如此热衷于翻译了。

关于翻译的创造性,学界关注不够。翻译本身是一种创造性活动,只有凭借译者的创造才能实现。而且当我们讨论翻译的社会、文化和语言价值时,实际上已经涉及了翻译在这些层面所表现出的创造力。而当“本我”意欲打破封闭的自我世界,向“他者”开放,寻求交流,拓展思想疆界时,自我向他者的敞开,本身就孕育着一种求新求异的创造精神。与此同时,翻译中导入的任何“异质”因素，都是激活目的语文化的因子，具有创新作用。

在当今的时代，我特别关注在全球化的语境下，翻译应该承担的使命。在我看来，全球化和世界一体化给翻译提供了更广阔的发展前景，另一方面也赋予了翻译更为重要的使命。2002年，联合国前秘书长布特罗斯-加利曾访问南京大学。当他得知我多年来一直从事翻译实践与研究后，充分肯定了这一工作的重要性，还为我正在撰写的《翻译论》题写了一句话：“翻译有助于发展文化多样性，而文化多样性则有助于加强世界和平文化的建设。”我认为这句话很好地定义了翻译在全球化时代的使命。全球化有其积极的一面，但其负面影响也不容小觑。加利访问南京大学时，曾发表了题为《多语化与文化的多样性》的重要演讲。在演讲中他指出，世界化进程会对文化产生直接的影响，甚至有可能危及文化多样性。他的这种担忧并非没有根据。在当今的国际社会，某些国家以强大的经济势力为基础，以经济利益为诱饵，在推动经济一体化的过程中，谋求强势文化的地位，甚至表现出十足的“文化霸权主义”。面对这种现状，不难理解会有越来越多的人呼吁对“文化多样性”的维护，而翻译因其本质属性，能够而且必须在维护“文化多样性”过程中承担重要使命。

那么，翻译要怎么做，才能承担起维护文化多样性、加强世界和平建设的使命呢？通过研究，我认识到，我们应该从跨文化交流的高度去认识翻译。有几点特别重要：一是在理解翻译的本质时，要坚持将翻译视作一种“跨文化的交流活动”。翻译不仅仅是一种语言转换活动，更是一种跨文化的交流活动，它在世界文明进程中扮演着重要而独特的角色。作为不同语言、文化之间的“转渡人”，译者对“文化多样性”及其重要性的体认应该更为深刻，也因此承担了更为重大的责任。只有正确认识翻译，充分看到翻译的跨文化交流本质，译者才有可能在自己的实践活动中对文化因素更为敏感，对保存和传达文化因素更为谨慎。二是在翻译中，要以平等的态度去善待各种不同的语言。加利在南京大学所作的题为《多语化与文化的多样性》的演讲中就曾指出，语言多样性与文化多样性之间存在着千丝万缕的联系，语言多元是维护文化多样性的基本条件，而世界的民主与和平有赖于语言与文化的多元，因为在他看来，“一门语言，它所反映的是一种文化和一种思维方式。说到底，它表达了一种世界观。如果我们听凭语言单一化，那将导致一种新型的特权群体，即‘话语’的特权群体的出现！”。翻译如要为维护语言多样性做出贡献,就要坚持开放与交流的文化心态。三是要发扬翻译精神,勇敢承担历史赋予翻译的使命。南京大学的程章灿教授在读了我的《翻译论》后,曾写过一篇富有真知灼见的读后感。在文章里,他指出,我们正处于一个翻译的时代,而翻译的时代不可缺少的是翻译精神。他从我对翻译本质的定义出发,将翻译精神总结为"交流、传承、沟通、创造与发展"五个方面。实际上,我们所提倡的对不同文化的尊重,在翻译中努力再现语言、文化差异,都是这翻译精神的体现。发扬这一翻译精神,实际上便是在准确定位翻译的同时,勇敢承担起语言、文学、文化、社会、历史等种种层面的使命,而加利所说的"发展文化多样性,加强世界和平文化建设"的历史使命自然也被包括在了里面。

在对翻译进行思考与研究的同时,30多年来,我和翻译教学与研究界的同行一起,一直致力于翻译学科的建设。在这方面,我们的努力一直没有停止。在中国翻译协会成立30周年之际,我为《中国翻译》撰写了一篇长文,题目为《翻译研究之用及其可能的出路》。过去常有人说"翻译无理论",现在翻译理论实实在在地存在了,不少人又说"理论无用",这种对翻译研究的实用主义态度危害不小,它在很大程度上限制了我们对翻译本质的形而上思考、对翻译过程的多层面研究以及对翻译价值的多元化追求。我本人在翻译实践过程中是有明确的理论追求的,而且我认为这非常重要。理论意识在译者选择原作、研究原作、确定翻译策略、解决具体问题等方面都有很大的帮助。而翻译活动的经验总结、理论升华更能对今后自己和他人的翻译实践有所启迪和助益,避免实践的盲目性。本论丛所收入的《文学翻译批评研究》《文学翻译的理论与实践——翻译对话录》《文字·文学·文化——〈红与黑〉汉译研究》等著作,就是在这一方面探索的结晶。

事实上,从最朴素的翻译思考到今天多视角、多方法的科学理论,翻译研究在不断加深人们对翻译本身的理解,深化了人们对翻译复杂性和重要性的认识。如果没有翻译的语言学研究,翻译活动可能还囿于经验主义的层面。如果没有翻译的文化研究,我们可能还无法对制约翻译产生与接受的机制具有如此全面自觉的意识。而对翻译理解的深化也促使人们从社会交流、文化传承、语言沟通、创造精神和历史发展等多元角度来看待翻译的价值,对翻译的重要性有了更加全面的认识,有利于在维护文化多样性、促进世界和平方面进一步凸显翻译的重要性。回顾我的翻译探索之路,可以看到自己的学术视野不断拓展，对翻译的理论思考也不断深入，《翻译论》《翻译学概论》《二十世纪法国文学在中国的译介与接受》《傅雷翻译研究》等著述，集中地展现了我和翻译界的同仁在翻译理论、文学译介与翻译家研究等方面所做的重要工作。

翻译研究为我们理解和探索人类交流的历史开辟了一条新路。翻译是人类跨文化交流的一种重要形式，我们甚至可以毫不夸张地说，一部翻译史，就是一部文化交流史。作为一个翻译学者，我清醒地认识到，翻译历史悠久，形态丰富，翻译的许多问题需要我们继续研究与探索。鉴于此，这一论丛是开放性的，我会加倍地努力，不断给读者奉献有关翻译研究的新成果。

许钧

2020 年 10 月 22 日

于南京黄埔花园

本书为国家社会科学基金项目“傅雷翻译研究”
(项目编号：BYY008) 之研究成果

目　录

前　言

在2008年举办的"'我心中的傅雷'——纪念傅雷诞辰一百周年征文"大赛中，作家韩曜的参赛文章《我心中的傅雷》曾这样写道："傅雷，一直是一个真性情的文人，他以火热的心拥抱生活中的美好，以冷峻的眼去睥睨现实中的丑恶。在他的书卷间、行文里流淌的是屈原式的洒脱神奇，是杜甫式的忧患常袭。"他还认为，"纯真得像孩子，虔诚得像教徒，比象牙还缺少杂质的傅雷先生留给我们的是孩子的微笑，大师的背影"。显而易见，韩曜这里所谓的"孩子的微笑"指的是傅雷"为人"的至真至诚，而"大师的背影"则指傅雷"为译"的至善至美。事实上，我们今天缅怀傅雷、研究傅雷，感动和温暖我们的依然是傅雷"为人""为译"的那种纯粹与执着。

目前，关于傅雷的研究专论，主要以描述其生平的传记性文字为主。比较具有代表性的研究成果有：金梅的《傅雷传》，生动真实地描写与再现了傅雷的身世际遇以及人生逸事；谢天振、李小均的《傅雷：那远逝的雷火灵魂》，简明勾勒了傅雷的传奇人生、思想风貌、翻译美学与艺术成就；傅敏与陈小明编著的《孤独的狮子——傅雷》，则向读者呈现了一个文艺复兴式的傅雷形象——寂寞孤独、愤慨高傲、遗世而独立；叶凯的《傅雷的最后17年》，分九章描述了傅雷令人扼腕的悲剧人生；而叶永烈的傅雷研究系列专著《傅雷画传》、《铁骨傅雷》、《解读傅雷一家》以及

《傅雷与傅聪》，更是从不同的艺术视角与人生截面，详尽探讨并深情回顾了傅雷的艺术人生与传世家书，其中不乏大量珍贵的第一手傅雷研究资料；此外，2008年由国家图书馆古籍馆编辑的《洁白的丰碑：傅雷百年诞辰纪念》，则以图影和文字搭配的独特方式，通过傅雷的少年时代、留法的青年时代、留法归国年代、傅雷的壮年时代、一九四九年后的传奇、傅雷的摄影作品与傅雷身后的影响等七部分内容，概略性地向中外读者介绍了傅雷的一生及其翻译成就；此外，苏立群的《傅雷别传》以及段文菡的《艺海清辉——傅雷》，则补遗性地探讨了傅雷的译者人生与艺术情怀。

除了这些传记性的文字之外，另有部分专论则主要围绕傅雷广博精深的艺术素养展开研究与论述。其中较具影响力的著作包括：金梅的《理想的艺术境界》，从“论修养”、“论美术”、“论音乐”和“论文学”四个方面，深入探讨了傅雷的文艺修养；程帆主编的《我听傅雷讲艺术》，分为傅雷小传、我听傅雷讲美术、我听傅雷讲音乐、我听傅雷讲文学、傅雷的为人、附录（傅雷学术著作）六个部分，深入浅出地向读者呈现了傅雷厚重精深的艺术造诣；李云雷的《听傅雷讲艺术》，则围绕美术、音乐、文学以及傅雷的为人四个层面，细致挖掘了傅雷的讲学特色及其艺术欣赏心得等；此外，许钧、宋学智主编的《走进傅雷的翻译世界：傅雷译文精选与评论》，分四编探讨了傅雷的赤子之心与艺术情怀，当中更是撷取了傅雷最具代表性的十四部法文译作，包括传记、文学、艺术哲学和人生哲学四个方面，用文学赏析与翻译研究的独特视角，为读者呈现了一个真实可感的傅雷形象与独特的傅译风格。

通过上述扫描式纵览，读者可以清晰地看到，已有的傅雷研究，往往集中于为其著书立传，因而更多关注的是其“为人”的部分。然而，作为中国“现代文学翻译史的又一座里程碑”[1]，学术界对于其“为译”的这一重要维度，尽管也曾给予了一贯的关注，却留下了诸多研究空白与学术遗憾。

从翻译研究的视角来看，比较系统地对傅雷进行全面深入研究的中国学者，当推罗新璋先生与金圣华女士。罗新璋1979年发表在《文艺报》上的《读傅雷译品随感》一文，是最早的有关傅雷译作的评论性文字；金

1 李景端：《文学翻译史的一座里程碑——怀念傅雷》，《中国翻译》2008年第4期，第26页。

圣华的《傅译〈高老头〉的艺术》，尝试以翻译技巧与翻译方法为切入点，在详述傅雷翻译《高老头》全过程的同时，深入探索了傅雷译作的非凡艺术成就；此外，陈伟丰的《谈傅雷的翻译》一文，也是较早论及傅译特色的颇具见地的文章之一。

金圣华女士是傅雷研究专家，曾主编《傅雷与他的世界》和《江声浩荡话傅雷》。《傅雷与他的世界》是金圣华为纪念傅雷逝世二十五周年所编著的，内容主要分为两部分："怀傅雷"和"评傅雷译著"，前者所选文章由傅雷的知交好友撰写；后者编收了评论傅雷译、著及其他建树的有关文章，涉及《傅雷家书》、傅雷译著和著述及其音乐艺术评论等方面，为人们了解傅雷的思想、品格和贡献提供了客观、生动的材料。《江声浩荡话傅雷》系在《傅雷与他的世界》基础上扩编而成，以纪念傅雷逝世四十周年。该书共分四辑：第一辑"印象"包括诸多名家对故友傅雷的怀念；第二辑"影像"阐释傅雷各方面的贡献，涉及翻译成就、艺术哲学及音乐艺术观等；第三辑"影响"收入不少全新文章；第四辑"附录"列出傅雷年谱及傅雷主要译著年表。该书力图更加全面展现傅雷的胸襟、眼光、气魄与神采，尤其第三辑所收文章对傅雷的人格美、翻译观、影响力及其精神的当下意义等做了进一步剖析和较深入的挖掘。近年来，尤其是随着傅雷百年诞辰系列纪念活动的展开，傅雷翻译研究有了进一步发展，研究的视角得到了拓展，研究的内容也更为丰富。许钧主编的《傅雷的精神世界及其时代意义——"傅雷与翻译"国际学术研讨会论文集》集中展示了这一时期傅雷研究的基本状况和重要成果。

从系统的研究角度看，国内有关傅雷翻译研究的具有代表性的著作是宋学智的《翻译文学经典的影响和接受——傅译〈约翰·克利斯朵夫〉》。该书有着明确的研究目标，对傅雷翻译的《约翰·克利斯朵夫》在中国的传播历程做了详细的梳理，进而就其传播的原因、艺术魅力和影响加以分析，在此基础上，对翻译文学本体加以思考，对文学翻译的艺术品格做出界定，是一部结合傅雷文学翻译代表作的对文学翻译经典进行探索的理论之作。此外，近十余年来，国内外还有多篇以傅雷译本为研究对象的硕士、博士学位论文。

就总体而言，国内对傅雷翻译的研究虽有发展，但还有待深入。我们意识到，要对傅雷的翻译活动进行深入的研究，不能只是从术的层面展开，应该扩大视野，从思想和文化的高度去加以把握，对傅雷翻译观、傅雷艺术观，以及傅译成就与傅译影响进行系统性研究。因此，本书希望在目前国内有关傅雷翻译研究的学术空白处着力，以傅雷的翻译世界作为关注焦点，对其进行尝试性的系统研究，以此作为对“傅译”及“傅雷体华文风格”的最虔诚的纪念与最崇高的敬意。

本书共分九章。第一章绪论，以概括式的白描手法，简明扼要地勾勒出傅雷的精神天地与文学天地，进而引领读者踏入傅雷宏大的翻译世界。第二章集中探讨傅雷的翻译诗学。尽管傅雷并未提出过“翻译诗学”的概念，但是，沿着傅雷的翻译足迹，仔细研读他的译著，读者可以清晰地感受到，傅雷对于翻译的独到认识，对于翻译事业的强烈使命感，对于读者的充分理解与尊重，以及对于翻译艺术的不懈追求，无不体现出其“翻译诗学”的精神实质。第三章围绕傅雷的翻译风格展开论证。“风格”一向是傅雷颇为重视的翻译问题，被其当作译作与原作达到“神似”的关键性因素。傅雷认为，风格的有效传达，既是译者对原作者与原文的忠实，也体现出译者对读者的负责态度，而选本、理解与表达三个环节，正是译者选择、内化与再现原作风格的过程。事实上，从语言到风格，从形似到神似，傅雷的翻译思想通过“神似论”的理论提炼渐成一个有机整体。“神似论”不仅是傅雷毕生从事文学翻译事业的自身追求与真实写照，同时它也突破了之前仅仅局限于语言转换层面的对于翻译的狭隘理解，从而引领读者进入更为广阔的艺术天地，这在某种意义上构成了翻译美学的源头。第四章针对傅雷的翻译选择进行深入探讨。傅雷何以走上翻译之路？是什么样的力量，促使其对翻译事业始终如一地热爱？他对自己的翻译文本，以及翻译语体，如何进行选择？而多年的译事经历，又融入了其怎样的翻译思想？事实上，我们认为，傅雷每一次的翻译选择背后，都离不开一个“真”字。“求真”是傅雷在其翻译道路上始终如一所恪守的准则。具体而言，选择翻译路途时不愿与浊世同流合污的“纯真”；选择翻译文本时“忧国忧民”的“真心”；坚持“神似论”翻译美学时所表现出的对于原作与原作者的“真实”，以及对于精神生活与艺术追求的“真挚”。事实上，“求真”即是傅雷的翻译选择之美学。第五章围绕傅雷翻译观的构筑基石——文艺思想观展开细致讨论。众所周知，傅雷不仅是一代翻译巨匠，同样还是一位文学造诣精深、艺术素养深厚的文艺批评家。那么，文艺批评家与翻译家身份的交叠，是否会在某种层面或某种程度上，使文学与艺术的因子渗入其翻译的思想观与践行观？同时，这种渗入将会在何种程度上，以何种方式影响其翻译观的形成与发展？而且，这种影响是局部的、微弱的，抑或是整体的、强大的？该章尝试从傅雷的文学批评观、美术观与音乐观三个方面，探讨和叩问其文艺思想观与翻译观之间的种种张力关系。第六章在上述各章的基础之上，分别以《傅雷译文集》第三卷、傅译《都尔的本堂神甫》、傅译《邦斯舅舅》、傅译《约翰·克利斯朵夫》及傅译《老实人》为个案蓝本，切实深入傅雷精彩的翻译世界，探索傅译作品的恒久魅力；同时希望从这些鲜活的翻译个案中，进一步感悟傅译作品带给我们的当下启示与文化意义。

然而，在傅雷翻译研究不断深入的今天，在前述六章从不同侧面探讨了傅雷翻译艺术的基础之上，是否依然存在某些或许可以成为我们继续努力和开垦方向的研究视角？为此，第七章辟为傅雷翻译研究之新视角，主要以某些研究者们长期忽略的微小节点为入口，从一些相对新颖的视角切入傅雷翻译研究这一广阔领域，以此作为引玉之砖，为目前的相关研究提供某些新的思路。第八章则集中讨论傅雷及傅译的启示与意义。这里，读者不禁会问，在傅雷已然离开我们半个世纪后的今天，我们依然不懈地、虔诚地研究傅雷其人其译，以及他翻译思想的方方面面，其意义究竟何在？阅读傅雷、理解傅雷、品味傅雷，又会给我们今天的译界和读者带来哪些学术与人生启示？该章或许可以部分地解答读者的上述质询。第九章为本书的结语部分，分别从翻译思想与翻译影响两个方面，对傅雷宏富博大的翻译世界和翻译思想进行总结性概括论述。简言之，傅雷的翻译思想是“诗性”与“朴素”的辩证统一；而傅雷的译文，犹如洁白的丰碑，永远屹立于他的每一位读者心中。

概言之，本书主要立足于傅雷的翻译思想、翻译精神、翻译实践与翻译影响等四个方面，在当今倡导跨文化交流的学术大背景之下，从文字、文学、文化三个互动的层面，以文化翻译的高度，围绕翻译家自身，深入探讨傅雷璀璨的翻译世界。因而，本书的研究具有明确的思路和多重的理论追求。首先，本书在大量翔实的第一手资料的基础之上，抛开惯常以时间为轴的线性传记式笔法，转而以翻译事件及翻译思想为基点，试图清晰地描述与探讨傅雷的翻译之路。其次，在文化交流与近现代翻译史的大背景之下，从“神似论”的历史渊源、文化基础、发展脉络、美学根源等层面，对傅雷翻译观的形成与发展及其理论价值，进行了深入细致的整体性探究。再者，在研究方法上，采用宏观与微观、理论与文本相结合的立体研究模式，试图突破以往经验式、随感式、译文正误对比式的传统研究思路，从跨文化的高度，尽可能客观地探讨傅雷的语言观、文化观、文艺观与翻译观。最后，本书从文体学与修辞学的角度，通过傅译与原作的对比、傅译同他译的对比等视角，分析论证傅译的语言特征与风格要素，进而揭示“傅雷体华文风格”形成的深层次原因。从一定意义上来说，本书试图突破目前有关傅雷翻译研究的路径，尽可能拓展研究的视野，填补传统翻译研究的某些学术缺憾。

叶兆言曾经说过：“对于大多数读者来说，没有了翻译家，世界文学将是一段十足的空话。没有翻译家，即使我们像伟大的歌德那样，信心百倍地宣布世界文学的时代已经到来，语言障碍的高山挡在面前，我们还是看不到山那边的无限风光。”[1]傅雷让中国读者领略到的山那边法国文学的风光更加旖旎。正如作家陈村所言，“先生善良但远不弱小，那灿烂辉煌的死，使活着的人觉得生的暗淡”[2]。傅雷的生命是永恒的，一方面源于他的精神伟力，另一方面则源于其洋洋大观的译作。对于后者的系统研究与深入解读，无疑将有助于全面而深入地了解与认识傅雷其人其译。

1 叶兆言：《怀念傅雷先生》，《中国翻译》2008 年第 4 期，第 24 页。
2 转引自陈思和：《傅雷的精神遗产》，《中国翻译》2008 年第 4 期，第 22 页。

第一章
绪论：走进傅雷的翻译世界

作家叶兆言在《怀念傅雷先生》一文中对于傅雷及其译作有过这样的评论："傅雷的远去意味着一个文学时代的结束，在文化和文明缺失的昨天，他的浩瀚译著曾像沙漠中的绿洲一样，滋润了一代又一代的文学青年。一位法国学者谈到莫扎特，曾说过他的音乐不像自己的生活，更像他的灵魂。莫扎特的生活是不幸的，他的音乐却充满了欢乐。傅雷的译文也不像他的生活，他留下的文字美丽清新，充满了智慧，充满了爱，将永远留在我们的记忆之中。"[1] 毫无疑问，中国翻译家傅雷及其宏富的翻译世界留给了后来者太多的文化记忆。

第一节　赤子之心，人文情怀

傅雷把自己的一生都奉献给了翻译事业。法国著名作家斯塔尔夫人在论"翻译的精神"时说过，"人所能为文学做出的最大贡献就是把人类精神的杰作从一种语言传到另一种语言"。傅雷选择翻译作为其终身的事业，是因为翻译可以立命，寄托精神理想。他很早就把自己的译事与国人的自强以及民族的进步联系起来。他希望通过翻译活动振兴民族，给

1　叶兆言：《怀念傅雷先生》，《中国翻译》2008 年第 4 期，第 26 页。

予国人精神上的勇力；同时，以翻译活动服务社会，推动我国的文化发展，为社会文明默默奉献。他在自己的书斋，孤独而虔诚、热情而执着地进行着这项神圣的使命。其间，他深深地体会到："人类有史以来，理想主义者永远属于少数，也永远不会真正快乐，艺术家固然可怜，但是没有他们的努力与痛苦，人类也许会变得更渺小更可悲。"由此他勉励自己："赤子之心这句话，我也一直记住的。赤子便是不知道孤独的。赤子孤独了，会创造一个世界，创造许多心灵的朋友！永远保持赤子之心，到老也不会落伍，永远能够与普天下的赤子之心相接相契相抱！"他深信，"园丁以血泪灌溉出来的花朵迟早得送到人间去让别人享受"。因而不断"鞭策自己，竭尽所能地在尘世留下些许成绩"。即便是在被错划为右派的岁月里，傅雷也没有忘记以沟通东、西文化为己任，并且依然站在人类文化的高度，思考东、西方文化的问题："东方西方之间的鸿沟，只有豪杰之士，领悟颖异、感觉敏锐而深刻的极少数人方能体会。……东方的智慧、明哲、超脱，要是能与西方的活力、热情、大无畏的精神融合起来，人类可能看到另一种新文化出现。"虽然蒙受不白之冤，他依旧把"为人类共同的事业——文明，出一份力，尽一份责任"，视为自己和他人的共同追求。这种崇高的境界，更彰显了其云水襟怀的一颗赤子之心。

傅雷怀有一颗赤子之心。同时，感情的纯洁与真诚以及大写的爱，铸就了傅雷生命的本真。在傅雷的生命旅程中，无论是对他人、社会、民族或者国家，他都让我们看到了一片赤子之心：他崇尚希腊精神，把纯洁视为"古典精神的理想之一"，用水晶一般透明的心对待他人，成为"他们最好的良师益友"；他追求"真理至上、道德至上、正义至上"，在热心社会事业的过程中，表现出一位真正的知识分子的社会良心，真诚到甘做他人和社会的诤友；而他的爱心，也在致友人的书信中得以全然呈现："弟虽身在江湖，忧时忧国之心未敢后人；看我与世相隔，实则风雨鸡鸣，政策时事，息息相通，并未脱离实际，爱党爱友之心亦复始终如一。"作为中国真正知识分子的一名典型代表，傅雷的赤子之心不仅表现在把自我置于民族进步与社会发展中寻求自身的人生境界，还表现在把自我高格调的生命追求与高品位的艺术追求完好地结合为一体。因而，他的赤子之心蕴含丰富，具有非凡的感人力量。

傅雷的心灵是纯洁的，纯洁的心灵因为崇尚真而愈显美丽。傅雷曾说："只有真正纯洁的心灵才能保证艺术的纯洁。"他"视文艺工作为崇高神圣的事业"，无法容忍一丝一毫对艺术的玷污行径。他对傅聪说过："艺术表现得动人，一定是从心灵的纯洁来的！不是纯洁到像明镜一般，怎么体会到前人的心灵？怎能打动听众的心灵？"傅雷认为，"真诚是第一把艺术的'钥匙'"，"艺术家一定要比别人更真诚"，因为只有拥有了真诚，才会拥有虚心，而唯有拥有了虚心，才能够真正有所感悟，进而对作家有深入体会。傅雷所注重的真诚，不单单是指艺术家需要怀揣一颗真心从事艺术事业，更是指艺术家需要在艺术道路上保有求真、爱真、守真的意识。正是秉承着这样的艺术信念与艺术追求，傅雷的译文才不仅流露出"美"，同时还流露出"真"——做人的"真"与对原著的"真"。正如傅敏所认为的，"真"是傅雷"最大的特点"。

与此同时，傅雷还拥有着知识分子的社会良心。他期望通过文学翻译活动来服务民众，推进社会文明的发展，以此实现自己在社会价值方面的责任心。而这其中，也正包含了傅雷本人对于艺术的热爱，以及对于文学翻译工作的真诚的、热烈的、忘我的爱。赤子之心与人文情怀，是傅雷人生境界与艺术境界的叠合；而此二者的叠合、交融、凝结，更产生了巨大的动力源泉，使其对艺术的爱更为炽烈，对文学翻译也更加情有独钟。因为，他已然把自己的精神追求融合在具体的艺术追求当中，而就翻译层面而言，"对文学作品爱之愈切，领悟愈深；领悟愈深，译者与作者愈能产生思想的接合和心灵深处的共鸣，译者也就愈能传达出作品的'神韵'"。所以，傅雷的译著至今还能赢得"许多心灵的朋友"，与他们"相接相契相抱"，这与其融合了人生理想与艺术理想的赤子之心与人文情怀，不能不说有着颇为密切的联系。正是因为有着一颗超凡脱俗的赤子之心，傅雷才能够在翻译的过程之中，充分调动起自身的艺术热情和文学才华，忘我地投入，并且最终把自己的人品融化在译品当中，把自己的精神力量连同着艺术心血，一道化作极富魅力的感人文字，变幻出深刻的人文情怀以及永恒的生命力量。

傅雷虽然走了，但是他的赤子之心、人文情怀，他对于生命的独特诠释、对于真理的不懈追求，使得他的精神在今天依然存在，并将永远地存在下去。

第二节　阅读傅雷，理解傅雷

2006 年 9 月 25 日，“江声浩荡话傅雷——傅雷著译作品研讨会”在其家乡上海南汇区召开。该次会议上，许钧作了主旨发言，说在他三十岁的时候，傅雷对于他而言是一部书，一部普通的书。因为那时他只知道傅雷是个做翻译的，傅雷翻译的《约翰·克利斯朵夫》《高老头》等外国文学作品很好读、很有意思。但他记住的只是傅雷译的书，记住的是作者的名字，很少想到翻译这些书的傅雷这个人。在许钧四十岁的时候，傅雷对于他而言，是一棵树，一棵常青树。因为研究翻译，他知道了翻译是一种历史的奇遇，是翻译使原作的生命在异域、异国的文化土壤中得到了延伸与传承。由此而联想到傅雷，傅雷和罗曼·罗兰可谓是一段历史的奇缘。如果没有傅雷，罗曼·罗兰在中国或许不可能拥有那么多的知音；正是因为傅雷，《约翰·克利斯朵夫》才在中国这块土地上拥有了新的生命，获得了如同本雅明所言的“来生”；也正是因为傅雷这棵译界的常青树，巴尔扎克、梅里美、罗曼·罗兰等一批法国文学家的文学生命，才得以在中国延续。

借助傅雷的译著，许钧开始关注站在书后的那个人，关注赋予了原著生命的那个翻译家傅雷，并逐渐懂得翻译不仅仅是一种简单的文字转换，更是一种思想的迁移与传播、文化的跨越与交流。于是当许钧成长到五十岁的时候，傅雷对于他而言，已经不再简单的是《约翰·克利斯朵夫》《贝姨》《高龙巴》等数百万字的经典译作的译者，也不再简单的是赋予了原作生命、使原作生命在中国得以延续的译界常青树；傅雷是一个人，一个大写的人。围绕着傅雷这个人，许钧的脑海里时常盘旋着一个个问题：何为翻译？为何翻译？翻译何为？或者更为确切地说，对于傅雷而言，翻译意味着什么？他为什么会如此专注于翻译？他的翻译到底带给了中国以及中国的读者什么？

同样是在“傅雷著译作品研讨会”上，哲学家郑湧谈到，我们如果仅仅从翻译与艺术的角度去评价傅雷是不够的，因为傅雷不仅仅是翻译家，而且还是一个思想家，他传播的是思想的圣火，他是“思想圣火传播者永远的榜样”。当时八十八岁高龄的北京大学教授张芝联先生是傅雷生前好友，他也认为，我们对于傅雷，关注其翻译的技术层面比较多，但实际上，傅雷不仅是个“文艺家、翻译家”，还是个“政治家、知识分子和心理学家”。要理解傅雷，研究傅雷，就必须研究傅雷这个人，研究傅雷所处的时代，研究傅雷赖以生存的文化空间。从他们的话中，我们感觉到，从对傅雷译著的关注到对傅雷思想的关注，直至对傅雷这个人的关注，恰恰可以构成接近傅雷、理解傅雷的不同途径。

阅读傅雷，是理解傅雷的基础。傅雷的书，我们读过很多，包括他的全部译作以及他的家书。而在参加“傅雷著译作品研讨会”期间，我们也有幸读到了当代世界出版社出版的《傅雷文集·文艺卷》，其中收录了傅雷的“小说散文”、“文艺评论”、“著译序跋”、“政治杂评”、“美术论著”和“音乐论著”。近来又研读《傅雷文集》，也许是职业的缘故，我们再一次联想到与傅雷翻译相关的一些重要问题。

对于傅雷而言，翻译意味着什么？傅雷为什么会如此执着于翻译？在《傅雷文集》中，在傅雷为其译作所写的序言、前言、附识中，我们可以找到傅雷本人对于上述问题的相关解答。一言以蔽之，对于傅雷而言，翻译的意义是多重的。

首先，在黑暗的岁月中，傅雷试图借助翻译，寻找光明。1931 年，从法国归国的傅雷满腔抱负，立志要有一番作为；但是，性格刚直、愤世嫉俗的他，委实难于融入那个“阴霾”遮顶的黑暗社会，于是只得闭门译书，献身于法国文学的翻译事业。20 世纪 30 年代初，国内正处于“九一八”事变、军阀混战的动荡时期，傅雷有感于当时许多中国人“顾精神平稳由之失却，非溺于激情而懵懵懂懂，即陷于麻痹而无所作为”的状态，陆续翻译了罗曼·罗兰的《贝多芬传》、《弥盖朗琪罗传》和《托尔斯泰传》，即《巨人三传》。[1]1934 年 3 月 3 日，他在致罗曼·罗兰的信中，表达了其翻译的初衷：“偶读尊作《贝多芬传》，读罢不禁号啕大哭，如受神光烛照，顿获新生之力，自此奇迹般突然振作”，“贝多芬以其庄严之面目，不可摇撼之意志，无穷无竭之勇气，出现于世人面前，实予我辈以莫大启发”；“又得拜读《弥盖朗琪罗传》和《托尔斯泰传》，受益良多”

---

1 《弥盖朗琪罗传》现通译为《米开朗琪罗传》，《巨人三传》现通译为《名人传》。本书保留傅雷原译，不做改动。下文同。——编注

（傅雷，2006a：462—464）。鉴于此番经历，傅雷曾发誓翻译此三传，期望能够对身陷苦闷之中的年轻朋友有所助益，帮助他们从中汲取与黑暗社会抗争的勇气和信心。

正是在这种对于光明的渴望与寻求中，傅雷和罗曼·罗兰达成了精神上的契合。他从罗曼·罗兰的“长河小说”《约翰·克利斯朵夫》中，发现了人类得以生存的最基本元素——爱，以及当时中华民族所需要的英雄主义。于是，他投入了更大的热忱，翻译了罗曼·罗兰的这部伟大作品。在译著的卷首部分，附有原作者的《原序》，借此我们可以推测出傅雷将这部“贝多芬式的大交响乐”呈现给中国读者时的意愿：“在此大难未已的混乱时代，但愿克利斯朵夫成为一个坚强而忠实的朋友”，“成为一个良伴和向导”，“使大家心中都有一股生与爱的欢乐，使大家不顾一切地去生活，去爱！”[1] 从中不难发现，傅雷希望以伟大的人道主义精神激起人们对于世界的爱，对于人生的爱，乃至对于一切美好事物的爱。

其次，在举国惶惶、中华民族面临巨大灾难的危急时刻，傅雷期冀借助翻译，为颓丧的国人点燃希望之火。他在莫罗阿的《人生五大问题》的译者前言中写道：“在此风云变幻，举国惶惶之秋，若本书能使颓丧之士萌蘖若干希望，能为战斗英雄添加些少勇气，则译者所费之心力，岂止贩卖智识而已哉？”（傅雷，2006b：206）此处，我们可以看到，对于傅雷而言，翻译绝不是针对语言技巧的玩弄，也不是有关西方智识的贩卖，更不是赚钱营生的手段，而是点燃人们心头曙光的火种。

再次，当“现实的枷锁”重压着人生、国人在苦恼的深渊中挣扎之时，傅雷则又一次寄希望于翻译，试图借助翻译之力为痛苦的心灵打开通往自由的道路。他选择翻译罗素的《幸福之路》，把它介绍给中国的读者。在译者前言中，傅雷写道：“现实的枷锁加在每个人身上，大家都沉在苦恼的深渊里无以自拔；我们既不能鼓励每个人都成为革命家，也不能抑压每个人求生和求幸福的本能，那么如何在现存的重负之下挣扎出一颗自由与健全的心灵，去一尝人生的果实，岂非当前最迫切的问题？”他有感于“人生的暴风雨和自然界的一样多，来时也一样的突兀；有时内心的阴霾

1　罗曼·罗兰：《〈约翰·克利斯朵夫〉原序》，载傅雷译《傅雷译文集》（第七卷），合肥：安徽人民出版社，1983年，第9页。

和雷电，比外界的更可怕更致命。所以我们多一个向导，便多一重盔甲，多一重保障”（傅雷，2006b：209）。由此可见，他翻译《幸福之路》的目的是非常明确的，那就是希望该书起到精神向导的作用，给彷徨于歧路的国人指一条路，给脆弱的心灵以保护，给禁锢的灵魂以自由。

此外，解放后，傅雷主要着力于翻译巴尔扎克的小说，其中既包含主流意识形态的影响，同时也不乏其自身的主动追求，他是希望迎来一个更加美好的现实世界。在《夏倍上校》《奥诺丽纳》《禁治产》的简介中，傅雷曾如是说明：“每个中篇如巴尔扎克所有的作品一样，都有善与恶、是与非、美与丑的强烈对比；正人君子与牛鬼蛇神杂然并列，令人读后大有啼笑皆非之感。——唯其如此，我们才体会到《人间喜剧》深刻的意义。”（傅雷，2006b：221）

通过上述文字，我们可以更好地理解傅雷翻译的意义，从而明晰认识傅雷的翻译之路，并有助于我们更好地确立今时今日之翻译目标，即，为输入优秀的外国文化遗产，弘扬中华民族的文化，拓展我国读者的视野，振兴中华民族而做出贡献。唯有立足于此来研究傅雷的翻译，我们才有可能超越文字和文学的表层，真正触摸到傅雷的翻译以及傅雷精神的本质。本书将围绕傅雷的翻译诗学、傅雷的翻译选择、傅雷的文艺美学、傅雷的启示及意义等问题，深入探索傅雷翻译背后所潜藏的文化与思想意义，并逐层揭开傅雷的生命价值之所在。

第二章

傅雷翻译诗学论

据考，“翻译诗学”一词，最早由法国已故语言学家、文学理论家、翻译理论家亨利·梅肖尼克（Henri Meschonnic），在其 1973 年版的《诗学（卷二）：创作认识论和翻译诗学》中提出。在该部著作中，梅肖尼克尝试性地提出建立一种“翻译诗学”的构想和原则。梅肖尼克提出“翻译诗学”的初衷，在于其认识到“对文本的翻译如同对文本的写作活动本身一样，是一种超越语言之上的活动，它不能用陈述语言学也不能用雅各布森形式诗学的理论进行描述”[1]，因此，需要建立一种新的理论对此加以陈述。同时，他进一步指出，“一种关于文本翻译的理论被包含在诗学中，而后者是关于文本价值及其意蕴的理论”[2]。根据梅肖尼克的构想，“翻译诗学”是一门借鉴诗学理论研究文学翻译过程的学说，这一学说的核心内涵在于，强调“翻译不再被视作将出发语文本搬移至目的语文学的活动，或者反之，将目的语读者搬移至出发语文本前的活动（这一双重运动建立在意义和形式的二元对立之上，后者经验性地表现了大多数翻译的特征），而是被视作一种在语言中进行的工作，是中心偏移，是价值与意蕴之间的

1 Henri Meschonnic, *Pour la poétique II: Epistémologie de l'écriture, poétique de la traduction* (Paris: Gallimard, 1973), p. 306.

2 同上，第 305—306 页。

诗学关系”[1]。也就是说，翻译活动，至少文学翻译活动，并不是简单地将使用源语写作的文本用目的语重新叙述一遍，也不是字字对应地将源语文本翻译成目的语文本，而是用另一种语言创造性地再现原作的过程，这个过程虽然是通过语言的转换实现的，但它最终的目的却是要摆脱语言，实现原作的价值和意蕴在译作中的再生。从“翻译诗学”的角度来说，这“价值”和“意蕴”并不是别的什么，而是作品的特殊性，梅肖尼克称之为作品的“节奏”，即作品的意义的特殊组织方式。

尽管傅雷本人并没有直接提出过“翻译诗学”的术语，但是，沿着傅雷的翻译足迹，仔细研究他的译著，我们可以清晰地感受到，傅雷对于翻译的独到认识，对于翻译事业的强烈使命感，对于读者的充分理解与尊重，以及对于翻译艺术的不懈追求，无不体现出其“翻译诗学”的精神实质。因此，本章将具体围绕傅译的公共意识、读者关怀、美学理想三个方面，对其翻译诗学进行深度阐释。

第一节　傅雷的诗学思想

一、中西“诗学”概述

若要探讨傅雷的翻译诗学，我们认为，有必要首先廓清诗学与傅雷的诗学思想等相关概念。一般认为，西方的“诗学”研究，起源于亚里士多德的《诗学》一书。在该书的第一章中，亚里士多德曾经开门见山地指出，“关于诗艺本身和诗的类型，每种类型的潜力，应如何组织情节才能写出优秀的诗作，诗的组成部分的数量和性质，这些，以及属于同一范畴的其他问题，都是我们要在此探讨的”[2]。由此可见，亚里士多德意义上的“诗学”，是一门有关诗歌创作艺术和技法的学问。在此之后，“诗学”在西方经历了两千多年的发展，时至今日，“诗学”一词的外延和内涵均已发生了不同程度的变化和拓展。一部分学者仍然坚持亚里士多德的观点，例如法国学者瓦莱里指出，“从词源学的角度看，即把诗学看成是与作品

1　Henri Meschonnic, *Pour la poétique II: Epistémologie de l'écriture, poétique de la traduction* (Paris: Gallimard, 1973), pp. 313—314.

2　亚里士多德：《诗学》，陈中梅译注，北京：商务印书馆，1996 年，第 27 页。

创造和撰写有关的，而语言在其中既充当工具且还是内容的一切事物之名，而非狭隘地看成仅与诗歌有关的一些审美规则或要求的汇编”[1]；而以美国著名学者乔纳森·卡勒（Jonathan Culler）为代表的另一部分学者则认为：“诗学以已经验证的意义或者效果为起点，研究它们是怎样取得的。（是什么使一段文字在一本小说里看起来具有讽刺意味？是什么使我们对某一个人物产生同情？为什么一首诗的结尾会显得含混不清？）”[2] 诗学已经从最初有关于文学创作的学问，转变成了有关于文学阅读的学问。此外，我们也常常看到“诗学”一词被使用在对某个具体作家或作品的分析之上，并冠以“某某诗学”之名，例如巴赫金（Mikhail Bakhtin）所著的《陀思妥耶夫斯基诗学》等，这里，“诗学”则成为探讨某一作家创作风格或研究某一作品内部体系的学说。

而在中国，“诗学”一词出现得较晚。根据钱志熙的考证，“作为诗歌学术语的‘诗学’一词，最早出现，应在晚唐五代之际”[3]，晚于西方将近一千年。但是，以诗歌这一独特的文学体裁为研究对象的理论学说，却在先秦时期就已出现。中国传统诗学理论的特色，具有浓厚的伦理学与美学倾向。例如，儒家的“兴、观、群、怨”，旨在强调诗歌的社会教化与政治功能的本质，而钟嵘的“滋味说”以及王国维的“境界说”等，则强调诗歌创作与欣赏中“感受”的重要性。同时，也有一部分理论学说，与西方诗学的内涵比较接近。比如，“赋、比、兴”以及刘勰的《文心雕龙》，均以探讨文学创作的手法与文学作品的内部特征为主要目标。

由此而论，无论西方还是东方，无论创作理论还是阅读理论，也无论研究对象的普遍性还是特殊性，“诗学”都如同德松在《诗学导论》中指出的那样，“不管是为了建立一套关于‘文学性’的一般理论，还是为了揭示一部作品的特殊性，诗学都是对文学特殊性的研究”[4]。

二、傅雷的“诗学”思想

虽然傅雷本人未曾以专文形式探讨过文学及文学作品的本质，但他的

1 转引自达维德·方丹：《诗学：文学形式通论》，陈静译，天津：天津人民出版社，2003 年，第 2 页。
2 乔纳森·卡勒：《文学理论入门》，李平译，南京：译林出版社，2008 年，第 64 页。
3 钱志熙：《“诗学”一词的传统涵义、成因及其在历史上的使用情况》，《中国诗歌研究》2002 年刊，第 265 页。
4 Gérard Desson, *Introduction à la poétique* (Paris: Armand Colin, 2005), p. 9.

诗学思考始终贯穿于其形式多样的文字当中，而这些文字，主要包括了四个部分：第一部分是写予傅聪及各位友人的信件，当中时常涉及傅雷对文学艺术的兴趣及看法。第二部分是他所撰写的文学批评文章，例如《论张爱玲的小说》《评〈三里湾〉》《评〈春种秋收〉》等，当中可见傅雷对于文学及文学作品本质的独到见解，而也正是这种相对恒定的见解，构成了其批评性文章的基调和出发点，使后者始终自成一体，保持了稳定的立场、鲜明的观点以及独特的个性。第三部分是傅雷的艺术批评文章。傅雷早年留学法国，学习艺术理论，归国后，曾受聘于上海美术专科学校，之后以美术批评家的身份，写过一系列见解独到、博古通今、融汇中西的艺术批评文章。这些文章超越了单纯的美术批评的范畴，上升到大写的艺术，即艺术普遍性的层面。尽管文学创作使用语言，作曲使用音符，绘画使用颜料，各自拥有独特的创作材料、手段和方法，但傅雷却认为，种种艺术创作的过程都是有共性可循的，因此，他很自然地将文学创作也纳入大的“艺术”范畴之中，将文学作品列入艺术品的行列。例如在《翻译经验点滴》一文中，傅雷谈到自己译书前总是踌躇再三的原因，首先就提到，因为自己“热爱文艺，视文艺工作为崇高神圣的事业，不但把损害艺术品看作像歪曲真理一样严重，并且介绍一件艺术品不能还它一件艺术品，就觉得不能容忍，所以态度不知不觉地变得特别郑重，思想变得很保守”（怒安，2005：8）。由此，傅雷的艺术批评文章同样是我们探讨其诗学思想的重要依据。第四部分是傅雷对于翻译的相关论述。傅雷的翻译实践活动始终伴随着自觉的思考过程，当中，如何传达原文风格，就是其翻译思考的一个核心问题。诚如傅雷本人所言，“翻译作品不仅仅在于了解与体会，还需要进一步把我所了解的、体会的，又忠实又动人地表达出来”（怒安，2005：8）。而在思考译文如何准确传达原文风格的过程中，必然会涉及对于文学作品“风格”的探讨。因此，要全面了解傅雷的诗学思想，还应对此部分予以重视。那么，通过上述四部分的仔细研读，从中可以窥见傅雷怎样的“诗学”世界呢？

（一）追求“美”的诗学思想

傅雷认为，文学作品应以追求“美”为根本任务，而要实现对“美”的追求，需要依靠技术。在《研究文学史的新趋向》一文中，傅雷曾经很明确地指出，“我们的所谓的‘文学’，是指一切赋有‘美’的作品，并非是表白一种情操或思想的作品；如果作品不能具有‘美’，但至少也当是努力想达到美的境界的试验”（傅雷，2002c：150）。而对于什么是“美”，以及文学作品如何能够达到这种“美”的境界，傅雷在《艺术与自然的关系》一文中进行了深入阐释：“本色的自然，是镜子里的形象。艺术是拉斐尔的画或伦勃朗的木刻。镜子所显示的形象既不美，亦不丑，只问真实不真实，是机械的问题；艺术品非美即丑，是技术的问题。”（傅雷，2002c：159）这段话表明，首先，傅雷认为，艺术创作——包括文学创作在内——并不能像镜子映照物体一样，只是简单地机械地复制出物体的形象；其次，艺术创作的标准不在于艺术形象的真假，即它与自然形象的相似度，而在于它的美丑；最后，艺术作品的美与丑，是由艺术家的技术决定的。关于最后一点，傅雷在同一篇文章中做出了深入论述。他指出，历史上有一些批评家（例如理想的自然主义者）认为艺术品的美丑在于其形象是否正常，而傅雷却认为，“他们所定的正常反常的标准，恰是日常生活里的标准，绝非艺术上美丑的标准。凡有利于人类的安宁福利、繁殖健全的典型，不论是实物或现象，都名之为正常，理想派的自然主义者更谓之为美。其实所谓正常是生理的、道德的、社会的价值，以人类为中心的功利观念；而艺术对这些价值和观念是完全漠然的”（傅雷，2002c：159）。同时，傅雷也再次重申了艺术活动与技术的关系，认为“艺术活动本身是一种技术，是和谐化，风格化，装饰化，理想化……这些都是技术的同义词，而意义的广狭不尽适合。人类凭了技术，才能用创造的精神，把淡漠的生命中的一切的内容变为美”（怒安，2005：162）。这就是说，技术是艺术家用来组织内容的方法和手段，经过技术的“处理”，原始的内容显得和谐一致（和谐化），具备了艺术家的独特风格（风格化），其粗鄙的方面得到修饰（装饰化），其缺憾的地方得到弥补（理想化），原始材料也最终能够成为“赋有‘美’”的艺术品。因此，傅雷说，“艺术家需要学习的是技术而非自然”（怒安，2005：163）。

然而，傅雷所谓的“技术”，实指何物？有关绘画领域的“技术”，傅雷在《艺术与自然的关系》一文中，有过非常详尽的论述。相比较而言，傅雷对于文学创作技巧的探讨，却并没有那么系统与周全。但是，我们依然可以从其文学评论、书信以及艺术随笔当中，总结出傅雷颇为看重的几点技巧。

首先，借音韵表达情绪的技巧，即文学作品的音韵美。傅雷本人不仅在美术方面有独到的见解，在音乐方面也有着同样精深的造诣，因此，对文学作品的音韵美也特别敏感。在 1954 年 7 月 28 日夜写给傅聪的信中，傅雷谈到给傅敏讲解《长恨歌》与《琵琶行》的事，指出，"白居易对音节与情绪的关系悟得很深。凡是转到伤感的地方，必定改用仄声韵。《琵琶行》中'大弦嘈嘈''小弦切切'一段，好比 staccato[断音]，像琵琶的声音极切；而'此时无声胜有声'的几句，等于一个长的 pause[休止]。'银瓶……水浆迸'两句，又是突然的 attack[明确起音]，声势雄壮"（傅雷，2008b：30）。对于《琵琶行》中音与义的独特理解，充分体现出傅雷对于作品音韵美的敏感度，而这一敏感度，促使傅雷特别看重作品的音韵美，进而对其文学翻译活动产生了重要影响。傅译《约翰·克利斯朵夫》现已成为中国翻译文学的经典之作，然而在最初决定译这部书的时候，除了与罗曼·罗兰志趣相投，可能还是因为《约翰·克利斯朵夫》本身与音乐的关系。正如宋学智所言，"《约翰·克利斯朵夫》是一部令人荡气回肠的音乐史诗，一部贝多芬式的交响乐章"[1]。同时，柳鸣九也曾指出，《约翰·克利斯朵夫》是"以语言文字的艺术传达出音乐天地的艺术"[2]。由此可见，对于作品音韵美的敏感，一方面影响到傅雷的译本选择，另一方面也影响到其对于译文的评价，使其将"音节和谐"列为译文的评判标准之一。

其次，作者以适当之节奏表现主题的技巧。这里的节奏既包括作品的叙事节奏，也包括作品的行文节奏。而无论是叙事节奏还是行文节奏，傅雷都主张节奏应当与主题相适应，进而起到深化主题的作用。例如，傅雷曾高度赞扬赵树理的《三里湾》，并指出《三里湾》之所以能引人入胜，主要归结于以下技巧的运用：保留关节，埋下伏笔，多处安排多而不杂、紧扣主题的小插曲，运用侧笔（侧面描写），笔墨经济等（傅雷，2002c：183—185）。这些技巧令作者能够在有限的字数内讲述尽可能多的故事，"为一个并不曲折的故事创造曲折，或者为曲折的故事创造更多的曲折，在主流的几个大浪潮之间添加一些小波浪；情节的变化一多，节

1　宋学智：《翻译文学经典的影响与接受》，上海：上海译文出版社，2006 年，第 201 页。
2　转引自宋学智，同上。

奏也有了抑扬顿挫，故事的幅度也跟着大大地扩张了。越是与主题的关系密切，越是对全局的发展有推动作用的情节，便越需要用一波三折的笔法”（傅雷，2002c：183）。而正是因为叙事节奏的把握得当，使《三里湾》在表面上“好像竭力用紧凑热闹的情节抓住读者，骨子里却反映着三里湾农业的演变，把新事物与旧事物的交替织成一幅现实与理想交融的图画”（傅雷，2002c：181）。同时，在评价康濯的小说《春种秋收》时，傅雷认为：“康濯同志的文字好比白描：只凭着遒劲的线条勾勒出鲜明的形象，在朴素中见出妩媚，在平淡中藏着诗意，像野草闲花一般有种天然的风韵；尤其可爱的是那种疏疏落落，非常灵活的节奏，……”（傅雷，2002c：196）之所以“可爱”“灵活”，是因为这种诗意的节奏让劳动与爱情在故事中得到了结合，让作品得到了调和。康濯的《竞赛》亦是如此，“节奏明快，正好配合主题的性质”（傅雷，2002c：202）。正也是基于这样的文学立场，傅雷才会在评价康濯的某些作品时指出，“最明显的缺陷是没有接触到深刻的矛盾，有点儿‘浅尝即止’；……有些作品近于特写，往往平铺直叙，不大注意关节、高潮、层次的处理；结构松懈，剪裁不甚讲究，尤其是舍不得割弃材料，以致文字拖沓，影响了主题的发展”（傅雷，2002c：197）。

再次，作者以文字创造生动形象的技巧。在1954年7月28日夜写给傅聪的家书中，傅雷谈到白居易《琵琶行》的音韵美，同时也谈到其《长恨歌》的形象美，认为“白居易写动作的手腕也是了不起：‘侍儿扶起娇无力’，‘君王掩面救不得’，‘九华帐里梦魂惊’几段，都是何等生动！‘九重城阙烟尘生，千乘万骑西南行’，写帝王逃难自有帝王气概。‘翠华摇摇行复止’，又是多鲜明的图画！”（傅雷，2008b：31）。而在《论张爱玲的小说》中，傅雷在高度评价了《金锁记》的同时，摘录了一些引发他感慨的片段，这些片段无一例外都是对于人物或者环境形象的描写。例如，《金锁记》开篇：“三十年前的上海，一个有月亮的晚上……年轻的人想着三十年前的月亮，该是铜钱大的一个红黄的湿晕，像朵云轩信笺上落了一滴泪珠，陈旧而迷糊。老年人回忆中的三十年前的月亮是欢愉的，比眼前的月亮大、圆、白；然而隔着三十年的辛苦路望回看，再好的月色也不免带些凄凉。”傅雷的评价是：“这一段引子，不但月的描写是那么新颖，不但心理的观察是那么深入，而且轻描淡写地呵成了一片苍凉的气

氛，从开场起就罩住了全篇的故事人物。”（傅雷，2002c：169）

除此之外，“文笔的灵活，叙事的细腻，心理的分析，镜头的变化”（怒安，2005：42）等，均可视为傅雷对于文学创作技巧的认识。所以，如果我们仅仅将傅雷对于文学创作技巧的认识简单概括为三四条，那么，无疑会造成对傅雷的误解。正如傅雷本人在《论张爱玲的小说》一文中所指出的，“彻底地说，技巧也没有止境。一种题材，一种内容，需要一种特殊的技巧去适应。所以真正的艺术家，他的心灵探险史，往往就是和技巧的战斗史”（傅雷，2002c：176）。归根到底，“哪一种主义也好，倘没有深刻的人生观，真实的生活体验，迅速而犀利的观察，熟练的文字技能，活泼丰富的想象，绝不能产生一件像样的作品”（傅雷，2002c：164）。

（二）追求“深刻主旨”的诗学思想

对于傅雷而言，技巧和主旨，是两个均不容忽视的方面。技术或技巧，在傅雷心目中具有重要地位。因为，傅雷一方面认为，艺术品之所以能区别于非艺术品，美的艺术品之所以能区别于丑的艺术品，全看技术的有无或高低；另一方面，他也认为，技术本身并不是最终目的，而且过度耽于技巧，可能会令文学创作活动变成机械的文字游戏。技术只有用于表达一定的思想或内容，才能创造出真正的艺术品。正如傅雷在《观画答客问》一文中所指出的，“艺术者，天然外加人工，大块复经镕炼也。人工镕炼，技术尚焉。掇景发兴，胸臆尚焉。二者相济，方臻美满。愚先言技术，后言精神；一物二体，未尝矛盾。且唯真悟技术之为用，方识性情境界之重要”（傅雷，2002c：217）。“思想境界为本，艺术技巧为用”的诗学思想，同样见于傅雷其他的文学批评性文字当中。例如，他评价张爱玲的小说《连环套》时指出，“《连环套》的主要弊病是内容的贫乏”（傅雷，2002c：173）；而批评她的《倾城之恋》时也认为，在这部中篇中，“几乎占到二分之一篇幅的调情，尽是些玩世不恭的享乐主义者的精神游戏：尽管那么机巧、文雅、风趣，终究是精练到近乎病态的社会的产物。好似六朝的骈体，虽然珠光宝气，内里却空空洞洞，既没有真正的欢畅，也没有刻骨的悲哀。《倾城之恋》给人家的印象，仿佛是一座雕刻精工的翡翠宝塔，而非哥特式大寺的一角”（傅雷，2002c：170）。这里，傅雷用充满隐喻的表述形象地说明，如果文学作品不是以深厚的内涵和深刻的思想情感为依托，那么文字再精致风趣，也只是虚有其表，“充其量也只能制造一些小古董”（傅雷，2002c：173），而无法成为旷世杰作。

如果说，对于《连环套》和《倾城之恋》的批评，从反面体现出傅雷对文学作品主题和内容的看重，那么，傅雷对于张爱玲作品《金锁记》以及赵树理小说《三里湾》的褒扬，则从正面为他的这一诗学思想提供了佐证。傅雷认为，《金锁记》中张爱玲颇具特色的个人风格，因为能够与主题相契合，所以“在完成整个作品上，从没像在这篇里那样地尽其效用”（傅雷，2002c：169）。而在评价《三里湾》时，傅雷赞誉赵树理用精湛的技艺，融主旨于形式，巧妙安排了故事以反映主题，将“精神食粮调制得既美观，又可口，叫人看了非爱不可，非吃不可”（傅雷，2002c：181）。上述两部作品，是傅雷眼中好的文学作品，它们既流露出风格所代表的“外在美”，又体现出主题所代表的“内在美”，是二者的完美结合。

（三）追求“恰当形式”的诗学思想

文学创作应该是一个由内至外的过程，先求有明确的思想或强烈的情绪，再求恰当的表达形式。这一点，实际是对上一点的延续。在傅雷眼中，文学作品是凭一定技术组织起来的内容，好的文学作品是高超的技艺与鲜明的主旨的完美结合。然而，内容和主旨并非信手拈来之物，也不是某个模糊朦胧的概念，创作之前，作者应该对此已经拥有较为明确的想法，或者至少已经具备了某种强烈的情绪，由此才选择了诉诸笔端的文学创作活动。在 1954 年 10 月 22 日晨写给傅聪的家书中，傅雷谈到某日应邀观画的感受。观赏的是一幅名为《洛神》的油画，相似于这位画家此前的一些佛像与观音画像，画家采用的都是以西方绘画技法描摹中国古代人物或佛像的手法。傅雷对这些作品的评价是：“面部既没有庄严沉静的表情（《观音》），也没有出尘绝俗的世外之态（《洛神》），而色彩又是既不强烈鲜明，也不深沉含蓄。显得作者的思想只是一些莫名其妙的烟雾，作者的情绪只是混混沌沌的一片无名东西。”（傅雷，2008b：45）由此我们可以看出，傅雷的诗学思想中，不仅包含对于形象、色彩等的关注，同时也关注艺术品所承载的艺术家的思想或情绪，以及其欲向艺术欣赏者传递的讯息。那幅《洛神》之所以不能算作傅雷眼中的杰作，是因为它虽然用了佛教的形象，但绘画者本人却并没有强烈的佛教思想或者佛教情绪；虽然运用了西洋的绘画和着色技法，但却只是单纯的模仿，因此，这幅画仅仅出自画者之手，却没有出自画者之心。

同时，傅雷进一步指出，艺术家如果不能明白艺术品应由心生的道理，“单从形与色方面去追求，未免舍本逐末，犯了形式主义的大毛病”。由此，他向邀请其观画的绘画者发出了一连串诘问：“何况即以现代欧洲画派而论，纯粹感官派的作品是有极强烈的刺激感官的力量的。自己没有强烈的感情，如何教看的人被你的作品引起强烈的感情？自己胸中的境界倘若不美，人家看了你作品怎么会觉得美？你自以为追求富丽，结果画面上根本没有富丽，只有俗气乡气；岂不说明你的情绪就是俗气乡气？（当时我措辞没有如此露骨。）唯其如此，你虽犯了形式主义的毛病，连形式主义的效果也丝毫产生不出来。”（傅雷，2008b：46）绘画如此，文学创作亦是如此。在《研究文学史的新趋向》一文中，傅雷指出，文学研究的目标应该是凸显并解释作品的“美”，尽管不同时代的不同解读者对“美”的标准定义不同。“然而，我们所认为重要的，是透入作品原文的核心：研究它的每字每句，寻求它们的价值；要探讨建筑于这些字句的关系上的和谐；在寻常人只认为是美妙的辞藻中间，要分辨出作者所藉以表白的情操或思想的精微处；标出作者所深刻的探究、发展，而并没妨害文体的思想；凡作者显示我们的生动的综合，我们应寻觅它所蕴藏着的心灵境界的无数复杂的元素。”（傅雷，2002c：151—152）这段文字尽管没有直接说明文学创作与心灵的关系，但“凡作者显示我们的生动的综合，我们应寻觅它所蕴藏着的心灵境界的无数复杂的元素”一句，依然昭示出，在傅雷心目当中，心灵境界的“元素”对于创作出生动的文学作品的重要意义。

此外，傅雷对文学和文学作品的本质还有一个重要认识，即，作家应该有整体思维，而文学作品应该是一个和谐的统一体。关于此点，傅雷未曾直接提及过，但是，在评论康濯的作品时，他曾指出：“康濯同志最擅长写尴尬场面与尴尬人物，《一同前进》中的王老庆与儿媳闹别扭的几幕，便是出色的例子。可惜结构有了问题，这些美妙的笔墨像在别的几篇中一样，只能成为孤立的片段了。”（傅雷，2002c：200）“作者对付单独的段落很能运用‘笔简意繁’的手腕，只是不曾贯彻到全篇，因为缺少一番从大处着眼，照顾整体的功夫。”（傅雷，2002c：202）而这一整体的和谐观，同样贯穿于傅雷诗学思想的始末。

三、本节结语

傅雷的诗学思想，既受到西方文艺理论的影响，又具有中国传统诗学思想的特质。究其原因，一方面，傅雷曾留学法国，改写过《研究文学史的新趋向》，翻译过《艺术哲学》等，因此主张，文艺活动的根本任务在于追求艺术品的美，这一点同重视文艺的政治性和道德教化性的中国传统诗学相差甚远；另一方面，正如朱光潜先生所言，“中国向来只有诗话而无诗学”[1]，中国传统的艺术、文学批评往往不似西方艺术或诗学理论那样严格追求逻辑性、科学性和系统性，傅雷本人也认为，“中国人不是不讲形而上学，但不像西方人抽象，而往往用诗化的意境把形而上学的理论说得很空灵”（怒安，2005：67）。因此，傅雷的文艺批评文字又具有中国传统文论的特征，恰如其本人所言，“中国人的思想方式和西方人的距离多么远。他们喜欢抽象，长于分析；我们喜欢具体，长于综合”（怒安，2005：10）。

诚然，傅雷的诗学思想，仅仅只是散落于其书信、随笔以及各种文学、艺术评论文章的字里行间，然而，缺乏系统性并不意味着思考的不深刻，文本的异质性也不代表着思想的前后不一。正如有论者所指出的，“实践证明，傅雷的绘画和音乐的鉴赏修养给他的文学翻译带来了积极有益的影响，如‘神似’观的标举和成功实践，如《约翰·克利斯朵夫》作品中音乐感的成功再现。傅雷精深的文学修养更是他能不拘于纯翻译的专业技巧来把握文艺真谛而取得文学翻译成就的一个关键。由于能够提升视野，摆脱局限，在更大的知识范围内进行思考，甚至在相邻的门类中触类旁通，在普遍的艺术性与独特的艺术性之间相互参悟，因而他的翻译语言艺术韵味更浓，他的作品更能留住读者”[2]。

第二节　傅雷的公共意识[3]

翻译是一项跨文化的交流活动，其间涉及诸多因素。针对译者本人而言，首先涉及的问题即是翻译的动机。傅雷以翻译为其毕生的事业，有

1　朱光潜：《抗战版序》，载《诗论》，北京：北京出版社，2005 年，第 1 页。
2　宋学智、许钧：《傅雷翻译实践的成功路径及其意义》，《江苏社会科学》2009 年第 6 期，第 157 页。
3　肖红参与了本章第二、三、四节的撰写。

目的地吸取法国文学的精粹，穷其一生忠诚地实践着早在青年时代就已立下的宏愿，给后人留下了丰富多彩的精神食粮。纵览傅雷的翻译历程，其翻译活动可大体依次划分出五个思想阶段，从中我们可以管窥到其翻译动机。

一、以翻译唤醒一个沉睡中的国家

1927 年 2 月，十九岁的傅雷眼见中国处于政府腐败和列强侵略的局面，举国上下民不聊生、人心颓废，内心“极感苦闷”，对祖国的前途和民族的命运忧心忡忡。他怀着学术救国的“赴法的宏愿”，牢记“出国的意义、动机和使命”，毅然离开故土，远渡重洋到法国求学，以“研究人生”、“追求人生”、寻求人生的真理。[1] 在赴法的遥遥路途中，傅雷深深感受到洋人对中国人的歧视和侮辱，由此更加坚定了其振兴中华的心愿。他说：“我爱我的祖国，她虽然贫困落后，但她是抚育我的故土。我们中国人要为国家争一口气，使她快快繁荣富强起来。东方睡狮呀！你到底什么时候能醒转过来啊！”[2] 抵法后，傅雷选择艺术理论为其主攻方向，立志献身于艺术，期冀在艺术的殿堂里寻找到至善至美的真理，进而悟出救国救民的途径，用笔杆子唤醒沉睡中的中华民族。

二、以翻译挽救一个萎靡而自私的民族

1931 年，傅雷回国后，虽然满腔抱负，立志要有一番作为，但他性格刚直，愤世嫉俗，委实难于融入那个“阴霾”遮顶的黑暗社会，于是只得闭门译书，献身于法国文学的翻译事业当中。20 世纪 30 年代初，国内正处于“九一八”事变、军阀混战的动荡时期，傅雷有感于许多中国人“顾精神平稳由之失却，非溺于激情而懵懵懂懂，即陷于麻痹而无所作为”的萎靡状态，陆续翻译了罗曼·罗兰的《巨人三传》——《贝多芬传》《弥盖朗琪罗传》《托尔斯泰传》。1934 年 3 月 3 日，他在致罗曼·罗兰的信中，表达了其翻译的初衷：“偶读尊作《贝多芬传》，读罢不禁号啕大哭，如受神光烛照，顿获新生之力，自此奇迹般突然振作”，“贝多芬以

1　转引自金圣华编《傅雷与他的世界》，北京：生活·读书·新知三联书店，1996 年，第 217 页。
2　同上，第 25 页。

其庄严之面目，不可摇撼之意志，无穷无竭之勇气，出现于世人面前，实予我辈以莫大启发”（傅雷，1998a：4）；“又得拜读《弥盖朗琪罗传》和《托尔斯泰传》，受益良多”（傅雷，1998a：3）。有鉴于此番经历，傅雷曾发誓翻译《巨人三传》，期望能对陷于苦闷之中的年轻朋友有所助益，使他们从中汲取与黑暗社会抗争的勇气和信心。

1936 年至 1941 年间，傅雷陆续翻译了罗曼·罗兰的“长河小说”《约翰·克利斯朵夫》一至四卷，小说主人公克利斯朵夫正是作者塑造的“今日的贝多芬”。在译著的卷首部分，附有原作者的《原序》，我们借此可以揣摩出傅雷将这部“贝多芬式的大交响乐”呈现给中国读者的意愿：“在此大难未已的混乱时代，但愿克利斯朵夫成为一个坚强而忠实的朋友”，“成为一个良伴和向导”，“使大家心中都有一股生与爱的欢乐，使大家不顾一切地去生活，去爱！”[1] 傅雷希望以伟大的人道主义精神激起人们对世界的爱，对人生的爱，乃至对一切美好事物的爱。

1942 年 3 月，傅雷重新翻译出版了《贝多芬传》。他认为，“现在阴霾遮蔽了整个天空，我们比任何时候都更需要精神的支持，比任何时候都更需要坚忍、奋斗、敢于向神明挑战的大勇主义”（傅雷，1983 卷 11：7）。他在《译者序》中写道：“唯有真实的苦难，才能驱除浪漫底克的幻想的苦难；唯有看到克服苦难的壮烈的悲剧，才能帮助我们担受残酷的命运；唯有抱着‘我不入地狱谁入地狱’的精神，才能挽救一个萎靡而自私的民族：这是我十五年前初次读到本书时所得的教训。”（傅雷，1983 卷 11：7）他要将“所受的恩泽”转赠给比他年轻的一代，借助伟人的精神力量，拓展国人的精神视野，启迪民心民智，帮助中华民族正视眼前的黑暗，重新振作起来，激励人们怀抱大无畏的勇气，为挽救和振兴中华而勇往直前。

三、以翻译效忠社会主义建设事业

解放后，傅雷主要从事巴尔扎克著作的翻译。他一生共翻译了十五部

1 罗曼·罗兰：《〈约翰·克利斯朵夫〉原序》，载傅雷译《傅雷译文集》（第七卷），合肥：安徽人民出版社，1983 年，第 9 页。

巴氏的作品，其中有十三部完成于解放后。[1]那么，傅雷为什么会把一生的主要精力，用于巴尔扎克作品的翻译呢？因为巴尔扎克本人曾得到马克思和恩格斯的首肯，被誉为“超群的小说家”“现实主义大师”。

然而，傅雷在其所走过的翻译道路中，有过彷徨，有过痛苦，甚至有过矛盾。尤其是在翻译罗曼·罗兰与巴尔扎克的过程中，他的思想经历了许多起伏。当然，在这些思想变化中，毋庸置疑夹杂有意识形态与政治环境的影响因素。但是，随着傅雷对巴氏作品研究与翻译的不断深入，以及社会主义新形势的需要，傅雷对巴氏的作品可以说是愈来愈偏爱。1951年10月9日，他致信宋淇[2]说：“我的经验，译巴尔扎克虽不注意原作风格，结果仍与巴尔扎克面目相去不远。只要笔锋常带情感，文章有气势，就可说尽了一大半巴氏的文体能事。”1953年11月9日，他在信中谈道：“罗曼·罗兰那一套新浪漫气息，我早已头疼。此次重译，大半是为了吃饭，不是为了爱好。”（傅雷，1998a：162）1954年7月8日，他在信中再次提及：“大概以后每年至少要译一部巴尔扎克”，“我想把顶好的译过来，大概在十余种”（傅雷，1998a：165）。及至1961年，傅雷已全身心地投入对巴氏作品的研究和翻译当中，他在致友人楼适夷的信中写道：“弟诚不知专攻巴尔扎克为不得重要，亦何为最重要也？”（傅雷，1998a：247）傅雷曾把选择原作比作交朋友，所以傅雷对巴尔扎克的“情有独钟”，主要是由于他对巴氏作品“一见如故”，“气质相投”，风格相近。他赞扬巴尔扎克“不愧为现实派的大师，他的手笔完全有血有肉，个个人物历历如在目前，绝不像罗曼·罗兰那样只有意识形态而近于抽象的漫画”（傅雷，1998a：566）。傅雷通过巴尔扎克的笔触，看到了“善与恶、是与非、美与丑的强烈对比”（傅雷，1981卷1：3）；看到了资本主义社会对“黄金的饥渴”和“金钱的万能”；看到了“资产阶级的凶焰”和“灭亡的预兆”；并且“凡是他无情暴露现实的地方，常常会在字里行间或是按语里面，一针见血，挖出资本主义社会的病根，而且比任何作家都挖得深，挖得透”（傅雷，1982卷6：457）。在傅雷眼里，巴氏的确是“观察人性的专家，兼分析社会的史家”（傅雷，1982卷5：3），他认为自己从

1　其中《高老头》曾两次重译；《猫儿打球号》在“文革”中佚失。
2　宋淇，原名宋奇，后文（包括参考文献）某些地方仍用“宋奇”，未做改动。——编注

巴尔扎克那里汲取了丰富的生命养料。

然而，傅雷并未独自享用巴氏的这份“恩泽”，他时刻惦记着自己要“为社会主义建设事业效忠”（傅雷，1998a：251）的神圣使命。所以，他要发扬“愚公移山的精神”，以“蚂蚁啃骨头”（傅雷，1998a：247）的方式，将巴氏“顶好的”作品译出来，奉献给中国人民共同分享；他要开拓人们的眼界，激励人们沿着社会主义道路前进，为促进社会的文明进步和新文化的繁衍而不懈努力。但是另一方面，傅雷也并未全盘接受巴氏的思想，同时也没有忘记告诫人们对巴氏的世界观进行批判性吸收。他曾指出，“巴尔扎克总离不开封建统治的两件法宝，君主专制和宗教，仿佛只有这两样东西才是救世的灵药”，这是“我们和巴尔扎克距离最远而绝不能接受的地方。……他是一个天才的社会解剖家，同时是一个与时代进程背道而驰的思想家”[1]。

四、以翻译彰显忧国忧民之心

1958 年 4 月至 1961 年 9 月 30 日期间，傅雷被错划为右派，长子远走异国，次子遭受牵连，这是傅雷生活中最痛苦的一段日子。就在这时，巴尔扎克的《赛查 · 皮罗多盛衰记》译文竣稿，寄到人民文学出版社后，被束之高阁[2]；1958 年 6 月至 1959 年 5 月，傅雷花费了将近一年的时间译出丹纳的《艺术哲学》，然而寄出后却又一次遭受搁浅[3]。傅雷以译书为职业，一旦译稿不能出版，即意味着其经济来源被切断。译稿的被搁置，显然系右派这顶帽子所致。于是，出版社向傅雷提出用笔名出版的建议。然而，傅雷向来淡泊名利，他是为了效忠祖国而翻译，为了振兴中华而翻译，为了人民的精神食粮而翻译。他“没有名利思想，只要做好本门工作就很好了”（傅雷，1998a：515）。原本用真名还是用笔名，对傅雷来说并无大碍。但是傅雷却认定，他被划为右派是错误的，为了这一错误而改署笔名，那就是错上加错。傅雷生性刚烈，所以他宁可不出书，也坚决不改名。

---

1 参见金圣华：《傅雷翻译巴尔扎克的心路历程》，载金圣华、黄国彬主编《因难见巧：名家翻译经验谈》，北京：中国对外翻译出版公司，1998 年，第 146 页。

2 该书直至 1978 年才得以正式出版。

3 该书于 1963 年 1 月正式出版，原系 1957 年由人民文学出版社约译，由王任贤到傅雷家亲自商定。

遭此不公待遇，虽然他有很多疑问，但傅雷始终对自己的祖国既不怨也不恨，丝毫没有动摇自己对祖国的深厚感情、坚强信念和报国宏愿。1958 年 8 月 2 日，傅雷被错划右派后不久，他的妻子朱梅馥曾致信傅聪说，傅雷“向来以工作为乐，所以只要精神身体吃得消，一面努力学习马列主义，作为自我改造的初步，来提高自己的政治认识、理论基础；一面做些翻译的准备工作”。1959 年 1 月 3 日，傅雷在致牛恩德的信中写道：“只有耐心埋头尽我的本分，在我的岗位上干些小小的工作，也许一时对国计民生毫无补益，可能将来还能给人一点儿帮助。我的心情还是那么积极。”1961 年 2 月 24 日，傅雷曾致信时任人民文学出版社副社长的楼适夷：“弟虽身在江湖，忧时忧国之心未敢后人；看我与世相隔，实则风雨鸡鸣，政策时事，息息相通，未敢脱离实际，爱党爱友之心亦复始终如一。”这句话道出了傅雷的心声，也是傅雷一生的写照。无论在顺境还是逆境，他的翻译事业始终以国家和人民的利益为重。

由于生活节俭，加之积劳成疾，傅雷的身体每况愈下，但他丝毫没有放松翻译工作。在致傅聪的信中，他曾如是说：“我素来对生死看得极淡，只是鞠躬尽瘁，活一天做一天工作，到有一天死神来叫我放下笔的时候才休息。”（傅雷，1998a：476）在被错划为右派的日子里，1959 年 4 月至 1960 年 1 月，他翻译了巴尔扎克的《搅水女人》[1]；1961 年，继巴尔扎克《都尔的本堂神甫》[2] 译毕之后，他又着手于巴尔扎克《幻灭》三部曲的翻译工作。傅雷就是这样头上戴着右派的帽子，却依然怀揣一颗赤子之心，以宽广的胸襟，一丝不苟地在译海中默默耕耘。

五、以翻译贡献西洋文学研究之力

完成巴尔扎克的《幻灭》三部曲后，傅雷认为巴氏小说的翻译应当暂告段落，遂停止翻译，继而转译“客观史料”。他打算先译《巴尔扎克传记》，后对《巴尔扎克之政治思想与社会思想》《人间喜剧中的经济与社会现实性》《巴尔扎克之艺术观》等颇具价值的文献进行节译，作为内部资料供国内专门研究文艺之人士参考，在身体“尚能勉强支持之日，为国内

1　该书于 1962 年出版。
2　该书于 1963 年出版。

文艺界做些填补空白的工作”（傅雷，1998a：234）。1964年10月9日和1964年11月13日，傅雷在致时任人民文学出版社副总编辑郑效洵的两封信中，从主客观双重角度说明了其做出上述翻译选择的主要原因：（一）巴尔扎克作品已译十五种，“虽不能囊括作者全部精华，但比较适合我国读者的巴尔扎克的最优秀作品，可谓遗漏无多”；（二）“根据作品内容，以我国民族传统的伦理观、世界观作衡量”，其余大部分虽属“西方学术界公认之学术重要著作”，但与我国国情及读者需要多有抵触，对我国现代读者“不仅无益，抑且甚难理解”；（三）“以巴尔扎克所代表的十九世纪法国现实主义文学而论，已译十五种对吾国读者亦已足够”；（四）“《皮罗多》[1]校样改正至今已历三载，犹未付印，足见巴尔扎克作品亦并非急需”；（五）“在目前文化革命的形势之下，如何恰当批判资本主义文学尚无把握之际，（鉴于古典文学名著编委会迄今未能写出《高老头》之评序，可见批评之难。——原注）介绍西欧作品更不能不郑重考虑，更当力求选题不犯或少犯大错”；（六）近几年在中国学术界，“关于巴尔扎克世界观与创作问题，以及何谓现实主义问题”的讨论，日益增多，急需提供若干文献作参考，但“马列主义及毛泽东思想的文艺理论，尚无详细内容可以遵循；客观史料又绝无供应，更不必说掌握：似此情形，文艺研究工作恐甚难推进”。

鉴于出版社“对此不予同意，亦未说明理由”，且“似乎对西洋文作介绍，尚无明确方针及办法”（傅雷，1998a：311），继《皮罗多》之后于1964年8月交稿的《幻灭》一直也无消息。一年后，傅雷致函当时的上海市委宣传部部长石西民，重申了上述理由，并强调“对马列主义毫无掌握，无法运用正确批评之人，缮写译序时，对读者所负责任更大”，而“批评当以调查研究为第一步。巴尔扎克既为思想极复杂、面目众多、矛盾百出的作家，尤不能不先作一番掌握资料功夫：西方研究巴尔扎克之文献虽观点不正确，内容仍富有参考价值，颇有择优介绍之必要”；并期望能“早日恢复目力，以后即或半日工作，亦尚可为西洋文学研究略尽绵薄”（傅雷，1998a：313）。然而遗憾的是，傅雷还未来得及为文艺界“填补空白”，便向我们做出了永久的告别。

1 《赛查·皮罗多盛衰记》简称。下文同。——编注

第三节　傅雷的读者关怀

读者是整个翻译过程中的一个重要组成部分，他们是一个群体，涉及不同的职业阶层、民族心理、年龄性别和兴趣爱好等众多因素。不同的读者群体，必然涉及不同的译作定位；不同类型读者对译著的选择各有不同，而每个译者在翻译时心中也都有各自的读者定位。那么，傅雷是如何定义其读者群体的呢？就广义而言，傅雷的读者定位就是广大的中国人民。但是在不同的历史发展时期，随着时代主旋律的变化，傅雷对读者定位的内涵也相应有所区别；而从狭义上讲，傅雷的读者群体基本可分为三种类型：（一）解放前水深火热之中的中国人民；（二）社会主义时期的广大人民群众；（三）社会主义时期的文艺研究人员。

马克思说过，“没有需要就没有生产”，他把诗人比作“生产者”，把艺术品比作“产品”。运用到翻译中，原材料即原作，生产者即译者，产品即译作，需求者即读者。在原作、译作和读者三者当中，傅雷既重视原作的选择和领悟，也重视译作的传神和达意，但是他更重视的却是读者的反映和需求。因为他的生产、他的产品是为消费者服务的，读者就是傅雷心目中的上帝，没有消费的对象，他的产品则无的放矢，而他的译作也将随之丧失价值。

考察傅雷的整个翻译过程，他无时无刻不在考虑读者的利益。从翻译选材、理解与表达到出版与销售，每一个细微的环节，无不凝聚着傅雷的一番心血，无不体现出傅雷的一片赤子之心。

一、翻译的选材与标准

傅雷在选择翻译对象时，首先考虑到的是那些具有时代精神、符合社会发展趋势、能够满足读者需要的作品。本着对祖国、对读者的高度责任感，他在选择原作时慎之又慎，反复酝酿，严格把关。例如，早在1938年，他就开始关注巴尔扎克的作品，但直至1944年，才首次着手翻译巴尔扎克的小说《亚尔培·萨伐龙》，其间时隔六年之久。又如，他曾花费大量精力对巴氏作品进行全面剖析，选出十多种“顶好的”，打算译出来；其余的则按其思想分为五种类型，并认为“诸如此类之名著”，与“我国国情及读者需要多所抵触”（傅雷，1998a：311），不宜翻译出版。此外，他还搜罗了“十九世纪前五十年的报刊著作、回忆录，去跟《人间喜剧》中写的政治、经济、法律、文化对证，看看巴尔扎克的现实主义究竟有多少真实性”（傅雷，1998a：610），以便了解巴氏作品对中国当代读者的现实意义。

其次，傅雷认为最好是选择自己喜欢和内容熟悉的作品，因为“一则气质相投，容易有驾轻就熟之感；二则既深爱好，领悟自可深入一层”。他曾说：“非诗人绝不能译诗，非与原诗人气质相近者，根本不能译那个诗人的作品”（傅雷，1998a：159）；“*Moby Dick*[1] 是本讲捕鲸的小说，一个没海洋生活经验的人如何敢着手这种书”（傅雷，1998a：167）。其翻译选材标准由是可见一斑。

二、翻译的理解与表达

傅雷认为，要忠实于读者就必须忠实于原著。而忠实于原著，则应当主要从翻译的理解与表达两方面下功夫。

就理解而言，理解要“化为我有”。首先，要“事先熟读原著，不厌求详，尤为要著。任何作品，不精读四五遍决不动笔，是为译事基本法门”（怒安，2005：85）。为了将原句“化为我有”，傅雷付出了巨大的努力。每当选中一部作品，他就逐一剔出生词背熟，再三研读原作，吃透原文精神以及全部细节。当遇到不理解的地方，就查资料，问内行，写信向外国专家请教。他翻译一本书的酝酿过程，少则数月，多则数年，不准备妥当，决不轻易动笔。例如，早在1954年，傅雷就曾说过，《赛查·皮罗多盛衰记》，“这一本真是好书，几年来一直不敢碰，因里头涉及十九世纪的破产法及破产程序，连留法研究法律有成绩的老同学也弄不清，明年动手以前，要好好下一番功夫呢！”（傅雷，1998a：165）。谁知这番功夫整整持续了两年之久，直到1956年，他才开始着手于此书的翻译。

其次，要了解和研究作者。傅雷曾指出：“翻译任何作品，欲求彻底提高品质，必须与国外学术机关联系：倘属现代作品，尤须与原作者联

1 美国长篇小说《白鲸》。——编注

系；倘属古典作品，国外亦有不少专门团体。例如法国有巴尔扎克学会，照理对翻译巴尔扎克的人可能有很多帮助。”[1] 译者只有深入原作者的时代背景，体验原作者的思想感情，才能超越文化障碍、心理障碍、时空障碍，和原作者实现心灵上的契合。总而言之，唯有将原作“化为我有”，才能“跟着创造的人物同时演化”，在自己的思想感情和生活体验中产生共鸣，“忘记了自我，化为故事中的角色，陪着他们作身心的探险”（傅雷，2002c：176），才能获得译者实际未曾经历的经历，“亦步亦趋地跟在伟大的作家后面，把他的心曲诉说给读者听”（罗新璋，1984：628），这是向读者传神达意的重要条件。

而以表达论，表达则要“传神达意”。傅雷曾说过，“领悟为一事，用中文表达为又一事”（傅雷，1984：694）。要实现“传神达意 ”，则应当做到以下三点：（一）务必用中文写作。傅雷提倡用“纯粹之中文”进行写作，以“语言流畅，用字丰富，色彩多变”（傅雷，1998a：292）相要求，做到既合乎中国读者的时代用语习惯，又能够传达原作者的精神和风格，使译文读者阅读译文达到与原文读者阅读原文同样的效果。（二）务必反复修改。傅雷以“文章千古事，得失寸心知”（傅雷，1998a：490）为座右铭，以极其严肃的态度从事文学翻译。他认为，“翻译工作要做得好，必须一改再改三改四改”（傅雷，1998a：602），“文字工作总难一劳永逸，完美无疵”（傅雷，1998a：225）。因此，他花费在修改上的时间几乎不亚于初稿，常常“改得体无完肤，与重译差不多”（傅雷，1998a：150）。从初稿到定稿，起码要改六七遍以上。誊清付排后，还要亲自看校样，边校边改，直至清样，还有改动。例如，他曾致信宋淇说：“《高老头》重译之后早已誊好，而在重读一遍时又要大改特改”（傅雷，1998a：151）；“《于絮尔·弥罗埃》正在校改，功夫仍不下于初译”（傅雷，1998a：169）。而在翻译《赛查·皮罗多盛衰记》时，他也曾致信傅聪说：“我修改巴尔扎克初译稿，改得很苦，比第一遍更费功夫。”（傅雷，1998a：443）译文出版后，傅雷还往往站在读者的立场，以读者挑剔的眼光重新审视自己的作品。因为他认为，译文质量的好坏，不能单从

1　转引自金圣华：《傅雷翻译巴尔扎克的心路历程》，载金圣华、黄国彬主编《因难见巧：名家翻译经验谈》，北京：中国对外翻译出版公司，1998 年，第 165 页。

译文的角度，而更应从读者的角度来判断。他在重译《约翰·克利斯朵夫》时提及，“以前旧译细检之下，均嫌文字生硬，风格未尽浑成”（傅雷，1998a：133）。所以本着对读者负责任的严肃态度，他曾两次重译巴尔扎克的《高老头》，再次重译罗曼·罗兰的《约翰·克利斯朵夫》和杜哈曼的《文明》。（三）此外，务必高度重视译文的其他附件部分，诸如索引、后记、注解和译文序等对于“传神达意”不可忽视的辅助作用，以便帮助读者更好地理解原文的内容和形式。比如，他曾在信中写道：“‘对照表’每条之首在原稿上遇新姓氏出现时，读者检阅势必更有眼花缭乱之苦，请全部补入；费工不多而于读者裨益甚大，何乐不为！”“此次本人校阅时即因专名多而无专名号深觉费力，以己度人，读者之不便势必数倍于原译者。此系有关全面翻译书之问题，值得尊处为群众利益加以考虑。”（傅雷，1998a：223）为了使读者取其精华、弃其糟粕，他极其认真地撰写译文序，用马克思唯物辩证论的观点对作品进行赞扬和批评。他认为“对马克思主义毫无掌握，无法运用正确批评之人，缮写译序时，对读者所负责任更大”。然而遗憾的是，傅雷呕心沥血所写的译文序，却因“文革”而部分遗失。

三、翻译的出版与销售

傅雷将他的产品（译著）交付出版社后，他的工作并未就此结束。在傅雷心中，此时的作品尚只是半成品而已。对于每一部译著，大至出版、印刷、发行，小至封面的设计、装帧、字体、颜色，付印的开本、版式、字号、装订等，每一处细枝末节，他都要亲自过问、审订和核查。在致人民出版社的信中，傅雷曾提及，“一般敲眼订，而篇幅较巨之图书，读者均极感不便，啧有烦言，已非一日，……甚望尊处能从群众观点着眼，凡较厚图书均改用穿线订”（傅雷，1998a：223），并屡次讲到读者的利益，足见读者在其心目中的地位。傅雷一生“追求完美”，他要将他认为满意的译著奉献给他的“上帝”——读者。

傅雷的译著是写给他的读者看的，并非仅仅为了出版而出版。书究竟有没有到达他的读者手中？读者阅读后又有什么反映？这是他的翻译活动最后需要完成的工作。为此，他不厌其烦地调查市场，从发行数量、销售渠道到购买情况，无一疏漏。他曾致函楼适夷，反映巴尔扎克译本从订购、发行到销售的相关情况："《于絮尔·弥罗埃》，中国总店只发到五十部，新华一分店（即总店）只有三十部。各分店有的发到五本，有的八本。据中国及新华门市部同志称，他们订货数都是二百本以上，发来只有三十本。《文明》，他们订货二百八十本，也只发下三十本，《于絮尔》[1]在上海不到十天已全部售完（因为每处只能买一二本）。《查第格》更是三五天之内卖光的。"（傅雷，1998a：243）通过上述市场调查的确切数据，我们不难看出，当年傅雷曾为此付出过多少心血。

第四节　傅雷的美学理想

一、重神似不重形似

1951 年 9 月，傅雷在《〈高老头〉重译本序》一文中提出："翻译应当像临画一样，所求的不在形似而在神似。"相隔十余年后的 1963 年 1 月，他在致罗新璋的复信中再次提道："愚对译事实看法甚简单，重神似不重形似。"傅雷在此以自己深厚的文艺素养和长期的译事经验，采用移花接木的方式，将中国古典美学运用于翻译理论，借助绘画和诗文领域里的"形神论"来探讨文学翻译中的艺术问题，将中国译论推向了新的发展阶段。傅雷提出"重神似不重形似"的独到之处，正在于他"把文学翻译纳入文艺美学的范畴，把翻译活动提高到审美的高度来认识"[2]，"这是对严复的'三难'之论的重要补充"[3]。傅雷是继我国传统翻译美学观"文与质"、"信与美"和"言与意"之后，提出"神似说"的最具代表性的人物。虽然早在傅雷之前的 20 世纪 20 年代和 30 年代，我国翻译界就曾出现过类似的论述，但是"这样宣言式的以传神相标榜，在我国翻译界似乎还是第一次"[4]。多年来，傅雷以他的美学观指导自己的翻译实践，出版了大量的优秀译作，形成了独特的傅译风格，"在文学翻译界，独树一帜，卓然

1　《于絮尔·弥罗埃》简称。下文同。——编注

2　郑海凌：《文学翻译学》，郑州：文心出版社，2000 年，第 87 页。

3　刘宓庆：《当代翻译理论》，北京：中国对外翻译出版公司，1999 年，第 203 页。

4　罗新璋：《读傅雷译品随感》，载郭著章主编，边立红等撰《翻译名家研究》，武汉：湖北教育出版社，1999 年，第 321 页。

成家”[1]。

要领会傅雷“神似论”的翻译理论实质，首先应当搞清楚什么是“形似”，什么是“神似”。根据《中国翻译词典》的释义，翻译上的“‘形似’，一般理解为保留原文的形式，具体说，如保留原文的体裁、句型、句构和修辞手段等”[2]；“‘神韵’（神似）一词，似指译文要惟妙惟肖地再现原文中的颇具神采的意象和韵味无穷的语句”[3]。总之，从字面上追求译文与原文的对等，即“形似”；从内涵上追求译文与原文的对等，即“神似”。 对傅雷颇有研究的罗新璋先生对“神似”阐述得更为具体，他说：“神似，也即传神，顾名思义，就是传原文的精神，透过字面，把字里行间的意蕴曲达以出。……各种文字各有特色，有许多难以互译的地方，而翻译绝不是直线似的字当句对，而是多层次的传神达意。”[4] 由此可见，“形”是“原文语言形式的美”，即语言美的“表素现象”，是由原语语言的词汇、语法、文体与修辞构成的语言结构的美，可以直观看到，是显性的东西；“神”是“文章气质方面的美”，即语言美的“非表素现象”，是原作者所表达的“意在言外却又是无处不在的神思、气度”[5]，是高层次的、深度的审美体会活动，看不见但能感觉到，是“隐性”的东西。正因为“神”是“隐性”的、缥缈的东西，往往易被人忽视，需要用“心”去体会，所以在翻译中领悟和表达“神韵”才显得至关重要。而由此，我们也可以深切地体会到傅雷“重神似不重形似”译论的弦外之音。

傅雷所指的“神”，主要包含贯穿原文的“总体精神”与字句声色里蕴含的“神韵”两个方面。他认为，“要求传神达意，铢两悉称，自非死抓字典，按照原文句法拼凑堆砌所能济事”（傅雷，1981 卷 1：475），这句话言简意赅地阐述了“形”与“神”的概念，并强调了“神似”的重要性。

1　罗新璋：《读傅雷译品随感》，载郭著章主编，边立红等撰《翻译名家研究》，武汉：湖北教育出版社，1999 年，第 321 页。

2　中国翻译词典编辑委员会主编《中国翻译词典》，武汉：湖北教育出版社，1997 年，第 788 页。

3　同上，第 592 页。

4　罗新璋：《我国自成体系的翻译理论》，载罗新璋编《翻译论集》，北京：商务印书馆，1984 年，第 11 页。

5　刘宓庆：《当代翻译理论》，北京：中国对外翻译出版公司，1999 年，第 211 页。

二、“神”与“形”的和谐统一

自傅雷提出“重神似不重形似”的翻译美学观以来，译界对此各抒己见、有褒有贬、意见不一。那么，究竟应当如何把握“神似”和“形似”的度的问题？是“神形兼备”，还是“重神失形”“重神轻形”，或者“先形后神”？这一问题，成为长期以来译界对傅雷翻译美学理论争执的热点。

由于中西方文化与美学原则的差异，“两种 mentalité（精神面貌）殊难彼此融洽交流”（傅雷，1998a：291），给翻译造成了很大的阻碍。那么，如何才能够解决这些矛盾，化“隔”为透，忠实地翻译原文呢？就此，傅雷提出了他的翻译“神似论”：赞美波特莱[1]用纯法文“把原作意义曲曲折折地传达出来，绝对不在字面上或结构上费心”（傅雷，1998a：152），并进一步解释：“我并不是说原文的句法绝对可以不管，在最大限度内我们是要保持原文句法的。但无论如何，要叫人觉得尽管句法新奇而仍不失为中文”；“风格的传达，除了句法外，就没有别的方法可以传达”（傅雷，1998a：148）。他由此着重强调了保持原文句法与“形似”的重要性。根据傅雷的观点，传达原文的字句声色是“传神”的关键，傅雷的重神似不重形似“意在强调神似，不是说可以置形式不顾，更不是主张不要形式”[2]。“傅雷虽然没有对‘神似’概念作具体的界定，但他明确地提到‘要求传神达意’，其中‘神’和‘意’已把精神实质和风格韵味两方面都包括进去”[3]；而“‘神似’的原则正确地考虑了整体效果的对等”[4]。

郑海凌曾在其论著《文学翻译学》一书中指出：“神与形是一个不可分割的统一体，二者相互依存，神以形存，形为神体。神为灵魂，形为躯体。形与神构成一个灌注生气和灵魂的、像活生生的人体那样的有机整体。在具体的翻译过程中，‘神似’与‘形似’是一个统一的过程的两个方面，不存在孰先孰后的问题”；“从翻译实践的角度理解傅雷的翻译主张，应该是，依形写神，以形出神，形神统一”[5]。由此可见，“神”依附于“形”，而“形”是“神”的外壳，“形”与“神”是一个和谐的统一体，

1　现通译为波德莱尔。——编注
2　转引自郑海凌：《文学翻译学》，郑州：文心出版社，2000 年，第 88 页。
3　金隄：《等效翻译探索》（增订版），北京：中国对外翻译出版公司，1998 年，第 57 页。
4　同上，第 37 页。
5　同 2，第 89 页。

无法真正区分出孰轻孰重来。

傅雷一生追求“完美”的艺术境界，他认为，“介绍一件艺术品”，就应该“还它一件艺术品”（傅雷，1998a：10），“一露出雕琢和斧凿的痕迹，就变为庸俗的工艺品而不是出于肺腑，发自内心的艺术了”（傅雷，1998a：491）。由此可见，他“心中的标的，基本上就是等效翻译”[1]。而要实现“等效翻译”，达到傅雷提出的“译本的标准”，“传神达意”，“如行云流水般自然”，不留“雕琢和斧凿的痕迹”（傅雷，1998a：490），则唯有最大限度地做到“神”与“形”的和谐统一。因为，无论是“重形轻神”抑或“重神轻形”，都将造成译文的“貌合神离”或者“神似貌离”，进而无从“还它一件艺术品”。傅雷提出“重神似而不重形似”，既非“重形轻神”，也非“重神轻形”，而是要实现“神”与“形”的和谐统一。

三、译者的再创造

“神”与“形”的和谐统一，源于译者的再创造。为了准确地表达原作的内容与形式，再现原作的艺术魅力，达到“形”与“神”和谐统一的审美效果，进行艺术的再创造成为必不可少的手段。

傅雷曾指出：“译书的标准应该是这样，假设原作者是精通中国语文的，译本就是他使用中文完成的创作。”依此而论，译本就成为译者的再创造。那么，何谓再创造？郑海凌认为，翻译的再创造是译者在审美接受过程中对原作的“未定点”进行想象、完成和再现的过程。原作的“未定点”是西方文论接受美学的概念，也可解释为“空白”，是指原语的不确定性，原语字里行间的“弦外之意”，原语所隐含的形象、情感和内容，即原语的精神。这需要译者去发挥想象，根据自己的审美理解对它的意义加以补充、完成和再现，对“未定点”进行解读、领悟和表达的过程就是因难见巧，化“隔”为透，在矛盾的对立中发挥艺术的再创造的过程。傅雷提倡的“神似论”，正体现出上述观点。

傅雷曾致信宋淇说，创造的人不能老打句法的主意，“以致阻遏文思，变成‘见其小而遗其大’；一味地只想着文法、句法、风格，绝没有好的创作可能”（傅雷，1998a：148）。这句话对我们有两点启示：其一，艺

1 金隄：《等效翻译探索》（增订版），北京：中国对外翻译出版公司，1998 年，第 57 页。

术的再创造不能只盯着原语的形式，而要抓住形式所内含的精神；其二，不能捡了芝麻丢了西瓜，因其“形”而失其“神”，因局部而破坏了整体。总之，只有深刻领悟原语字里行间的“弦外之音”，打破原句语言形式的束缚，才能实现艺术的再创造，最终达到“神似”与“形似”、局部与整体的和谐统一。

此外，傅雷还提倡再创造的“译文必须为纯粹之中文，无生硬拗口之病”（傅雷，1998a：291）。“纯粹之中文”，即指中国的规范语文。在傅雷所生活的年代，白话文尚未完全成形，跟“外国语文，在丰富、变化上面差得太远”，“只能达意，不能传情”（傅雷，1998a：147），不足以表达原文的内容和形式。所以，为了再现原作生动的内容、时空的差异和语境的不同，傅雷提出“非杂糅各地方言不可”，不妨使用“旧小说套语”和“文言”，关键在于“如何调和，使风格不致破碎”（傅雷，1998a：155）。在此观点基础之上，傅雷创造性地采取了在白话文中加入方言、行话、文言以及“旧小说套语”的方法，传达原文的风格和“神韵”，使之“水乳交融”、语言流畅。当中文不足以表达原作信息时，傅雷又提出在翻译中“采用西洋长句”“创造中国语言，加多句法变化”（傅雷，1998a：148）的办法，帮助中国读者体会到异国文化的魅力。可见，傅雷提倡的再创造，既不是完全保留“形式”的“欧化”语言，也不是独具“神韵”的“归化”语言，而是两者的统一。“原作的神味与中文的流利”（傅雷，1998a：152）和谐地融为一体，既符合西欧原作风格，又具有中国民族特色，是“句法新奇而仍不失为中文”（傅雷，1998a：148）的写作。

傅雷曾经在评论近代有名的一派悲剧演员时说过，“这类演员似乎有两种人格：既是演员，同时又是观众。演员使他与剧中人物合一，观众使他一切演技不会过火（即是能入能出的那句老话）。因为他随时随地站在圈子以外冷眼观察自己，故即使到了猛烈的高潮峰顶仍然能控制自己。以艺术而论，我想第二种演员应该是更高级”（傅雷，1998a：546）。傅雷正是这样一种演员，他既是译者（演员），又是读者（观众）。译者使他与剧中人物合而为一，同时演化；但读者又使他在圈子外围，冷眼观察自己，把握自己的译作不致过火；能入又能出，达到“欧化”与“归化”的和谐，“神似”与“形似”的和谐，“局部”与“整体”的和谐。

而傅雷的译文之所以能做到“神”与“形”的和谐，与他本人对艺术素养的长期修炼是密不可分的。傅雷不但在文学上造诣很深，而且对美术和音乐也有深入研究。他在二十六岁时就写下了著名的美术论著《世界美术名作二十讲》，在该书中，傅雷曾不断提到诸如“线条的和谐”“色彩的和谐”“明暗的和谐”“整体的和谐”“静谧的和谐”“庄严的和谐”等所产生的美感；他在致傅聪的信中谈及音乐理论时，也曾多次强调“和谐”。郑海凌在《文学翻译学》一书中说，“‘和谐说’的哲学基础，是我国古代文化思想里的‘中和’观念和我国古典美学里的‘中和之美’”[1]。综上所述，足见傅雷对中国古典美学“和谐”的审美观念领悟之深刻。“和谐”的审美观已牢固扎根于他的思想深处，化为己有，成为他的翻译美学观的核心部分。因而，在整个翻译过程之中，他才会自觉或不自觉地以“和谐”的审美标准，锲而不舍地去追求译者与作者精神上的和谐，原文与译文时空上的和谐，中西方语言、文化、文体风格上的和谐，以及译者和译文在艺术传达上的和谐，从而最终达到译文从细部到局部，从局部到整体的“神”与“形”的和谐统一，最大限度地消除原文读者理解原文与译文读者理解译文之间的“隔”。

傅雷不但继承了中国古典美学的遗产，而且深谙西方接受美学的理论。他曾说过：“任何艺术品都有一部分含蓄的东西，在文学上叫作言有尽而意无穷，西方人所谓 between lines（弦外之音）。作者不可能把心中的感受写尽，他给人的启示往往有些还出乎他自己的意想之外。”（傅雷，1998a：632）此处傅雷所讲的“意”，显然是指西方接受美学中的“未定点”“空白”，也可理解为东方美学中的“神韵”“神似”。“神似”与“形似”和谐统一的实质就在于，译者既要表达出语言的“确定点”——“显形”，又需表达出语言的“未定点”——“隐形”，使之既传神又达意，形成美妙的和谐。而上述一切，正体现出中西美学的精髓。

金圣华曾评价傅雷说：“傅雷之所以有伟大成就，主要是由于工作态度审慎严谨，准备功夫充分周详。”这句话总结起来，就是一个“真”字。傅聪也曾说过，他父亲整个的一生体现了一个“真”字：他对人“真”，对工作“认真”。“真”是他最大的特点。傅雷一生用心血凝结成的翻译文字，正是他对祖国的“真”，对读者的“真”，对艺术的“真”的真情

1　郑海凌：《文学翻译学》，郑州：文心出版社，2000 年，第 157 页。

奉献。

傅雷留给世人的五百多万字的译作，是一笔无法估价的精神遗产，是对中国翻译事业做出的不可磨灭的贡献，也是他整个翻译诗学观的鲜明写照。在傅雷译著的字里行间，无不充分体现着他对于翻译事业的忠诚，对于读者的热爱，以及对于翻译艺术的不懈追求。傅雷曾经特意从一本专论莫扎特的书里译出一段话寄给傅聪，这里我们不妨借用其中一句，对傅雷的翻译诗学追求做一小结：他的译作，正是他“灵魂的小影”[1]。

1 1955年3月27日傅雷在致傅聪的信中谈到，“作品是灵魂的小影，便是一种和谐”。引自傅雷：《傅雷文集·书信卷》（上下），傅敏编，合肥：安徽文艺出版社，1998年。

第三章

傅雷翻译风格论

在大量的翻译实践过程中，傅雷积累了丰富的翻译经验，而这些心得、经验，又反过来为傅雷的新一次翻译实践提供了参照，正是实践与理论的并驾齐驱，成就了傅雷众多的精品译作和对翻译这门艺术的独到见解。他曾打算在有生之年写一部有关翻译理论和技巧的专著，可惜他过早离开人世，而使这一计划无以实现。尽管如此，从傅雷所留下的《〈高老头〉重译本序》《翻译经验点滴》等多篇论述翻译的文章，以及致宋淇、黄宾虹、罗新璋等众位友人的信件中，我们还是可以体会到傅雷对翻译的全面认识和他明确的翻译指导思想。

傅雷在《〈高老头〉重译本序》中，曾拿翻译与临画作比，他说："以效果而论，翻译应当像临画一样，所求的不在形似而在神似。"（罗新璋，1984：558）从中国传统艺术中得到启示的"神似论"，贯穿了傅雷整个的翻译观，而"重神似不重形似"的背后，实则暗含着傅雷针对翻译语言、翻译风格和翻译理想诸方面的深刻认识。

第一节　傅雷的语言观

翻译首先是一门语言的艺术，译者最初接触到的是原著的语言，所以对于译者而言，其所面临的第一重障碍即是母语与外语冲突的障碍。突破语言的障碍，把握住原著的精神，在此基础之上，创作的“译文必须为纯粹之中文，无生硬拗口之病”，这就是傅雷针对翻译在语言观上做出的选择。

众所周知，20 世纪前半期是汉语语言经历重大变革的时期，自新文化运动开展“白话文运动”伊始，文言、高度欧化的汉语、“新白话”等多种语体并存于文艺界、文化界，而完善的现代汉语体系尚处于孕育阶段，并未成形，即正如傅雷所认识到的，“我们的语言还在成长的阶段，没有定形，没有准则”。对于不同语体在传达原著风格和精神上的利弊，傅雷有着深刻的体会：“我们有时需要用文言，但文言在译文中是否水乳交融便是问题：我重译《克利斯朵夫》[1]的动机，除了改正错误，主要是因为初译本运用文言的方式，使译文的风格驳杂不纯。方言有时也得用，但太浓厚的中国地方色彩会妨碍原作的地方色彩。纯粹用普通话吧，淡而无味，生趣索然，不能作为艺术工具。”（罗新璋，1984：627）在傅雷看来，单纯使用文言恐与原文难以“水乳交融”，方言因过于中国化而影响传达“原作的地方色彩”，而普通话又“淡而无味，生趣索然”；与成熟的外国语言相比，此时的汉语确实难以与之相提并论。正是因为有了对各种语体使用局限的准确认识，傅雷才找到了一条取利去弊的出路，即在白话文中兼用方言、文言、旧小说套路，“要求内容生动，非杂糅各地方言不可”（傅雷，1998a：155），甚至还可以采用欧式的长句，以使译文“行文流畅，用字丰富，色彩变化”，“创造中国语言，加多句法变化”。据此，傅雷不仅始终以传达原作神韵为念，而且还站在改造中国语言的高度，对译作的语言提出了更高层次的要求。

为了在翻译时能够游刃有余地使用母语，傅雷认为应该“多读中国的古典作品，熟悉各地的方言”（罗新璋，1984：627），“平日除研习外文外，中文亦不可忽视，旧小说不可不多读，充实词汇，熟悉吾国固有句法及行文习惯”（罗新璋，1984：695）。傅雷是这样说的，更是这样做的。他长期研读中国的传统经典名著，1953 年 2 月 7 日在致宋淇的信中，他写道：“最近我改变方针，觉得为了翻译，仍需熟读旧小说，尤其是《红楼梦》。”傅雷不仅重视旧小说的研读，对于促进现代汉语形成与完善的中国现代文学作品也极为关注。在现代诸多作家中，傅雷对老舍可谓情

1 《约翰·克利斯朵夫》简称。下文同。——编注

有独钟，在上述信件中，他提到“过去三年我多学老舍”，因为“我们翻译时句法太呆，非多多学习前人不可”（傅雷，1998a：160），而老舍在国内是“采用西洋长句而仍不失为中文的唯一的作家”（罗新璋，1984：548）。傅雷对老舍的推崇，源于后者在“欧化”与“纯粹之中文”间的统一，而这种统一，正是致力于丰富母语、促进母语不断完善的译者傅雷所不断追寻的翻译语言境界。

第二节　傅雷的风格观

风格是傅雷一直颇为重视的问题，他在多篇论述中都曾提及风格问题，因为风格正是译作与原著达到“神似”的关键因素。风格的有效传达，既是译者对原作者与原文的忠实，也体现出译者对读者的负责态度。傅雷分别从选本、理解、表达三个层面，提出了最大限度传递原作风格的翻译方法。

首先，选本是深入理解原作与充分再现原作的前提。傅雷曾在致宋淇的信中谈道：“我回头看看过去的译文，自问最能传神的是罗曼·罗兰，第一是同时代，第二是个人气质相近。”（傅雷，2005：37）可见，优秀译文的产生，要求译者必须能够对自己的翻译风格、自己翻译的所长所短认识清醒，具体到文学翻译，即“从文学的类别”“文学的派别”，“认清自己的所短所长”，认清自己所适宜翻译的文本类型。然而，“无奈大多数的情形是双方的精神距离并不很明显，我的风格能否适应原作的风格，一时也摸不清。了解对方固然难，了解自己也不容易”，那么如何才能清楚地知道自身的气质与风格与作品是否相符呢？傅雷的经验是试译，因为“我们的界限与适应力（幅度）只能在实践中见分晓”。只有清楚地认识自己，对自己适合翻译的作品类型有正确考量，才能够选择合适的作家、作品翻译。“选择原作好比交朋友：有的人始终与我格格不入，那就不必勉强；有的人与我一见如故，甚至相见恨晚”（罗新璋，1984：626）；“非诗人绝不能译诗，非与原诗人气质相近者，根本不能译那个诗人的作品”（傅雷，1998a：159）。而选择与自己投缘，又自己喜欢、内容熟悉的作品，其优势在于“一则气质相投，容易有驾轻就熟之感；二则既深爱好，领悟自可深入一层”（罗新璋，1984：695）。可见，傅雷对译者如何选择作品进行翻译有着近乎“苛刻”的要求，他要求译者既要了解自身的长处与不足，又要对作家、作品有着横向和纵向的双重把握。

至于理解原著，傅雷认为“翻译事先熟读原著，不厌其详，尤为要著。任何作品，不精读四五遍决不动笔，是为译事基本法门。第一要求将原作（连同思想、感情、气氛、情调等等）化为我有，方能谈到移译”（罗新璋，1984：698）。“化为我有”四个字，充分说明了译者在动笔之前，研读、理解作品所应达到的境界。“化为我有”是在把情节、故事烂熟于胸之后，挖掘出隐藏在字里行间的言外之意和话外之音。“译者不深刻地理解、体会与感受原作，决不可能叫读者理解、体会与感受”（罗新璋，1984：626），因此只有译者首先超越语言、时代、文化等多重因素的障碍，忘却自我、亲身经历和体验书中的生活境遇和思想感情，才能抓住原著的神韵，与原作者产生精神上的共鸣，从而才有可能进一步引领读者去感受原著的精妙之处。

理解与表达，是翻译过程中两个前后相继又相辅相成的环节。译事之难，正在于如何在把原著的精神、神韵“化为我有”的同时，将其精神、神韵完整地再现于读者面前。即如傅雷所言：“翻译作品不仅仅在于了解与体会，还需要进一步把我所了解的、体会的，又忠实又动人地表达出来。”（罗新璋，1984：626）“忠实”与“动人”可谓是衡量译文质量最重要的标尺，那么如何才能使译文的表达做到既“忠实”又“动人”呢？傅雷认为，“理想的译文仿佛是原作者的中文写作。那么原文的意义与精神，译文的流畅与完整，都可以兼筹并顾，不至于再有以辞害意，或以意害辞的弊病了”（罗新璋，1984：558）。也就是说，完美的表达既要有母语写作的流畅，又要不失原著的神韵，这样才能使译文读者阅读译作与原文读者阅读原作拥有相同的效果。

选本、理解与表达，翻译过程中的这三个环节正是译者选择、内化与再现原作风格的过程。傅雷的翻译风格观，是其多年译书的经验所得，既体现出傅雷对待翻译的谨严态度，也是他留给我们的一笔宝贵财富。

第三节　傅雷的神似论

傅雷在《论文学翻译书》中，将对译事的看法概括为“重神似不重形似”（罗新璋，1984：695）。他运用中国古典美学的理论阐释翻译思想，为中国传统译论打开了新的视野。“神似论”是对傅雷翻译语言观和翻译风格观的统一与升华，它从更高的艺术层面，概括出翻译所应到达的艺术境界。

“神”与“形”是艺术品所呈现出的两个方面，二者的侧重点迥然相异；反映到翻译中，即指译作中“神”与“形”之间的巨大差异。根据《中国翻译词典》的定义，翻译中的“形似”一般理解为保留原文的形式，具体指保留原文的体裁、句型、句构、修辞手段等；“神韵（神似）”则指，译文要惟妙惟肖再现原文中颇具神采的意象和韵味无穷的语句。由此而论，“形”强调遣词造句，是语言的文字层面，而“神”则重在意境和韵味，是艺术的精神层面。即，“从字面上追求译文与原文的对等，即‘形似’；从内涵上追求译文与原文的对等，即‘神似’”[1]。“神”与“形”存在本质上的区别，单就艺术角度而言，体现原作精神的神韵必然高于为传达此种神韵而存在的形式。然而，若是把“重神似不重形似”片面地理解为只要“神”而抛弃“形”，却也难免失之偏颇。

傅雷提出“重神似不重形似”的观点，并不是要割裂文学作品中“神”与“形”的联系，而是要在了解“神”“形”差异的基础上，突出“神似”的重要性，旨在告诫囿于语言的译者努力超越语言，进而与原作者进行精神层面的对话。傅雷在《〈高老头〉重译本序》中的一段话，可以作为对其“神似说”的注解：“两国文字词类的不同，句法构造的不同，文法与习惯的不同，修辞格律的不同，俗语的不同，即反映民族思想方式的不同，感觉深浅的不同，观点角度的不同，风俗传统信仰的不同，社会背景的不同，表现方法的不同。以甲国文字传达乙国文字所包含的那些特点，必须像伯乐相马，要‘得其精而忘其粗，在其内而忘其外’。而即使是最优秀的译文，其韵味较之原文仍不免过或不及。翻译时只能尽量缩短这个距离，过则求其勿太过，不及则求其勿过于不及。”（罗新璋，1984：558—559）傅雷正是充分认识到了翻译过程中语言文字上的巨大差异，因而才强调优秀的译作应

1 肖红、许钧：《试论傅雷的翻译观》，载金圣华主编《江声浩荡话傅雷》，北京：当代世界出版社，2006年，第293页。

该摆脱原语语言的束缚而直达其“神韵”，以此获得与原文对等的艺术效果。

如果说“神似”与“形似”在纯粹的文字层面上是对立的，那么在更高的艺术层面上两者则是统一的，因为“形”是“神”的语言外壳，“神”是“形”的精神内核。罗新璋对此曾做过进一步阐释，他说：“神似，也即传神，顾名思义，就是传原文的精神，透过字面，把字里行间的意蕴曲达以出。……各种文字各有特色，有许多难以互译的地方，而翻译绝不是直线似的字当句对，而是多层次的传神达意。”由此可见，文字是传达精神的依托，倘若抛却文字的支撑，天马行空地一味追求“神”，则最终其“神韵”也必将成为虚无缥缈之物；但如果只是“字当句对”地翻译，译作又会沦为艰涩难懂的欧化文本，原作的神韵、意象也必然荡然无存。因此，“重神似不重形似”是“神”与“形”的辩证统一，是“神”与“形”的和谐并存，是超越“形”之后的“神”的对等。

就此而论，“神似论”正是傅雷在翻译美学高度所坚守的忠实观。无论是奈达的“动态对等”，还是严复的“信、达、雅”，忠实始终是译界所秉持的最重要准则，一切译作必须首先以忠实的尺度衡量，恰恰是忠实构成了翻译区别于创作的标志性特征。“神似”，即译作与原作在风格、意象、韵味等方面的对等，是精神上的传情达意，是艺术角度或者美学追求上的近似。可以说，“神似论”的提出是傅雷经过常年的艺术熏陶和艺术修炼之后，在翻译美学层面上对“忠实”的精辟概括。

唯有拥有长久的艺术感受和深刻的艺术领悟力，才有可能巧妙地将中国古典美学的“神形论”运用于翻译美学的阐释，提出“神似说”的观点。而傅雷在美术、音乐上的精深造诣，以及其对政治经济、哲学科学等领域的广泛涉猎，更提深了他在文学尤其是翻译方面的感悟能力与美学境界。傅雷曾坦言：“译事虽近舌人，要以艺术修养为根本：无敏感之心灵，无热烈之同情，无适当之鉴赏能力，无相当之社会经验，无充分之常识（即所谓杂学），势难彻底理解原作，即或理解，亦未必能深切领悟。”（罗新璋，1984：695）可见，傅雷正是在对艺术的不懈追求中，完成着其对译事、译者以及译作的深刻理解。

从语言到风格，从形似到神似，傅雷的翻译思想通过“神似论”的提炼形成了一个有机的整体。“神似论”不仅是傅雷毕生从事文学翻译事业的自身追求与真实写照，同时也突破了之前仅仅局限于语言转换层面的对于翻译的狭隘理解，从而引领我们进入更为广阔的艺术天地，在某种程度上构成了翻译美学的源头。

第四章

傅雷翻译选择论

《约翰·克利斯朵夫》《贝姨》《高老头》等一部部经典译作，带给我们的不仅仅是西方文学的熏陶和文字艺术的享受，更让我们一代代人铭记住了一个名字——傅雷。没有傅雷，我们便无从在那些曾经黯淡的岁月里认识罗曼·罗兰、巴尔扎克、梅里美，进而也就无法从新文明中汲取精神的养分。正是傅雷，将他对祖国、对人民的一腔热忱化作对翻译事业的执着，成就了数百万字的译著精品，给彷徨与迷茫中的人们带去了光明和希望。

傅雷是翻译家，他用自己的译笔将国外的皇皇巨著转换成中国读者的案头书，使我们能够有幸共享人类文明进步的酸甜苦辣；傅雷更是优秀的翻译家，译书的过程，恰恰也是其自身在中西迥异的语言思维情境下进行穿越时空文化之旅的过程。就某种意义而言，可以说翻译是理解傅雷的出发点，通过翻译，傅雷自己深入一个五彩斑斓的世界，并将之介绍给华夏大地上千千万万的读者；与此同时，翻译也是傅雷生命的最终归宿，通过翻译，傅雷得以以海纳百川的胸怀，淋漓尽致地演绎出其自身对于文学、艺术、命运乃至人生的深刻思考与理解。

那么，傅雷是如何走上翻译之路的呢？又是什么样的力量促使其对翻译事业始终如一地热爱？他对自己的翻译文本以及翻译语体如何选择？多年的译事经历又融入了其怎样的翻译思想？事实上，傅雷每一次翻译选择的背后，都离不开一个字——“真”。求真，是傅雷在其翻译路途中从始至终所坚守的原则：选择翻译路途时不愿与浊世同流合污的“纯真”，选择翻译文本时“忧国忧民”的“真心”，坚持“神似说”翻译美学时所表现出的对于原作与原作者的“真实”以及对于艺术追求的“真挚”。

第一节　傅雷的翻译道路选择

傅雷是如何走上翻译之路的？这是一个牵扯到诸多复杂因素而又耐人寻味的问题。回顾傅雷的一生，他在多方面的才华和成就都不容小觑：五百多万字的精品译作足以使他成为中国翻译界不二的楷模；《梦中》《回忆的一幕》等短篇小说显示出其文学创作的功底；《论张爱玲的小说》至今仍是张爱玲小说研究不可绕过的文学批评范文；登载于《新语》《周报》《民主》《文汇报》等多种刊物上的政论文章，鉴证了其针砭时弊的能力；《世界美术名作二十讲》的编写，画家画展的筹备主持，《中国画论之美学检讨》《观画答客问》等美术评论性文章的撰写，《傅雷家书》中与傅聪就音乐的探讨，长文《音乐之史的发展》的发表，无一不充分彰显出他在艺术尤其是艺术评论方面的造诣；此外，傅雷还积极参与社会活动，例如创办“决澜社”，发起成立中国民主促进会，发表《所谓反美亲苏》，当选上海市政协委员等。由此而论，在事业的选择方面，傅雷事实上拥有着多重选择的可能性。然而，傅雷为何偏偏选择了将其毕生精力倾注于翻译事业？或许，傅雷的早期经历能够成为我们寻找答案的入口。

1921 年，年仅十三岁的傅雷考入上海徐汇公学。虽然这只是傅雷求学经历中一个必经的阶段，然而正是这个不起眼的细节，使傅雷接触到法语这门与其维系了一生之久的语言。尽管傅雷在这所教会学校的学习不足三年，却打下了坚实的语言根基。翻译作为一种双语的活动，其前提便是语言。因此，傅雷一生从事法国文学翻译，年少时的这段语言学习过程即可视作其翻译之路的起点。

如果说，教会学校的法语学习仅仅是一种历史的偶然，那么，赴法留学则是傅雷为自己走上翻译之路做出的第一个自觉选择。在那个社会动荡、世事维艰的年代，撇下与自己相依为命的寡母毅然远涉重洋，显然，对于傅雷而言，这并不是一个容易的抉择。因而，痛苦与煎熬的背后，也就必然孕育着坚强的决心。“朋友的告诫，母亲的谆嘱，内心的自省，常使（傅雷）衷心地热起来，不空起来，鼓舞起来。他要抛弃厌世的悲哀的人生观，去乘长风破万里浪，实现赴法的宏愿，去勇敢地研究人生，追求人生，勉力向着未来前进。”[1] 正是这股无名的力量，陪伴着傅雷走过了四年的留学岁月，不断激发着这位留洋学子学成归来、报效祖国的热情。傅雷不但深知留法的意义，全身心投入法语学习当中，在短时间内获得长足的进步，更有意识地将自身融入一种艺术的氛围之中，参观巴黎的艺术馆、博物馆，频繁接触文艺界人士，亲临艺术胜地，为自己日后在音乐、美术上的评论与鉴赏奠定了坚实的基础。在不断的艺术魅力熏陶之下，傅雷逐渐地由认识转而喜欢上罗曼·罗兰，注定了其终有一日将这份喜欢带回祖国、渗透进每一位有志青年心中的历史宿命。

傅雷早年的求学经历，为他最终选择翻译作为毕生事业提供了某种可能性；而自 1931 年学成归国之后在公职与书斋之间的多次徘徊，则是多种因素交织的必然结果。回国之初，年仅二十三岁的傅雷受聘于上海美专，教授美术史和法语，主政的是美术大师刘海粟。然而工作未满两年，傅雷就毅然决然地辞去了教职，回到自己的书斋，潜心于翻译。毋庸置疑，傅雷是热爱翻译的；但是，傅雷更热爱着真理。在《傅雷自述》中，他给出了辞职的理由：“一九三三年九月，母亲去世，即辞去美专教务。因（一）年少不学，自认为无资格教书，母亲在日，以我在国外未得学位，再不工作她更伤心；且彼时经济独立，母亲只月贴数十元，不能不自己谋生；（二）某某某对待我个人极好，但待别人刻薄，办学纯是商店作风，我非常看不惯，故母亲一死即辞职。”（傅雷，2002a 卷 17：6）由以上我们不难看出，理由（一）只是谦虚之辞，以作搪塞的借口，而理由（二）才是辞职的真正原因。“办学纯是商店作风”，这种认识对于怀着一颗赤子之心的傅雷而言，无疑是致命的打击。傅雷原本想借教育将自己对艺术的理解与追求传递给下一代，他是将此视为改造社会、振兴国家的手段。但是，他未曾预料到的是，他的热忱无法立足于一个只追求利益、追逐功名的浮华世界。于是，他只能用“看不惯”来表达其对这样一个社会

1　陈子善：《傅雷先生的〈法行通信〉》，载金圣华主编《江声浩荡话傅雷》，北京：当代世界出版社，2006 年，第 39 页。

的无奈声讨。傅雷回到了他的书斋（或许此处用“躲”字更为恰当），他终于可以在艺术的殿堂中自由驰骋，终于可以摆脱名利俗世的束缚，终于可以找回那个纯洁、纯真的傅雷了。尽管这才是傅雷第一次从事公职，也只是其辞去公职、返回书斋的多次经历中的一次，然而我们却可以借此窥见傅雷刚直的性格，对于真理的不二坚持，以及翻译之于傅雷的意义。

如果说，傅雷早期的心路历程仅仅代表了他选择翻译的初衷，那么，翻译之于傅雷的意义，则是他最终将翻译作为毕生事业的源头。

一、翻译是傅雷生存于世的方式

首先就直观而论，无公职的傅雷几乎毕生以翻译稿费为生。可以说，翻译是他乃至其全家的生活来源。傅雷在重译罗曼·罗兰的作品时曾坦言：“此次重译，大半是为了吃饭，不是为了爱好。”（傅雷，2005：142）可想而知，一旦停止翻译，傅雷的生计便会陷入窘境。一位伟大的翻译家为了自己钟爱的事业，为了唤起国民的觉醒，却过着拮据的生活，这是时代的悲哀，也是民族的悲哀。

但是，傅雷绝不是为了解决单纯的生计问题而选择翻译事业的。傅雷通过翻译找回了自己，又或者说，只有翻译才能为傅雷提供一方展示自我的舞台。在那个外忧内患的时代，每一位有志青年都渴望献出自己的绵薄之力挽救民族于危亡之间，傅雷自然也不例外。傅雷并非“两耳不闻窗外事”，只顾埋头译书；他每日读报，始终关注时局的变化，译书之于傅雷是一种途径，而非最终目的。对于公职，傅雷不是“不愿意”做，而是“无法做到”。他耿直的性格和“众人皆醉我独醒”的精神境界，使其难以与这个诡谲的世界同流合污。“傅雷的艺术造诣是非常深厚的，对无论古今中外的文学、绘画、音乐等各个领域，都有极为渊博的知识。他青年时代在法国学习的专科是艺术理论，回国以后曾从事美术考古和美术教学的工作，但时间都非常短促，总是与流俗的气氛格格不能相入，无法与人共事，每次都在半途中绝裾而去，不能展其所长，于是最后给自己选择了闭门译述的事业。”[1] 楼适夷的解释是可信的，也是中肯的。“流俗的气氛”终

1 楼适夷：《读家书，想傅雷》，载金圣华主编《江声浩荡话傅雷》，北京：当代世界出版社，2006年，第96页。

将玷污傅雷的一颗纯洁之心，而闭门翻译，无疑是保全圣洁心灵的最佳选择。

叶凯在《傅雷的最后 17 年》中说过，反右派斗争之后，傅雷退回到了自己的书斋，闭门谢客，既不为自己鸣冤叫屈，又不参加政治活动，而是埋头开始了自己的翻译工作，又处于近乎与世隔绝的隐居状态。[1] 傅雷的冤屈令人愤怒，而傅雷对待冤屈的方式却令人怜惜。他的平静，是一位知识分子远离政治干扰的释然；他的执着，是对自己人生使命、社会使命的坚持。经历过一次次风波之后的傅雷，更加坚定了自己以翻译生存于世的方式，同时也唯有翻译事业才能够让他找到生存于世的意义。

二、翻译是傅雷反抗邪恶、追求真理的手段

1961 年 7 月 31 日，傅雷在致好友的信中写道："提到学术、艺术，我只认识真理，心目中从来没有朋友或家人亲属的地位。"（傅雷，2002a 卷 20：75）真理是神圣不可侵犯的圣物，在真理面前，傅雷是绝不会为亲情或者友情所左右和动摇的，即使面临变故甚至冤屈，这份对真理的坚持也不会有任何改变。而时刻与真理做伴的傅雷注定是寂寞的、孤独的。根据杨绛先生的回忆："有人说傅雷'孤傲如云间鹤'；傅雷却不止一次在锺书和我面前自比为'墙洞里的小老鼠'，……他知道自己不善在世途上圆转周旋，他可以安身的'洞穴'，只有自己的书斋；他也像老鼠那样，只在洞口窥望外面的大世界。他并不像天上的鹤，翘首云外，不屑顾视地下的泥淖。傅雷对国计民生念念不忘，可是他也许遵循《刚第特》的教训吧？只潜身书斋，做他的翻译工作。"[2]"小老鼠"的自比不免透出些许无奈，但外面世界的重压又何尝不是如高墙般沉重、黑暗、令人窒息？他深切地感受到自己的渺小以及和世故的格格不入，站在一个与自己的本性和原则大相径庭的社会中，他是否真的有能力做出改变？无论结果如何，傅雷依然没有放弃尝试，那就是回到书斋，拿起译笔，他渴望通过翻译寻找反抗邪恶、追求真理的道路。

此外，翻译名家的作品，也带给傅雷无尽的启示。傅雷在他翻译的罗

1　叶凯：《傅雷的最后 17 年》，北京：中国文史出版社，2005 年，第 107 页。
2　杨绛：《忆傅雷》，载金圣华编《傅雷与他的世界》，北京：生活·读书·新知三联书店，1996 年，第 15 页。

曼·罗兰的《贝多芬传》之《译者序》中这样写道："不经过战斗的舍弃是虚伪的，不经劫难磨炼的超脱是轻佻的，逃避现实的明哲是卑怯的；中庸，苟且，小智小慧，是我们的致命伤：这是我十五年来与日俱增的信念。而这一切都由于贝多芬的启示。"（傅雷，2002a 卷 11：5）研读、翻译这些文学作品，也是傅雷对人性的体察和理解不断深化的过程。认识到民族的弱点便是改造民族的源头和振兴民族的动力，从某种程度上说，翻译成了傅雷与"恶"抗争的武器，同时也是傅雷在文学翻译的不懈实践中，不断地尝试着找寻黑暗之中的星星之火。

三、翻译是傅雷灵魂的栖息地

在美术、音乐等诸多方面均有着极高造诣的傅雷，最终选择翻译这一语言艺术作为自己安身立命的根本，除偶然的境遇外，更有必然的、对一切艺术共同的精神追求——真诚。"真诚是第一把艺术的钥匙"，对艺术，傅雷始终保留着这样纯朴的认识；"社会上、家庭里，大多的教训使我们不敢真诚，真诚是需要很大的勇气作后盾的。所以做艺术家先要学做人。艺术家一定要比别人更真诚，更敏感，更虚心，更勇敢，更坚忍"（傅雷，1998a：421—422）。从事艺术的前提是先学会做人，人格的提升才是在艺术境界里不断深入的保障，只有一个大写的人才能持久地存在于艺术的殿堂。热爱艺术的傅雷就是始终以保持着一颗真诚的赤子之心，来面对这个世界、面对自己所从事的翻译事业的。

翻译对于傅雷而言，不仅是精神上的追求，更是其整个生命的支撑。傅雷被错划为右派之后，不能出书。按照当时的情况，若想要继续出版译作，必须用笔名，但这遭到了傅雷的坚决回绝。回绝是自然而然的，傅雷可以不出书，甚至可以失去收入的来源，但是他对翻译的重视和热爱却不容玷污。"译者"与"傅雷"，不单单是文字表面上的对应，更是精神层面上的高度契合。傅雷在把法语文学原著译成汉语的同时，也与作品中的人物进行着灵魂深处的对话，他将自己的生命追求和艺术追求化为文字、化为对翻译的热爱，将原作者的真知灼见以及自身的精神领悟融入译著当中。

翻译与傅雷有着难解难分的情愫，傅雷选择了翻译，因为在求真的道路上，这也许是他最好的出路；同时，也只有翻译才能留得住傅雷，翻译事业寄托着傅雷"先天下之忧而忧"的报国情怀，彰显出一个最本真的傅雷。

第二节　傅雷的翻译文本选择

傅雷既翻译过文学著作、艺术评论，也翻译过政论性文章，而“像傅雷这样对文学以外的美术、音乐乃至书法艺术都深有研究，修养到家者，（在中国翻译家中）恐怕找不出第二人”[1]。如果说，傅雷走上翻译之路，是人生经历、品格性情、历史境遇等多种因素交织的结果，那么在翻译文本的选择方面，傅雷则表现出极强的翻译使命意识以及对艺术的热爱与追求。罗新璋认为，“傅雷的翻译可以分为四九年前后两个时期，标志即为一九四九年六月出版的《欧也妮·葛朗台》”[2]，本节即以此前后两个时期为例，探究傅雷选择不同翻译文本背后的动机。

傅雷留学归国之时，正值国内军阀混战而日本帝国主义又觊觎中国的灰暗时期。满怀报国热忱归来的傅雷，看到的却是“今日之民众，既不能效法尊奉孔老之先辈，于危险之激情预加防范，亦不能如欧洲狂热之基督徒，一旦摆脱羁绊，还我以更伟大、更完善、更纯洁之面目。顾精神平稳由之失却，非溺于激情而懵懵懂懂，即陷于麻痹而无所作为”。于是傅雷渴望通过译作唤起民众的觉醒，这也正是他选择翻译罗曼·罗兰的《贝多芬传》《弥盖朗琪罗传》《托尔斯泰传》，即《巨人三传》的初衷。因为于他个人而言，在难以平复“狂躁之情绪”时读罢《贝多芬传》，“不禁号啕大哭，如受神光烛照，顿获新生之力”，他要把这种精神上得以鼓舞的力量扩展开去，以期“对陷于苦闷中之年轻朋友有所助益”。贝多芬“庄严之面目，不可摇撼之意志，无穷无竭之勇气”，米开朗琪罗的“意志与才力”，托尔斯泰的“不抵抗主义”（傅雷，2005：3—4），都发人深省，予人以莫大的启示。1942年，傅雷在重译《贝多芬传》时写下《译者序》，更为明确地表达了其当初的翻译选择动机：“现在阴霾遮蔽了整个天空，我们比任何时候都更需要精神的支持，比任何时候都更需要坚忍、奋斗、敢于向神明挑战的大勇主义。”他想通过翻译拨开阴霾，去寻找光明和希望，正如他自己所言：“唯有真实的苦难，才能驱除浪漫底克的幻想的苦

1　许钧、宋学智编《走进傅雷的翻译世界：傅雷译文精选与评论》，北京：高等教育出版社，2008年，第426页。

2　罗新璋：《读傅雷译品随感》，载金圣华主编《江声浩荡话傅雷》，北京：当代世界出版社，2006年，第193页。

难；唯有看到克服苦难的壮烈的悲剧，才能帮助我们担受残酷的命运；唯有抱着‘我不入地狱谁入地狱’的精神，才能挽救一个萎靡而自私的民族。”（傅雷，2002a 卷 11：5）这是傅雷阅读《贝多芬传》所获得的启示，他希望借助翻译作品抚慰经历精神创伤的人们，鼓起他们与黑暗抗争的勇气和争取新生活的决心，激励他们为挽救民族、振兴国家而奋斗到底。

在启发民族心智，鼓舞国民不畏磨难、勇往直前的路途中，傅雷再次遇到了罗曼·罗兰，遇到了约翰·克利斯朵夫，并与他们达成了精神层面的高度契合。傅雷眼中的《约翰·克利斯朵夫》是“人类一部伟大的史诗”，“千万生灵的一面镜子，是古今中外英雄圣哲的一部历险记，是贝多芬式的一阕大交响乐”，英雄征服世界、征服自我的经历可以超越国界的限制，成为全人类借鉴的蓝本。傅雷正是怀着这样的信念，投入到了罗曼·罗兰这部长河小说的翻译当中。他在《约翰·克利斯朵夫》第一册的《译者献辞》中写道：“真正的光明绝不是永没有黑暗的时间，只是永不被黑暗所掩蔽罢了。真正的英雄绝不是永没有卑下的情操，只是永不被卑下的情操所屈服罢了。”傅雷试图通过自己的译笔告诉国人，黑暗并不可怕，这是英雄历练的必经阶段，只要保持着争取光明的决心和信心，黑暗就终将被驱散。他不断地鼓励民众战胜自我，燃起战斗的希望。“在你要战胜外来的敌人之前，先得战胜你内在的敌人；你不必害怕沉沦堕落，只消你能不断地自拔与更新。……战士啊，当你知道世界上受苦的不止你一个时，你定会减少痛楚，而你的希望也将永远在绝望中再生了吧！”

借助翻译《约翰·克利斯朵夫》，傅雷所希望传达的不仅是奋斗的意志，争取民族独立、民族富强的英雄主义，还有对民族、对世界、对人生的大爱。他在第二册的《译者弁言》中引述了原著中的一段话：“这样等待的时候自有一种悲怆而痛快的感觉。虽然你受着压迫，浑身难过，可是你感觉到血管里头有的是烧着整个宇宙的烈火。陶醉的灵魂在锅炉里沸腾，像埋在酒桶里的葡萄。千千万万的生与死的种子都在心中活动。”（傅雷，2002a 卷 8：4）是克利斯朵夫对世界、对生命的激情感染了傅雷，而当时的中华民族正需要这种激情、这种大爱，以此点燃人们抗争和希望的火焰。

事实上，傅雷对世界、对人类、对一切“真”的事物的热爱，早在他生平第一部出版的译作《夏洛外传》中就已得到了充分体现。傅雷在此书的《译者序》中对夏洛的介绍与概括，展示的“是你，是我，是他，是一切弱者的影子”：“夏洛是一个现世所仅有的天真未凿、童心犹在的真人。他对于时间的冷嘲、热骂、侮辱，非但是不理，简直是不懂。……是的，他只知爱：他爱自然，爱动物，爱儿童，爱漂流，爱人类……他是憨、傻、蠢、真——其实这都是真的代名词——因此他一生做了不少又憨又傻又蠢而又真的事！”（傅雷，2002a 卷 5：4—5）夏洛的渺小是现实社会中每一个人的渺小，而夏洛的伟大却是傅雷试图通过翻译让人感受和效仿的伟大：夏洛对世间一切事物的爱是人类最朴素的博爱，而夏洛的“真”则令这份爱愈来愈持久，愈来愈醇香。《夏洛外传》的译本最初曾一度遭到出版商的拒绝，“不是因为夏洛缺少绅士气，便是因为他太孤独了。出版之后不能引人注意”，最后傅雷只得自费出版此译作。傅雷宁愿自己过着清贫的生活，也坚持让译本问世，这不单单印证了他对于翻译工作的重视，更说明“夏洛既曾予我以真切的感动，一定亦会予人以同样的感动”（傅雷，2002a 卷 5：3），而唯有译作出版，才有可能引起人们的共鸣，促使人们不断地追求真、追求爱。

身在书斋，“闭门译述”的傅雷却从未忘记自己作为一名知识分子的历史责任和社会使命。面对解放前生活在水深火热之中的国人，傅雷再一次拿起译笔，希望通过翻译解救那些被现实重压所束缚的灵魂，而罗素的《幸福之路》恰恰与这样的愿望不谋而合：“现实的枷锁加在每个人身上，大家都沉在苦恼的深渊里无以自拔，我们既不能鼓励每个人都成为革命家，也不能抑压每个人求生和求幸福的本能，那么如何在现存的重负之下挣扎出一颗自由与健全的心灵，去一尝人生的果实，岂非当前最迫切的问题？”傅雷正是体验到“人生的暴风雨和自然界的一样多，来时也一样的突兀，有时内心的阴霾和雷电，比外界的更可怕更致命”，才选择了这部《幸福之路》，而其动机便是为我们提供“多一个向导”，以便“多一重盔甲，多一重保障”（傅雷，2002a 卷 5：83—84）。《译者前言》中的短短几句话，透露出傅雷强烈的爱国爱民情怀，他之所以做出这样的翻译文本选择，就是为了从精神上引领人们走出痛苦的深渊，找到那条通往灵魂自由、民族解放的道路。

如果说，傅雷前期的翻译选择，是试图通过浪漫主义气息和人道主义精神唤醒沉睡的民众，充当他们精神的向导以挽救颓丧弱小的中华民族，那么解放后，面对满目疮痍、百废待兴的社会主义新中国，傅雷则依然希望通过翻译实现自己的报国宏愿，由此他选择了巴尔扎克。起初，他主要是考虑到当时国内的情况，翻译巴尔扎克作品最适合，如果不是在当时情况下，他不一定会翻巴尔扎克作品，但是他翻了，也很喜欢。[1]当时共产主义的精神导师马克思和恩格斯都对巴尔扎克赞赏有加，称他为“超群的小说家”“现实主义大师”。固然，主流意识形态和政治环境对译者会产生某种影响，但是傅雷对于翻译巴尔扎克作品的持久热情以及其译品的上乘质量，却不单单是外界因素所能够完全解释的，其中更为重要的原因，则是来自译者的自觉选择和主动追求。傅雷对巴尔扎克的偏爱，是在其研读和翻译巴尔扎克的过程中不断深化的。《人间喜剧》中所暴露的资本主义社会对金钱的崇拜，人性的泯灭，其中所有善与恶、是与非、美与丑的对比，映射的都是对真善美的向往和追求，正是在这一点上，傅雷找到了其与巴尔扎克的共通之处。他曾赞扬巴尔扎克“不愧为现实派的大师，他的手笔完全有血有肉，个个人物历历如在目前，决不像罗曼·罗兰那样只有意识形态而近于抽象的漫画”（傅雷，1998a：566）；而在《赛查·皮罗多盛衰记》的《译者序》中，他也这样写道：“怪不得恩格斯说：巴尔扎克‘汇集了法国社会的全部历史，我从这里，……甚至在经济细节方面……所学到的东西，也要比从当时所有职业的历史学家、经济学家和统计学家那里学到的全部东西还要多’。”（傅雷，2002a 卷 6：352）傅雷投入了十分的热情翻译了巴尔扎克《人间喜剧》中的十多部作品，旨在让国人了解人类文明所经历的曲折，以此向国人警示资本主义灰暗浑浊、是非不明的世界。

虽然对巴尔扎克情有独钟，但是傅雷非常清楚自己作为一名文艺工作者所肩负的思想引领作用。他对巴尔扎克的赞扬是诚挚的，同时对他的批判也是中肯的：“凡是他无情地暴露现实的地方，常常会在字里行间或是按语里面，一针见血，挖到资本主义社会的病根，而且比任何作家都挖得深，挖得透。但他放下解剖刀，正式发表他对政治和社会的见解的时候，就不是把社会向前推进，而是往后拉了。很清楚，他很严厉地批判他的社会；但同样清楚的是他站在封建主义立场上批判。他不是依据他现实主义

1 转引自金圣华编《傅雷与他的世界》，北京：生活·读书·新知三联书店，1996 年，第 77 页。

的分析做出正确的结论，而是拿一去不复返的、被历史淘汰了的旧制度做批判的标准。”（傅雷，2002a 卷 6：353）“用麻醉来止痛，以忍耐代反抗而还自以为苦口婆心，救世救人，是巴尔扎克最大的迷惑之一。”（傅雷，2002a 卷 3：6）对傅雷而言，个人的“小爱”相对于对民族、对国家的“大爱”，始终都是微不足道、不值得一提的。他懂得翻译家的使命，是不断地将社会往前推进。而对于巴尔扎克的褒贬，则更加体现出傅雷作为一名译者的高度责任感和对求真原则的坚持。

傅雷不仅希望通过对文学作品的翻译，从文艺熏陶的角度给国人以启迪，同时他还有选择地翻译政论性文章，试图给襁褓中的新中国以借鉴。傅雷在《美苏关系检讨》的译序《我们对美苏关系的态度》一文中指出：“二次大战结束以后，国人很少用不偏不倚的立场，观察国际关系。进步分子也有近乎教条主义的成见，同时更受热情的蒙蔽。”（傅雷，2002a 卷 14：297）为了让国人客观冷静地分析国际形势，认清自己所处的位置以及与其他国家的关系，傅雷选择性地翻译了斯诺的《为什么我们不了解俄国》、《俄国人怎样看法》、《斯大林必须和平》和斯科特的《俄国三度空间的外交政策》等文章。虽然身在书斋、远离政治，但是傅雷的内心一直牵系着世界的和平和人民的安危，他清醒地认识到，“我们在两大之间处得好，世界就有和平，而我们还来得及真正爬到五强的地位，倘使投入任何一方面的怀抱，整个人类的前途都不堪设想，遑论中华民族了”（傅雷，2002a 卷 4：302）。由此而论，傅雷的翻译选择，始终与其怀抱的一颗忧国忧民之心紧密相连。

傅雷始终将翻译的历史使命作为选择翻译作品的首要因素，但同时对于艺术的热爱和追求也构成了他翻译文本选择的另一动机。《艺术哲学》和《罗丹艺术论》的翻译，便是傅雷出于提高艺术情操的考量而做出的选择。早在留法期间，傅雷就已经接触到了《艺术哲学》，并试译了其中的第一章。尽管傅雷在《译者序》中并没有直接说明选择翻译这部著作的原因或者动机，但是从他对作者丹纳的背景介绍以及对作品的研读和深入分析当中，我们依然可以看出，《艺术哲学》对于傅雷美术鉴赏水平和艺术批评能力的提高都有着深远的影响，对美术以及音乐的热爱，贯穿了傅雷的一生。1961 年 2 月 6 日，在致傅聪的信中他提到，听维伐第的两支协奏曲，其情调、风格、意境、气息，“正如丹纳书中所描写的那些境界”

（傅雷，1998a：499）。艺术欣赏和艺术批评，不仅是傅雷希望个人能够有所提高的方面，更是他希望能够对年轻一代产生积极影响的方面。根据刘海粟的回忆，傅雷翻译《罗丹艺术论》，是为了“自学一遍，方便后生，无意出版”；在美专教授美术史时，讲罗丹的代表作，是要“将此书主要精神介绍给学生，不搞死背硬记，希望发挥主观能动性，思考作品的精神实质”（傅雷，2002a 卷 14：5）。傅雷在美术、音乐方面的高深造诣，使他得以深入地理解原作内涵，而原作自身的广博深厚又继续为傅雷打开了艺术的视野。正是在这样不断翻译实践中，傅雷的才华与对艺术的热爱和追求得到了最完美的结合。

此外，作为一名负责任的译者，傅雷希望自己选择的作品，一方面符合时代的需要，给人们以精神的鼓舞；另一方面也符合自己对艺术的追求，以提高自身的艺术修养。但是无论傅雷选择怎样的原作，他都会最终站在读者的角度，考虑译作在读者中的接受程度。例如，傅雷选择翻译莫罗阿的《人生五大问题》，正是首先考虑到了受众的因素：“论旨之中正和平，态度之无党无私，与我国固有伦理学说之暗合，洵为晚近欧美出版界中不经见之作。”又如，对巴尔扎克《人间喜剧》中作品的选择，傅雷同样时时不忘作品所面向的读者。他的所有选择“确系根据作品内容，以吾国民族传统的伦理观、世界观作衡量”，他所翻译的十五种小说都是“比较适合吾国读者的巴尔扎克的最优秀的作品”（傅雷，1998a：233—234）。

傅雷在翻译文本的选择方面，并不追求译作的浩繁，而是将选择符合读者需要、符合时代需要的作品视为己任。而他对于翻译文本选择的深思熟虑，对于翻译文本所应该与所能够起到效用的清醒认识，以及对于读者负责任的态度，无疑正是今天我们每一名译界后人所理应尊崇和效仿的。

第三节　傅雷的翻译语体选择

在 1964 年发表的《对等的原则》（“Principles of Correspondence”）一文中，美国著名翻译理论家尤金·奈达（E. A. Nida）博士援引了三位翻译家的观点，对译语的语体选择必须体现“自然与通俗”（natural and easy）的翻译原则予以佐证。奈达首先提到的是著名戏剧翻译家比尔博姆（Max Beerbohm），后者认为英语世界的诸多译者在戏剧翻译过程中最大的问题就是疏离于自然的表达法。因此，那部分译者的译作总让读者觉得有被翻译过的痕迹。第二位被奈达征引的是《圣经》翻译家古兹匹德（E. J. Goodspeed）的观点。古兹匹德认为优秀的译作应当是让读者忘记自己是在读一部翻译作品，他甚至指出，这种努力是任何一个严肃的译者都不容推卸的责任。菲利普斯（J. B. Phillips）是奈达提到的第三位翻译家，其在 1953 年的论著中更加明确地提出“衡量一部优秀译作的标准应当是它读起来绝不像是翻译之作”[1]。

这些西方翻译家和翻译理论家们关于翻译标准的论述均发表于 20 世纪 50 年代和 60 年代，可以看到，“自然与通俗”是他们关于译本语体选择这一理论陈述中的共同点。事实上，也是在 20 世纪 50 年代，中国著名的法国文学翻译家、文艺评论家傅雷，也曾提出过类似的观点。在 1951 年 9 月发表的《〈高老头〉重译本序》一文中，傅雷就译本的语体选择问题谈道：“各国的翻译文学，虽优劣不一，但从无法文式的英国译本，也没有英文式的法国译本。假如破坏本国文字的结构与特性，就能传达异国文字的特性而获致原作的精神，那么翻译真是太容易了。不幸那种理论非但是刻舟求剑，而且结果是削足适履，两败俱伤。”（傅雷，1981 卷 1：409）在列出两国语言与文化方面的诸多差异之后，傅雷进一步指出：“倘若认为译文标准不应当如实平易，则不妨假定理想的译文仿佛是原作者的中文写作。那么原文的意义与精神，译文的流畅与完整，都可以兼筹并顾，不至于再有以辞害意，或以意害辞的弊病了。”（傅雷，1981 卷 1：410）很显然，傅雷关于译文语体的选择和当时的西方翻译家们的理论言说实际上是不谋而合的。

一、译者的隐形与显形

如果从现代翻译理论的角度来看，这里的中西翻译家们实际上是提出了当今翻译理论界的一个流行话题：即译文的透明性问题，也就是所谓的译者隐形问题。事实上，译文的“透明性”就是要求译者在翻译过程中应努力实现译语的通顺流畅，即奈达所谓的“自然与通俗”的翻译原则；而所谓的“隐形”则是指译语读者在阅读译本时应看不到译者的踪迹与影

1　Euegene Nida, “Principles of Correspondence,” in *The Translation Studies Reader*, ed. Lawrence Venuti (London & New York: Routledge, 2000), pp. 132—133.

响，也就是傅雷所谓的"理想的译文仿佛是原作者的中文写作"。

不过，以意裔美籍学者劳伦斯·韦努蒂（Lawrence Venuti）为代表的翻译理论家们，则针对这种"透明"与"流畅"的"归化式"的翻译策略，提出了强烈质疑与理论挑战。在《译者的隐身》（*The Translator's Invisibility*）一书的第二章《典律》（"Canon"）中，韦努蒂详细追述了归化译法成为英美文学翻译界的主流与典律的历史。他认为这种"归化式"的语体选择对于英美世界里肆虐的"英美中心主义"、"文化霸权"与"文化自恋主义"的文化价值观无异于是一种张扬，而适宜的做法应当是采用一种阻抗式的翻译策略，即以"保留外语文本中的语言和文化差异"的"异化"译法来抑制甚嚣尘上的"归化式"的翻译暴力。在他看来，所谓"透明"（transparency）与"流畅"（fluency）的翻译，实质上是以本土文化价值观为取向对源语文本进行的一种粗暴置换和暴力改写，因而它在很大程度上"消解"、"压制"并"同化"了源语言固有的文化基因，是英美文化政治霸权中帝国价值观的外在表现，其特点是不尊重文化"他者"和少数族裔的一种强势文化心理；而韦努蒂所谓的"阻抗式翻译"，就是要再现源语中的"一词多义、新词、残断句式、异质话语"这些"抵抗源语主流文化价值观的特征"，[1]以彰显源语文本中的异质性和独特的文化身份，从而抑制翻译中的"我族中心主义暴力"[2]。

王东风认为，韦努蒂的这一理论"突破了传统译学研究的经验主义范式，从解构主义、后殖民主义和新历史主义的角度来分析和研究翻译，尤其是对英美的霸权翻译文化的批判，字里行间透出新马克思主义犀利的批判锋芒"[3]。显而易见，这一新的翻译批评范式，势必会对传统翻译批评中追求"通顺"与"流畅"的译语选择方式形成批判与挑战。王东风在文章中也拿韦努蒂的翻译思想与傅雷和钱锺书的翻译理想来做类比："对于传统的翻译理论来说，韦努蒂的阻抗式翻译观可谓匪夷所思，反常之极。传统的翻译理念至少是要消除'语言上的差异'，极端的归化翻译甚至连'文化上的差异'也要消灭。拿傅雷的话说就是'理想的译文仿佛是

1　Lawrence Venuti, *Rethinking Translation: Discourse, Subjectivity and Ideology* (London & New York: Routledge, 1992), p.12.

2　Lawrence Venuti, *The Translator's Invisibility* (London & New York: Routledge, 1995), p. 21.

3　王东风：《帝国的翻译暴力与翻译的文化抵抗——韦努蒂抵抗式翻译观解读》，《中国比较文学》2007年第4期，第70页。

原作者的中文写作'，拿钱锺书的话说就是，译本'读起来不像是译本'，而韦努蒂所倡导的抵抗式翻译却是要译文'读起来像翻译'。"[1] 事实上，韦努蒂的学说的确在英美世界的部分精英知识分子那里赢得了较为广泛的共鸣。除了最大限度地保留原文中的异质成分，这部分译者同时也在译文中大量使用注释，其意图相当明显："我是想挑战长期操纵翻译理论与实践的'透明'观念。这一概念……主张抹去译者染指文本的痕迹并试图留出一个干净的、没有做过什么手脚的译文来标榜译文是对原文的'忠实'再现。……因此，本书中无所不在的注释，其实是粉碎这种所谓不同语言资本间'光滑无痕'的交易的一种自觉的尝试。"[2] 换言之，这样的文本处理方式，其目的正在于拒绝透明、拒绝流畅。

然而，不容忽视的是，韦努蒂的理论假说背后，其实是有着昭然的"文化政治"动机的，它以反"英美中心主义"为实质内容，以"拒绝通顺"为其实质手段。这和傅雷在 20 世纪 50 年代所倡导的"流畅与完整"以及脱胎于中国古典美学思想的"神似说"，事实上有着不同的理论背景。前者所倡导的"译者的显形"与后者所追求的"译者的隐身"，在理论意义上并无实质性冲突。

二、傅译作品的语体选择动机

关于译者的社会角色，著名翻译理论家、以色列学者吉迪恩·图里（Gideon Toury）认为："译者（translatorship）首先要能够扮演好一个社会角色，也就是要完成社团所赋予的使命。这种社会角色主要是针对翻译活动、翻译实践者以及（或）翻译成品而言，而且在扮演这个社会角色时，译者还要尽可能体现出该角色本来就应有的适宜的（appropriate）原则。稔熟一套翻译规范以决定翻译行为是否妥当，并能在各类制约因素之间周旋，是成为在特定文化语境中合格译者的先决条件。"[3] 图里的论述表明，译者在译本生成的前前后后均受制于其所担当的"社会角色"以及

1　王东风：《帝国的翻译暴力与翻译的文化抵抗——韦努蒂抵抗式翻译观解读》，《中国比较文学》2007 年第 4 期，第 76 页。

2　Huang Yunte, "Introduction", in *SHI: A Radical Reading of Chinese Poetry* (New York: Roof Books, 1997), pp. 7—8.

3　Gideon Toury, "The Nature and Role of Norms in Translation," in *Descriptive Translation Studies and Beyond* (Amsterdam & Philadelphia: John Benjamins Publishing Company, 1996), p. 53.

“各类制约因素”。按照我们今天流行的翻译话语来讲，即，译者所从事的翻译行为不可避免地要受制于主流意识形态、主流诗学和赞助人等因素的约束。不受任何外部因素影响与牵制的翻译文本如果真有的话，那其实不过是译者自娱自乐、自我陶醉的一种私密存在而已。事实上，翻译行为绝非出自真空，译者也势必会出于上述多方面的考虑而对拟翻译的文本类型进行筛选，并同时确定翻译过程中的语体选择，而这个“做决定的过程”其实就是图里有关“翻译规范”理论假说中所谓的“初始规范”。

图里提出了三类翻译规范：初始规范（initial norms）、预备规范（preliminary norms）和操作规范（operational norms）。“初始规范”是指译者在进行实际翻译活动之前带有价值判断意义的一种取舍原则：要么以原文为归依，遵照源语规范，要么遵循目标语文化中活跃的译语规范；由此便衍生出评判译文的两套标准，即充分性（adequacy）和可接受性（acceptability）。前者尽量忠实于原文的语言系统，具体表现为以色列学者埃文-佐哈尔（Itamar Even-Zohar）所谓的“充分翻译”（adequate translation）；后者则表现为迁就目标读者的可接受性，译者在翻译过程中，可能为了达成文本的交际目的，而牺牲原文在语言系统方面的某些特点。当然，这两种不同立场，体现在译者的拟翻译策略上，就表现出具体翻译手段或者说译文语体选择上的殊异：前者陌生化（foreignization），而后者本土化（domestication）。所谓“陌生化”，指译者在翻译过程中力图保留原文的语言特色，因此，译文带给目标读者的是一种“原汁原味”的异国情调；而“本土化”的翻译手段，则着眼于译文的流畅性和可读性，目标读者读译文的感觉就仿佛是在读原作者的外语原创作品。

对于傅雷和傅译作品的艺术特色，有论者是这样评价的：“我们这一代的法国文学翻译家（年龄约从五十岁到七十岁）或多或少都是傅雷的私淑弟子。我们最早接触的法国文学作品是傅译巴尔扎克。后来学了法文，对翻译有兴趣，对照原文精读的往往是一部傅译。我们折服于译者理解的准确和表达的精当，有时我们觉得自己不是在读一部翻译小说，而是一位中国作家在为我们讲述一个法国故事。傅雷不仅提倡，也确实达到了‘化境’。他的译文完全可以看作汉语文学遗产的一个组成部分。”[1] 事实上，正

1　施康强：《文学翻译：后傅雷时代》，《文汇报》2006 年 10 月 16 日。

是傅雷以目标读者为翻译价值取向的“本土化”语体选择标准，成就了其翻译作品在读者中的恒久魅力，形成了一部部经典的傅译作品，点亮了中国翻译文学与汉语言文学的文化宝库。

译者对于译文语体的选择，除了受制于译者个人对原文与译文所持的价值判断以及取舍原则等主观因素，还必然受到其他外在客观因素的影响与操控。有鉴于此，本节尝试由译者的个人审美理想及当时的主流诗学与目标读者两方面入手，详细探讨傅雷“本土化”的翻译语体选择。

（一）译者的个人审美理想

在《翻译经验点滴》一文中，傅雷曾就中西思维方式的差异有过这样的描述：“中国人的思想方式和西方人的距离多么远。他们喜欢抽象，长于分析；我们喜欢具体，长于综合。要不在精神上彻底融化，光是硬生生地照字面搬过来，不但原文完全丧失了美感，连意义都晦涩难懂，叫读者莫名其妙。”（怒安，2005：10）在此，傅雷认为，“原文风格之保持，绝非句法结构之抄袭”。因此，他告诫后辈译者在翻译实践中应“只问效果，不拘形式”，并最好“处处假定你是原作者，用中文写作，则某种意义当用何种字汇。以此为原作，我敢保险译文必有百分之七十以上的成功”（怒安，2005：38）。也就是说，因为中西两种文化在思维方式和表达习惯上的差异，所以中国译者在语言转换的过程中，应努力捕捉原作的精神实质和美学价值，而不应拘泥于原作的语言形式，这样译出的文字才有可能成为被中国读者所接受的“纯粹之中文”，同时“无生硬拗口之病”。

正是基于这样的理论认识，傅雷在1951年的《〈高老头〉重译本序》中提出了中国传统译论中“独树一帜、卓然成家”的“神似论”：“以效果而论，翻译应当像临画一样，所求的不在形似而在神似。”（傅雷，1981卷1：475）据罗新璋先生考证，这一翻译思想的形成实际上是沿袭了自东晋著名画家顾恺之起一脉相承的、意在“传神”的绘画创作理论。傅雷自己也说：“译事虽近舌人，要以艺术修养为根本：无敏感之心灵，无热烈之同情，无适当之鉴赏能力，无相当之社会经验，无充分之常识（即所谓杂学），势难彻底理解原作，即或理解，亦未必能深切领悟。”（罗新璋，1984：695）事实上，傅雷本人对中西美术史、中国画论以及中西文艺美学思想都曾有过广泛涉猎。从他20世纪20年代和30年代在法国的求学经历、交游圈子、译书内容，以及后来他对宾虹老人绘画作品的热情推介，对赵树理、张爱玲小说的中肯评论中，我们都不难看到中国古典美学思想在傅雷身上所留下的深深印迹。

除去傅雷身上深厚的中国古典文艺美学思想素养，傅雷在艺术之都——巴黎的游学，也使他对西方文化有了更加深入而细致的了解。于是，翻译家傅雷的审美理想便在这一中一西的文化浸淫当中逐渐形成了。在自己的审美理想中，傅雷最崇尚的是希腊的古典主义精神和中国两晋六朝时代的风流旖旎文采："整个希腊精神所包含的是乐观主义，所爱好的是健康、自然、活泼、安闲、恬静、清明、典雅、中庸、条理、秩序，包括孔子所谓乐而不淫、哀而不怨的一切属性。"（傅雷，1990：189）正是这种对于希腊精神的推崇，才有了傅雷对于白居易《长恨歌》创作手法以及诗歌主题的最高评价："全诗写得如此婉转细腻，却仍不失其雍容华贵，没有半点纤巧之病（细腻与纤巧大不同）！明明是悲剧，而写得不过分的哭哭啼啼，多么中庸有度，这是浪漫底克兼有古典美的绝妙典型。"（傅雷，2006a：41）有论者认为，傅雷这种"中庸有度"的审美理想是一种"半古典半浪漫"[1]的审美情怀。同时，也正是这种"中庸有度"的审美理想，才使得傅译作品能够赢得各个层次读者的审美认同。对于两晋六朝的文采风流，傅雷认为它"既有点儿近古希腊，又有点儿像文艺复兴时期的意大利"（傅雷，1990：271），言下之意就是，这一时期的文学创作既有雍容华贵的一面，又不失简约质朴，总之可谓不温不火、中庸有度。并且，当时的玄学清谈之风，更使得文学艺术创作追求一种"气韵生动""以形写神""言不尽意"的文坛做派。很显然，傅雷对于这一时期的推崇与热爱，在很大程度上奠定了其"神似论"翻译话语的理论基础。

此外，傅雷还拿希腊古典主义精神同欧洲学院派的思想作对比："真正的古典精神是富有朝气的、快乐的、天真的、活生生的，像行云流水一般自由自在，像清冽的空气一般新鲜；学院派却是枯索的、僵硬的、矫揉造作、空洞无物、停滞不前、纯属形式主义的、死气沉沉、闭塞不堪的。"（傅雷，1990：190）上述对于二者艺术表现手法的对比分析以及对于两晋六朝风流文风的向往，使得傅雷逐渐形成了自己心目中关于"理想的艺

1　刘凌：《傅雷的审美理想》，《齐鲁学刊》1990 年第 5 期，第 82 页。

术”的独特见解：“理想的艺术总是如行云流水一般自然，即使是慷慨激昂也像夏日的疾风猛雨，好像是天地中必然有的也是势所必然的境界。一露出雕琢和斧凿的痕迹，就变为庸俗的工艺品而不是出于肺腑，发自内心的艺术了。”（傅雷，2006a：248）对于希腊古典主义精神的热爱以及对于欧洲学院派艺术批判所形成的艺术观点和审美理想，表露在傅雷洋洋大观的翻译作品中，自然就是呈现在读者面前的“中庸有度”“行云流水”“自然而不事雕琢”的语体风格。比较了傅雷和穆木天两位译者对于《高老头》中同一表达法的翻译处理之后，傅雷的审美理想、翻译理念和语体选择标准即可一目了然：

原文：Ménager la chèvre et le chou

傅译本：想在父亲跟丈夫之间委曲求全

穆译本：曾经她们想把山羊和圆白菜，父亲和丈夫，好好地安排一下

前者着眼于传达原文的要旨，追求一种“行云流水”般自然的“理想的艺术”，以期不露出“雕琢和斧凿”的痕迹；而后者在字里行间的勉强拼贴，明眼人一望即知。傅雷曾说：“注意局部而忽视整体，雕琢细节而动摇大的轮廓固然谈不上艺术；即使不妨碍完整，雕琢也要无斧凿迹，明明是人工，听来却宛如天成，才算得艺术之上乘。”[1] 正是这样的审美理想，在很大程度上决定了傅雷的翻译理念和语体选择标准。当然，也正是这样的审美理想，加之博古通今的语言文学修养，以及“踯躅旬月”的翻译实践活动，傅雷“独树一帜”的翻译语体观才逐渐得以成形。然而，以上还仅仅是其语体选择标准在主观意识上的构成因素；“行文流畅、用词丰富、色彩变化”的傅雷体华文风格的最终形成，还有赖于某些客观因素的外力架构。

（二）当时的主流诗学与目标读者

傅雷的翻译活动从 20 世纪 20 年代末开始，一直持续到 1966 年他

1　转引自林臻：《傅雷的艺术哲学》，载金圣华编《傅雷与他的世界》，北京：生活·读书·新知三联书店，1996 年，第 251 页。

离开人世，前后相继共三十余年。傅雷的一生经历了中国文学发展史上的许多重要阶段：五四新文学运动、左翼文学运动、根据地和解放区文艺运动、延安整风运动等。从早期对于现代白话文的倡导与强调，到后来“代表无产阶级和其他革命人民的为人民而艺术的路线”取得绝对的主导权，浅显易懂的、启蒙大众的白话通俗路线一直是这一时期文学创作的主流。而就翻译作品而论，迎合中国读者阅读旨趣的归化语言无疑是那个时期翻译活动的风向标。当时一系列旨在介绍和保留异域情调的翻译作品，例如周氏兄弟所选译的《域外小说集》的传布与接受，均因选材的超前性与译语语言的异化造成读者的缺席，而沦为“没有听众的独呓”[1]。因此，“洋腔洋调”的欧化语言与“生硬晦涩”的欧式句法，无论对于当时“略能识字的”大众读者而言，还是对于“很受了教育的”专业读者而言，都是一种审美意识的超前，所以不可能有太大的受众市场。

事实上，傅雷并不排斥在翻译过程中保持原文句法的译法，他只是认为“无论如何，要叫人觉得尽管句法新奇而仍不失为中文”（傅雷，2002a 卷 20：153）。显然，傅雷在此强调的仍然是翻译过程中的中国化特点。同时他也指出，要达到这一境界是相当不容易的，因为它需要译者必须具有极高的艺术品位和判断力。在这方面，他最为推崇的译者是老舍，认为他在国内是“采用西洋长句而仍不失为中文的唯一的作家”（傅雷，2002a 卷 20：153）。然而，老舍在 20 世纪 40 年代发表的《现代中国小说》一文中，却说过这样一段意味深长的话：

> 本世纪初一段时间流行过的使用欧化语法结构和关系从句的风气逐渐低落，今天的作家在他们的短篇小说、长篇小说和剧本中越来越多地使用了简单明了、直截了当的人民的语言，他们正在努力创造一种“纯汉语”，它大体上不受外国语法结构、外国词语和西方写作技巧的影响。他们发现，在战争期间，当他们为了唤起民众的爱国主义精神和抗战热情而写作时，这种简单明了、直截了当的语言非常奏效。他们还发现，城市和农村里的普通人根本不懂混入现代作家语言里的关系从句以及其他“西方”玩意儿。其实，这一套对他们来说就

1　杨联芬：《晚清至五四：中国文学现代性的发生》，北京：北京大学出版社，2003 年，第 143 页。

像文言文一样莫名其妙。因此作家们明白了，如果他们想打动人民，就必须使自己的语言明白易懂。于是出现了抛弃复杂的语法结构，以普通人的语言创造一种新文学的运动。[1]

老舍的记述让读者从另一个侧面见证了自20世纪初至20世纪40年代汉语创作主体的语言使用演进过程，以及语体选择与时代风潮之间的内在联系。实际上，老舍在此谈论更多的还是读者反应的问题。如果要赢得当时读者的认同，就必须抛弃复杂的语法结构，使用明白易懂的、普通人的语言。小说创作如此，小说翻译当然也要遵循这种主流诗学才可以打动和影响当时的读者。事实上，在傅雷从事翻译的时代，译入语文化背景中的目标读者（包括专业读者和大众读者）仍然乐于接受所谓本土化了的、纯正的、中国式的译语。这一方面是因为当时的读者眼界和文化视域，另一方面也是语言自身发展的局限使然。换句话说，当时的语言还没有发展和成熟到可以接受欧化语言的地步。其次，当时的译者也自认为有"开民智"和"养新民"的先天使命，在引进和译介异域文化之际，自然希望运用"自家语言"娓娓道来，以增强译本的可读性和可接受性。实际上，傅雷就曾将 épée de Damoclès（达摩克利斯剑）译为"杀手锏"，将 métier de Sisyphe（西绪福斯的差使）译为"苦工"。这种"本土化"的处理模式，显然正是着眼于将源语文化信息按照译入语语言表达习惯进行改写，进而以一种归化方式将源语信息要髓呈现给读者的原则进行的，因而在考虑当时读者的接受能力方面，傅译作品可谓大获成功。

受制于这种语言表达和文化意识上的时代局限性，当时译者所使用的译语语言大致可分为两种取向：一为守"旧"，这是因为当时的译者还多多少少受到林纾文言翻译的影响；二为趋"新"，这显然源于新文化运动对于白话文写作的推崇。因此我们可以看到，当时的专业译者们，其译文总是呈现出前期文白夹杂、后期才趋于自然流畅的特点。罗新璋在评价傅雷翻译的《罗丹艺术论》时曾指出："《罗丹艺术论》，先生译于1931年至1932年冬春之际，距'五四'新文化运动十二年，当时白话文尚处于形成时期。以今天眼光来看，译稿文字带有白话文由是脱胎而来的文言痕

1　老舍：《现代中国小说》，区鉷译，《中国现代文学研究丛刊》1986年第3期，第281页。

迹；个别字眼显得老旧，文白夹杂，有不够和谐之弊，行文也不及后期傅译那样流畅，朗朗上口。”[1] 上述评价无疑是客观而中肯的。这里，我们仅撷取傅译《高老头》前后三译本中的一例，借此进一步审视傅雷的翻译语体选择观：

（F1）巴黎的爱情，跟旁的爱情没有一些儿相同。……特别在巴黎，爱情是喜欢吹捧的，无耻的，浪费的，江湖派的，奢华的。……爱情是一种宗教，信奉它比信奉任何旁的宗教代价高。

（F2）巴黎的爱情，跟旁的爱情没有一点儿相同。……巴黎的爱情尤其需要吹捧、无耻、浪费、哄骗、摆阔。……爱情是一种宗教，信奉它比信奉旁的宗教代价高得多。

（F3）巴黎的爱情和旁的爱情没有一点儿相同。……巴黎的爱情尤其需要吹捧、无耻、浪费、哄骗、摆阔。……爱情是一种宗教，信奉这个宗教比信奉旁的宗教代价高得多。[2]

显然，F1 无论是在句法结构还是词法层面上，都以迁就原文为主，整个译文读起来不够通畅，尤其是第二小句“特别在巴黎，爱情是喜欢吹捧的，无耻的，浪费的，江湖派的，奢华的”，给读者以原文语言搭配不当的错觉。相比之下，F2 照顾到了汉语的表达习惯，将语序和词性做了调整；F3 在 F2 的基础之上，又进行了增词和修饰语的处理，如此一来，译文的可读性与可接受性都有了明显增强。

傅雷的这种语体选择，不仅体现在一般文字及段落的处理上；习语方面，傅雷同样采用了这种兼顾目标读者接受能力的归化译法。著名学者施蛰存曾经回忆说：“傅雷有一本《国语大辞典》，书中有许多北方的成语。傅雷译到法文成语或俗语的时候，常常向这本词典中去找合适的中国成语俗语。”[3] 施蛰存还提到傅雷曾屡次举过的一个例子：莎士比亚的《哈姆雷特》第一场有一句“静得连一个老鼠的声音都没有”，但纪德的法文译本，

1　罗新璋：《〈罗丹艺术论〉读后记》，载金圣华主编《江声浩荡话傅雷》，北京：当代世界出版社，2006 年，第 144 页。

2　F1 为傅译 1946 年版；F2 为傅译 1951 年版；F3 为傅译 1963 年版。

3　施蛰存：《纪念傅雷》，载金圣华编《傅雷与他的世界》，北京：生活·读书·新知三联书店，1996 年，第 47 页。

这一句却是“静得连一只猫的声音都没有”。傅雷说“这不是译错，这是达意，这也是传神”。施蛰存说，“依照你的观念，中文译本就应该译作‘鸦雀无声’”。傅雷说“对”。[1] 显然，用“鸦雀”来替换英语文本中的“老鼠”和法语文本中的“猫”这一意象，无疑就是傅译作品语体选择的最好注解。

实际上，傅雷在引述英国著名翻译理论家泰特勒（Alexander Tytler，1747—1814）的翻译观点时，就曾公开表明过自己关于习语的翻译立场：“例如他（泰特勒）说凡是 idiom，倘不能在译文中找到相等的（equivalent）idiom，那么只能用平易简单的句子，把原文的意义说出来，因为照原文字面搬过来（这是中国百分之九十九以上的人所用的办法），使译法变成 intolerable 是绝对不可以的。这就是我多年的主张。”[2]（傅雷，2002a 卷 20：153）而这样的说法，和奈达所谓的“自然与通俗”的翻译原则显然是相通的。

追根溯源，傅雷的这种语体选择观，首先源于自己的审美理想，但与此同时，他考虑更多的，则是译文的流畅性和可读性以及目标读者的可接受性。“神似说”的翻译理论话语在此翻译理念下得以最终形成，而这种理论话语具体到翻译语体的选择上，傅译作品便普遍体现出“本土化”的倾向。这种倾向表现在他对源语语言文字和句法结构的中国式改造上，以此实现其所谓的“理想的译文仿佛是原作者的中文写作”的翻译理想。当然，这样的翻译理想是建立在傅雷的翻译初衷和翻译动机之上的，即，为输入优秀的外国文化遗产，弘扬中华民族文化，拓展我国读者视野，振兴中华民族。[3] 而也唯有从这个意义上对傅雷的翻译语体观加以理解，我们才能够真正认识到傅译作品所具有的文化和思想意义，从而才能够真正认识到傅雷的生命价值以及傅译作品的永恒艺术魅力。

---

1 施蛰存：《纪念傅雷》，载金圣华编《傅雷与他的世界》，北京：生活·读书·新知三联书店，1996 年，第 47 页。

2 傅雷原文中夹杂外文是其行文的一个特点，一般不影响理解，不再一一进行注解。——编注

3 许钧：《阅读傅雷 理解傅雷》，《中国图书评论》2007 年第 1 期，第 101 页。

第五章
傅雷文艺思想论：翻译观之构筑基石

前述几章，我们以“翻译”为关键词，围绕翻译诗学、翻译风格与翻译选择三个方面，对傅雷的翻译观进行了详尽阐释。然而，我们在尊崇傅雷为一代翻译巨匠的同时，也不应当忘记，他同样是一位文学造诣精深、艺术素养极高的文学家与艺术家。那么，文学家、艺术家与翻译家身份的交叠，是否会在某种层面，使文学与艺术的因子渗入其翻译的思想观与践行观？

如果说，傅雷的翻译活动主要集中于文学领域，而我们又视翻译为一门艺术，但凡艺术总有相通之处，那么，文学与艺术的气息，势必弥漫于其翻译观当中。然而，此处我们的问题是，傅雷的文学观与艺术观，在何种程度上、以何种方式影响到其翻译观？这一影响是局部的微弱的，抑或是整体的强大的？事实上，近年来已有论者针对上述问题进行过相关探讨，本书的前述几章中，对此问题也有所涉及，但我们认为，现有论述尚缺乏必要的完整性与系统性，而对该问题的相关解答，对于当下的傅雷翻译研究或许大有裨益。因此，这里专辟一章，尝试从更为深入而全面的视角，探讨傅雷的文艺思想观与其翻译观之间的种种细枝末节。

第一节　傅雷文学批评观对翻译观的影响

1944 年 5 月，傅雷以“迅雨”为笔名，在《万象》杂志上发表《论张爱玲的小说》一文，以文学批评的视角，对张氏作品从内容、形式，到风格、语言等方面进行了批判性解读。傅雷深厚的艺术学养与敏锐的艺术感悟力，成就了该篇文章极高的学术价值。《论张爱玲的小说》一文，是张爱玲文学研究史上公认的开创性文章，对后来的张爱玲研究乃至文艺理论界都产生了深远影响。该文中，在对张爱玲作品深度剖析的同时，傅雷的文学批评观也完美地尽现无遗。因此，本节我们将以傅雷《论张爱玲的小说》为切入点，尝试探讨傅雷文学批评观与其翻译观之间的联系。

一、文学的“和谐观”与翻译的“神似论”

“神似论”无疑是傅雷翻译观的集中体现之一，傅雷以绘画领域中的“形神论”探讨文学的翻译问题，“将译论推向了新的发展阶段”[1]，其独到之处正在于，“把文学翻译纳入文艺美学的范畴，把翻译活动提高到审美的高度来认识”[2]。然而，“神似论”是否仅仅为傅雷美学思想的延展呢？美学之外，是否存在文学或是其他的因素，促使了“神似论”的最终成形？

回答上述问题，关键在于厘清傅雷“神似论”的实质内涵。“神似，也即传神，顾名思义，就是传原文的精神，透过字面，把字里行间的意蕴曲达以出。……各种文字各有特色，有许多难以互译的地方，而翻译绝不是直线似的字当句对，而是多层次的传神达意。”[3] 傅雷对译文与原文的“神似”尤为强调。然而，重“神似”是否就一定意味着对“形似”全然不顾呢？

傅雷曾致信罗新璋谈到，“重神似不重形似；译文必须为纯粹之中文，无生硬拗口之病；又须能朗朗上口，求音节和谐；至节奏与 tempo，当然以原作为依归”（傅雷，2006a：718）。这里，傅雷提出译文的音节、节奏等均应以原文为准，并且他也曾经谈到，“我并不是说原文的句法绝对可以不管，在最大限度内我们是要保持原文句法的。但无论如何，要叫人觉得尽管句法新奇而仍不失为中文”（傅雷，2006a：576）。可见，其“神似论”旨在强调神似，但又并非是对形式全然不顾。实际上，傅雷注

1　肖红、许钧：《试论傅雷的翻译观》，载金圣华主编《江声浩荡话傅雷》，北京：当代世界出版社，2006年，第 292—293 页。

2　郑海凌：《文学翻译学》，郑州：文心出版社，2000 年，第 87 页。

3　罗新璋：《读傅雷译品随感》，载郭著章主编，边立红等撰《翻译名家研究》，武汉：湖北教育出版社，1999 年，第 11 页。

重的是神与形的和谐统一，是译文对原文整体效果的传达。而由于“神与形是一个不可分割的统一体，二者相互依存，神以形存，形为神体。神为灵魂，形为躯体”[1]，所以，从翻译的角度出发，形与神应当是一个和谐统一的整体，二者互为依存，不能顾此失彼。翻译时，一方面需要关注原文形式的表达，另一方面更应当注重原文内容的传递，最终实现形式与内容的和谐统一。

而我们注意到，在《论张爱玲的小说》一文中，傅雷恰恰正是从内容与形式的关系入手，对张氏作品展开一系列批评的。他抓住《金锁记》中“情欲”的主题及其发展变化的脉络，把完美展现了这一主题的艺术技巧总结为作者的心理分析、电影蒙太奇手法的运用以及独特的风格，“结构、节奏、色彩，在这件作品里不用说有了最幸运的成就”（傅雷，2006b：110）。可以说，傅雷之所以对《金锁记》赞誉有加，正是因为它“不仅艺术内容充实，而且艺术技巧高超，其艺术内容与形式完美地结合在了一起”[2]。

然而，当傅雷以同样的视角再度审视张爱玲的其他小说时，他失望了。尽管《倾城之恋》被称作张爱玲小说的一个高峰，但是傅雷认为，这部小说的人物勾勒不够深刻，艺术内容被其形式掩盖了，“华彩胜过了骨干：两个主角的缺陷，也就是作品本身的缺陷”（傅雷，2006b：114）。

此外，傅雷批评张爱玲的小说题材过于单一，仅仅局限于男女问题，社会生活内容和思想内容贫乏，但其小说的创作技巧却又十分高明，擅长制造微妙尴尬的局面。例如小说《连环套》，傅雷批评其“错失了最有意义的主题，丢开了作者最擅长的心理刻画，单凭着丰富的想象，逞着一支踢踏舞似的笔，不知不觉走上了纯粹趣味性的路”（傅雷，2006b：116）。在傅雷的文学批评观中，作品的内容是基础，而巧妙的技术是需要建立在其之上的，是“完成主题的手段”（傅雷，2006b：115），而不是作品的全部。在傅雷看来，《连环套》以及张氏其他作品的最大缺陷，正在于作品内容的贫乏，形式的倒退或是过于炫技，从而导致了艺术内容与形式的不协调。

1 郑海凌：《文学翻译学》，郑州：文心出版社，2000 年，第 89 页。
2 范权威：《傅雷论张爱玲》，《大众文艺（理论）》2009 年第 8 期，第 117 页。

由此，我们要追问的是，傅雷翻译观当中的“神似论”与其文学批评观当中“和谐观”的一致性，仅仅是一种平行的巧合吗？我们注意到，傅雷《论张爱玲的小说》一文发表于 1944 年 5 月，而其“神似论”的系统提出，则是在 1951 年 9 月发表的《〈高老头〉重译本序》当中。时隔七年，而思想上却始终一脉相承，就某种程度而言，我们可以说，傅雷的翻译观正是对其文学批评观的继承与发扬，而其文学批评观对于翻译观形塑的影响力量，也由此可见一斑。

二、文学的“风格观”与翻译的“风格论”

《金锁记》是张爱玲唯一一篇被傅雷完全肯定的小说，傅雷认为该篇小说有三大亮点，其中之一即是作者的风格。“譬喻的巧妙，形象的入画，固是作者风格的特色，但在完成整个作品上，从没像在这篇里那样的尽其效用。”（傅雷，2006b：112）以《金锁记》开篇对月亮新颖而又细致的描写为例，傅雷高度赞扬了此种风格在小说中所创造出的综合效果，即，“首先引起读者注意和赞美的部分”（傅雷，2006b：111）。

而当傅雷对《连环套》大加批驳的时候，同样提到风格二字，他认为张爱玲的小说“风格从没像在《连环套》中那样自贬得厉害。节奏，风味，品格，全不讲了。措辞用语，处处显出‘信笔所之’的神气，甚至往腐化的路上走”（傅雷，2006b：116）。傅雷甚至认为，《连环套》的失败，很大程度上归咎于其风格的败落，正所谓“成也风格，败也风格”。

傅雷文学批评观中对于风格的重视，同样在其翻译观中表现得淋漓尽致。风格是傅雷在翻译过程中颇为重视的一个问题，他曾在多篇论述中谈及译作的风格，认为风格正是译作与原作达到“神似”的关键性因素。风格的有效传达，既是译者对原作者与原文的忠实，也体现出译者对读者的负责态度。因此，在选择翻译原作的过程中，傅雷对原作的风格尤为重视，他认为，作品风格最能够体现出作者的气质、精神与人格。在《翻译经验点滴》一文中，傅雷进一步谈道：“（一）从文学的类别来说，译书要认清自己的所短所长，不善于说理的人不必勉强译理论书，不会作诗的人千万不要译诗，弄得不仅诗意全无，连散文都不像，用哈哈镜介绍作品，无异自甘做文艺的罪人。（二）从文学的派别来说，我们得弄清楚自己最适宜于哪一派：浪漫派还是古典派？写实派还是现代派？每一派中又是哪几个作家？同一作家又是哪几部作品？我们的界限与适应力（幅度）只能在实践中见分晓。”（傅雷，2006b：192）“译书要认清自己的所短所长”，认清自己的“界限与适应力”，关键正在于找到与译者风格相契合的原作风格。

翻译观如此，在实际当中傅雷也是如此践行的。他之所以对巴尔扎克、罗曼·罗兰“情有独钟”，正是因为对他们的作品“一见如故”[1]，感觉自己与他们“气质相投，容易有驾轻就熟之感”（傅雷，2006a：718）。而傅雷前前后后耗时十年，一译再译《约翰·克利斯朵夫》，也正是因为，“初译本运用文言的方式，使译文的风格驳杂不纯”，而“原文的风格不论怎么样，总是统一的，完整的；译文当然不能支离破碎”（傅雷，2006b：193），从中可见傅雷对译作风格的要求之高。而这一高要求，正是建立在其文学批评观基础之上的。

三、文学的“作者素养”与翻译的“译者素养”

傅雷在《论张爱玲的小说》开篇，首先肯定了张爱玲的文学创作天赋，并指出当时的作家把主要精力都放在了关于主义的论战中，而这对创作出优秀的文学作品是毫无益处的。只有通过提高自己的艺术素养，拓宽自己的生活体验以及进行大量的文学创作活动，才能够改变当时许多作家作品流产的现状。他认为，“倘没有深刻的人生观，真实的生活体验，迅速而犀利的观察，熟练的文字技能，活泼丰富的想象，绝不能产生一件像样的作品。而且这一切都得经过长期艰苦的训练”（傅雷，2006b：107）。而在文章的结尾，他再一次强调，“唯有在众生身上去体验人生，才会使作者和人物同步，而且渐渐超过自己”（傅雷，2006b：117）。

可见，在傅雷的文学批评观中，对文学创作者的素质，是有着极高要求的。而这一高标准，映射于其翻译观，即是对译者素养的严格要求。

傅雷曾经在《翻译经验点滴》一文中谈道：“我们除了专业修养，广泛涉猎外，还得训练我们观察、感受、想象的能力；平时要深入生活，了解人，关心人，关心一切，才能亦步亦趋地跟在伟大的作家后面，把他的

1　肖红、许钧：《试论傅雷的翻译观》，载金圣华主编《江声浩荡话傅雷》，北京：当代世界出版社，2006年，第285页。

心曲诉说给读者听。”（傅雷，2006b：193）而在1963年写给罗新璋的信中，他也强调，“总之译事虽近舌人，要以艺术修养为根本：无敏感之心灵，无热烈之同情，无适当之鉴赏能力，无相当之社会经验，无充分之常识（即所谓杂学），势难彻底理解原作，即或理解，亦未必能深切领悟”（傅雷，2006a：719）。

在傅雷看来，唯有经过艰苦的训练，文学创作者的能力和水平才能够有所提高，因此，他提出“多写，少发表”（傅雷，2006b：119）的观点。文学创作如此，翻译亦如此。在傅雷翻译生涯的初始阶段，他为了学习外文，译过梅里美和都德的几部小说，但均未投稿；1929年至1933年之间，他曾经先后翻译《贝多芬传》和《恋爱与牺牲》，但寄给出版社后均被退回，对此，他“从来没有什么不满的情绪，因为总认为自己程度不够”（傅雷，2006b：193）。而也正是本着对译者素养的极高追求，才有了《高老头》的三次翻译，《都尔的本堂神甫》的六次修改，以及《老实人》前前后后的八次改动，等等。但是，即便如此精益求精，傅雷仍然认为，“艺术的境界无穷，个人的才能有限：心长力绌，唯有投笔兴叹而已”（傅雷，2006b：216）。

由此可见，傅雷独树一帜的翻译观，与其文学批评观之间，确确实实存在着不可分割的紧密联系。他有关翻译的“神似论”“风格论”以及对于译者素养的极高要求，不无得益于其文学批评思想观中的点点滴滴。

第二节　傅雷美术观对翻译观的影响

傅雷的艺术修养以及对艺术的看法的形成，除中国的古典文学以外，最早是从西方的绘画和雕刻中得到的[1]。1928年，傅雷远涉重洋，赴法留学。留法四年间，他一方面在巴黎大学文科学习，一方面在卢佛尔美术史学校听课，其间在美学、音乐和文学领域广泛涉猎，同时拜访了许多世界级的著名艺术家及学者，游历了欧洲各地的教堂和博物馆，进而在对西方现代艺术全面而深刻的把握之上，形成了自己独立的艺术观。1931年，傅雷结束留学生活回到祖国，任教于上海美术专科学校，主讲法语和美术

1　李云雷：《听傅雷讲艺术》，西安：陕西师范大学出版社，2008年，第1页。

史。这一时期，他撰写了《世界美术名作二十讲》，并与他人合作编辑了《艺术旬刊》《世界名画集》等。由此我们所要追问的是，作为一名拥有深厚艺术学养的翻译家，其美术观在其翻译观的形成过程中，扮演着怎样的角色呢？

一、崇尚希腊古典主义精神的美术观

希腊的古典主义精神贯穿于傅雷的整个艺术思想，可谓其艺术观的中轴线。“他所理解的古典精神‘是富有朝气的、快乐的、天真的、活生生的，像行云流水一般自由自在，像清冽的空气一般新鲜’。”[1] 傅雷认为，“艺术作品必须体现希腊的古典主义精神，符合个人与民族的特性，以及融合东方民族与西方民族的优秀素质”，而“整个希腊精神所包含的是乐观主义，所爱好的是健康、自然、活泼、安闲、恬静、清明、典雅、中庸、条理、秩序，包括孔子所谓乐而不淫、哀而不怨的一切属性”（傅雷，1990：189）。

傅雷对于希腊精神的推崇，很大程度上源自其对自然的推崇。在傅雷看来，理想的艺术需要面向大自然寻求灵感，正如他在评价多那太罗的雕塑时所言，“他知道摆脱成法的束缚，摆脱古艺术的影响，到自然中去追索灵感”（傅雷，2010：37—38）。同时，他也认为，理想的艺术应当完全流于自然，不露任何斧凿痕迹。他在给傅聪的信中就曾讲：“理想的艺术总是如行云流水一般自然，即使是慷慨激昂也像夏日的疾风猛雨，好像是天地中必然有的也是势所必然的境界。一露出雕琢和斧凿的痕迹，就变为庸俗的工艺品而不是出于肺腑，发自内心的艺术了。”（傅雷，2006a：248）时隔半年，傅雷又说：“一切艺术品都忌做作，最美的字句都要出之自然，好像天衣无缝，才经得起时间考验而能传世久远。”（傅雷，2006a：281）即是说，傅雷心目中真正的艺术是“浑然天成的”“自然的”艺术。而对于“自然”境界的培养，傅雷说：“引用罗马文豪西塞罗的一句名言：It is an art to look like without art. [能看来浑然天成，不着痕迹，才是真正的艺术。] 作者认为写得自然不是无意识的天赋，而要靠后天的学习。甚至可以说自然是努力的结果（The natural is result of efforts），

1　李云雷：《听傅雷讲艺术》，西安：陕西师范大学出版社，2008 年，第 1 页。

要靠苦功磨练出来。此话固然不错，但我觉得首先要能体会到‘自然’的境界，然后才能往这个境界迈进。要爱好自然，与个人的气质、教育、年龄，都有关系；一方面是勉强不来，不能操之过急；一方面也不能不逐渐做有意识的培养。也许浸淫中国古典文学的人比较容易欣赏自然之美，因为自然就是朴素、淡雅、天真；而我们的古典文学就是具备这些特点的。”（傅雷，2006a：355）显而易见，傅雷对于这种朴素的、浑然天成的、自然的艺术境界的追求和讴歌，在很大程度上影响了他的翻译理念和翻译实践。事实上，傅雷的“神似说”的翻译诗学以及“理想的译文仿佛是原作者的中文写作”的翻译论述也正是建立在他对于这种境界的追求之上的。

二、美术观对翻译“神似论”的影响

1921年2月，茅盾在《小说月报》上发表《新文学研究者的责任与努力》一文，指出“文学作品最重要的艺术特色就是该作品的神韵”，谈及了“神韵”的重要性。1929年，陈西滢在《论翻译》一文中则引用了曾朴的话，认为“神韵是诗人内心里渗漏出来的香味”。此后，1951年9月，傅雷在《〈高老头〉重译本序》中首次提出：“以效果而论，翻译应当像临画一样，所求的不在形似而在神似。以实际工作论，翻译比临画更难。临画与原画，素材相同（颜色，画布，或纸或绢），法则相同（色彩学，解剖学，透视学）。译本与原作，文字既不侔，规则又大异。各种文字各有特色，各有无可模仿的优点，各有无法补偿的缺陷，同时又各有不能侵犯的戒律。像英、法，英、德那样接近的语言，尚且有许多难以互译的地方；中西文字的扞格远过于此，要求传神达意，铢两悉称，自非死抓字典，按照原文句法拼凑堆砌所能济事。”（傅敏，2005：3）“神似论”自此而生。而在相隔十余年之后的1963年1月，傅雷在给罗新璋的复信中又一次提出：“愚对译事看法实甚简单：重神似不重形似。”（傅雷，2005：270）

傅雷“神似论”的提出，一方面是对希腊古典主义的朴素自然的艺术观的追求和向往，另一方面也是对前人翻译思想的继承和发展，同时更得益于其对美术的独到见解。傅雷本人对绘画艺术颇有心得，比如在致刘抗的信中，他曾高度评价黄宾虹的绘画艺术：“以我数十年看画的水平来说：近代名家除白石、宾虹二公外，余者皆欺世盗名；而白石尚嫌读书太少，接触传统不够（他只崇拜到金冬心为止）。宾虹则是广收博取，不宗一家一派，浸淫唐宋，集历代各家之精华之大成，而构成自己面目。尤可贵者，他对以前的大师都只传其神而不袭其貌，他能用一种全新的笔法给你荆浩、关仝、范宽的精神气概，或者是子久、云林、山樵的意境。”（傅雷，2005：23）“神似论”的观点，正是源自中国传统绘画艺术当中的“神似”概念，尤其是对“传其神而不袭其貌”的绘画艺术观的重新诠释。当这种翻译诗学观流露在他的译作中的时候，傅雷作品便如黄宾虹的画作一样，“广收博取”且“不宗一家一派”，出于原文但又能让原文以一种全新的“神似”面貌呈现在读者面前，因此多年来受到专业读者和大众读者的一致好评。

三、美术观对翻译选材的影响

一般而言，译者在选择原作的时候，除去意识形态、出版机构、主流诗学等客观因素的制约，都会拥有自己的选译标准，正如傅雷在《翻译经验点滴》中所言：“选择原作好比交朋友：有的人始终与我格格不入，那就不必勉强；有的人与我一见如故，甚至相见恨晚。”（傅敏，2005：81）傅雷所生活的年代，正值我国社会的革命期与重大转型期，其翻译选材所考虑的因素自然相对较为复杂。然而，其美术观在其作品选译方面的影响力量，同样不容小觑；纵观傅雷的翻译作品，其中与绘画相关的译作为数众多，便是一个明证。

众所周知，傅雷早前曾经在上海美术专科学校教授美术史课程。为了提高学生的艺术素养，拓宽他们的艺术视野，他选译过一些艺术书籍，比如梅里美的《嘉尔曼》、丹纳的《艺术哲学》、罗丹的《罗丹艺术论》等。其中的《罗丹艺术论》，傅雷自 1931 年 9 月便着手翻译，并于次年竣稿；他将该书分发给学生作为课外参考读物，有意将书中的精神传达给学生，希望学生能够摒弃古板、僵化的思想，充分发挥个人的主观能动性，进而在艺术修养方面有所提升。此外，在 1934 年，傅雷在研究西方美术史和翻译有关著作的过程中，出版了《世界美术名作二十讲》一书。再如他翻译的《艺术哲学》，这是一部以种族、环境、时代为出发点的艺术论著，兼有艺术史的性质，现已几乎成为艺术工作者们的必读书。

总体而论，傅雷精深的艺术学养使他敢于且乐于选择关于绘画等专业性极强的艺术领域的作品进行翻译，而完备的艺术鉴赏知识又促使其能够较好地完成译作，让译文自然流畅、朴素优雅，在合乎中国读者阅读兴趣与习惯的同时，又能够准确传达出原作的精神，从而进一步达到在当时社会情势下激励青年上进、反抗与奋战的效果。由此，傅雷精湛的美术修养与高雅的美术观，成为决定其翻译选材的一个极为重要的因素。

四、本节结语

一方面，博大精深的美术观是傅雷进入艺术翻译殿堂的推动者，更是其完整翻译观成形的引导者；另一方面，卓尔不群翻译观指导下的傅译作品，完美地注解了其高雅深邃的美术观。可以说，美术与翻译，二者相得益彰，构成了傅雷艺术生命中的两大主题。

第三节 傅雷音乐观对翻译观的影响

傅雷的音乐修养极高，对中外音乐史均颇有研究，他所撰写的音乐述评、乐曲赏析以及与世界级音乐大师间的书信往来，无不彰显出其在音乐上的精深造诣与真知灼见。《傅雷家书》中，他与傅聪畅谈音乐，把傅聪作为“一个讨论艺术”的“对手”，把家书作为一个讨论艺术的场所，使《傅雷家书》无疑成为“最好的艺术学徒修养读物”。[1] 而傅雷对于音乐作品的鉴赏能力，更是令人钦羡。比如，他曾经对傅聪谈道：“柯子歧送来奥艾斯脱拉与奥勃林的 Franck[法朗克]Sonata[朔拿大，奏鸣曲]，借给我们听。第一个印象是太火爆，不够 Franck[法朗克] 味。Volume[音量] 太大，而 melody[旋律] 应付得太粗糙。第三章不够神秘味儿；第四章 violin[小提琴] 转弯处显然出了角，不圆润，连我都听得很清楚。Piano[钢琴] 也有一个地方，tone[声音，音质] 的变化与上面不调和。后来又拿出 Thibaud-Cortot[狄博–柯尔托] 来一比，更显出这两人的修养与了解。有许多句子结尾很轻 [指小提琴部分] 很短，但有一种特别的气韵，我认为便是法朗克的‘隐忍’与‘舍弃’精神的表现。这一点在俄

1 楼适夷：《读家书，想傅雷》，载金圣华编《傅雷与他的世界》，北京：生活·读书·新知三联书店，1996 年，第 126 页。

国演奏家中就完全没有。我又回想起你和韦前年弄的时候，大家听过好几遍 Thibaud-Cortot 的唱片，都觉得没有什么可学的；现在才知道那是我们的程度不够，体会不出那种深湛、含蓄、内在的美。”（傅雷，2002c：24—25）这样的专业评论并不鲜见。在对苏联小提琴家奥艾斯脱拉与钢琴家奥勃林的 Franck Sonata 录音，以及小提琴家 Thibaud 与钢琴家 Cortot 同一首曲子录音的评论当中，傅雷独到的音乐观跃然纸上。此外，傅雷还多次受邀或者接受领导委托，发表了很多乐评、乐曲说明和广播稿形式的专业评论。事实上，傅雷音乐观的独特之处，正在于融合了其对于欧洲音乐的深刻领悟，以及对于中国古典音乐的全面把握。那么，建基于此上的音乐观，对于傅雷的翻译观又会产生怎样的影响呢？

一、傅雷的音乐观概述

中国的古典音乐历史悠久，春秋战国时期，“音乐”就有过不少释义：

> 凡音者，生人心者也。情动于中，故形于声。声成文，谓之音。……声音之道，与政通矣。（公孙尼子，《乐记》）
>
> 夫乐者，乐也，人情之所必不免也。故人不能无乐；……使其声足以乐而不流，使其文足以辨而不諰，使其曲直、繁省、廉肉、节奏，足以感动人之善心，使夫邪污之气无由得接焉。（《荀子·乐论篇》）[1]

然而，傅雷却认为，“中国音乐在没有发展到顶点的时候，已经灭绝了”，“中国民族的缺乏音乐感觉，似乎在历史上已是很悠久的事实，且也似乎与民族的本能有深切关联”。“音乐艺术的发展如是落后，实在有它深厚的原因。第一是中国民族的‘中庸’的教训与出世思想。……其次，在一般教育与中国的传统政治上，‘中庸’更把中国人养成并非真如先圣先贤般的恬淡宁静，而是小资产阶级的麻木不仁的保守性，于是，内心生活，充其极，亦不过表现严格的伦理道德方面，而达不到艺术的领域，尤其是纯以想象为主的音乐艺术的领域。”“中国所求于音乐的，是超人间的和平（也可说是心灵的均衡）与寂灭的虚无。”最初的中国音乐的

1 转引自谢天振、李小均：《傅雷——那远逝的雷火灵魂》，北京：文津出版社，2005 年，第 213 页。

应用“在于祭献天地，以表现‘天地协和’的精神”。儒家和道家的思想限制了中国音乐的领域：禁止热情与痛苦表白；实际上远离了“协和”的天地——自然，“成为停滞的、不进步的、循规蹈矩、墨守成法的艺术”。（傅雷，2006b：582—583）

可以说，傅雷所期许的音乐，是自然、和谐、自由、深刻的心声。而他的这一期许，恰恰与西方的古典音乐产生了共鸣。相较于中国古典音乐，西洋音乐少了许多的限制，能尽兴地表现出或热情或悲愤、或通俗或神秘的情感。与其说傅雷对于中国音乐持不认同态度，不如说他不认同的是单一的形态。相较单一，他喜欢融合；相较制约，他追求自由。“各种艺术，并没像理论家所说的，有怎样不可超越的樊篱。一种艺术，可以承继另一种艺术的精神，也可以在别种艺术中达到它理想的境界：这是同一种精神上的需要，在一种艺术中尽量发挥，以致打破了一种艺术的形式，而侵入其他一种艺术，以寻求表白思想的最完满的形式。”（傅雷，2006b：589）同时，傅雷对于欧洲音乐的欣赏态度，是基于整个欧洲艺术史之上的，同时又渗入了某些中国文人雅士的审美理想。因此，可以说，他的音乐观，“熔欧洲艺术和音乐以及中国诗词于一炉，形成了一种中、欧综合的音乐艺术观”[1]。

首先，傅雷对艺术家的看法是感性与理性并重的。傅雷曾对傅聪说：“弹琴不能徒恃 sensation（感觉），sensibility（情感）。那些心理作用太容易变。从这两方面得来的，必要经过理性的整理、归纳，才能深深地化入自己的心灵，成为你个性的一部分，人格的一部分。”（傅雷，2006a：46）同时，演奏家对于作品的把握，也应当是感性与理性并重的。傅雷曾经告诫傅聪：“你对音乐的理解，十分之九是凭你的审美直觉，虽则靠了你的天赋与民族传统，这直觉大半是准确的，但究竟那是西洋的东西，除了直觉以外，仍需要理论方面的、逻辑方面的、史的发展方面的知识来充实，即使是你的直觉，也还要那些学识来加以证实，自己才能放心。”（傅雷，2006a：127）

其次，对于音乐作品，傅雷认同的是“对比统一”的艺术法则。他认为，音乐作品尤其需要注意的是“平衡”。而就音色论，傅雷认为中国音乐

1　刘靖之：《和谐的乐声》，武汉：湖北教育出版社，2002 年，第 354 页。

明显是要略输一筹的。“中国音乐在音色本身上就不得不让西洋音乐在富丽（richesse）、丰满（plénitude）、宏亮（sonorité）、表情机能（pouvoir expressif）方面完全占胜。”（傅雷，2006b：584）这主要是中西乐器的不同造成的。“即以最为我人称道的琵琶而论，在提琴旁边岂非立刻黯然失色（或说默然无声更确切些）？”（傅雷，2006b：584）傅雷曾经教导傅聪：“一切做到问心无愧，成败置之度外，才能临场指挥若定，操纵自如。也切勿刻意求工，以免画蛇添足，丧失 spontaneity（真趣）；理想的艺术总是如行云流水一般自然，即使是慷慨激昂也像夏日的疾风猛雨，好像是天地中必然有的也是势所必然的境界。一露出雕琢和斧凿的痕迹，就变为庸俗的工艺品而不是出于肺腑，发自内心的艺术了。”（傅雷，2006a：248）事实上，傅雷推崇的是西洋古典风格的音乐。他认为，“这一时期的作曲家在考虑音乐结构时都遵循一种调性间平衡的概念，给予听众明确的感觉这一音乐将如何进行；还有段落之间的平衡，听众在聆听一首乐曲时可以准确地预感到紧接着出现的内容。作曲家的创造性只是对这个作曲系统和轮廓稍加变化，而不是机敏地或富有进取精神地创作出乐曲来使听众着迷或惊奇”。而所谓“‘古典风格’不是僵硬、刻板的，而是用严整、平衡、节制的理性来统划、规整，抒写纯洁、健康的感性”[1]。可见，“平衡”“自然”“理性与感性并重”是傅雷艺术思想中至为关键的核心要素。

不容否认，傅雷的音乐观展示的是其作为中国传统知识分子的古典审美理想，而这一审美理想对其翻译观的形成，无疑又产生着深远的影响。有论者称：“傅雷基于他自身的丰厚学养和敏锐的艺术感受力，以其古典审美理想——东方化的‘希腊精神’（以纯洁的心灵追求健全的感官享受）为价值标准，一方面深植东方文化之根，一方面又从西方文化中汲取了科学的态度和很强的逻辑性，把科学精神与审美描述相结合，重视美感经验和艺术感悟，从具体真实的美感出发评文论艺，艺术品味是顶级的。”[2] 在《什么叫作古典》一文中，傅雷谈到，“把艺术的古典精神归纳为‘所包含的是乐观主义，所爱好的是健康、自然、活泼、安闲、恬静、清明、典雅、中庸、条理、秩序，包括孔子所谓乐而不淫、哀而不怨的一切

1　王茜：《傅雷的音乐批评》，《交响——西安音乐学院学报》2009 年第 1 期，第 24—25 页。
2　同上，第 24 页。

属性'"；"真正的古典精神是富有朝气的、快乐的、天真的、活生生的，像行云流水一般自由自在，像清冽的空气一般新鲜"；古典主义是"以完美的形式表达出诗意的灵感与洋溢的热情"，"是既富有生气又富有节制的和谐美；古典精神的最高典范是古希腊艺术，古希腊社会处于人类精神的'平衡阶段'"。从这个意义上讲，无论是"平衡"、"自然"还是"理性与感性并重"，其实质归纳起来就是所谓的"和谐之美"。傅雷对于艺术、对于文学、对于翻译的态度其实始终可以归为"和谐"二字。综观来看，这种艺术理念一直影响了他的整个人生。

二、音乐观对翻译选材的影响

傅雷在音乐方面的深厚修养以及他独到的音乐观和理解力，使得他可以充分胜任音乐和音乐家领域的翻译，并且独树一帜。傅雷在音乐翻译方面的成果大致包括：《贝多芬传》（初译本，1931，6万字）、《约翰·克利斯朵夫》（初译本，1936—1941，120万字）、《贝多芬传》（重译本，1942，6万字）、《约翰·克利斯朵夫》（重译本，1952—1953，120万字）、《关于表达萧邦作品的一些感想》（杰维茨基，1955）、《莫扎特的作品不像他的生活，而像他的灵魂》[嘉密·贝莱克（Camille Bellaique）著《莫扎特》中的一节，1955]、《论莫扎特》（1955）以及《音乐笔记》（编译，1960）等。而傅雷对于音乐的诸多精彩见解也频繁出现在这些译作的《译者献辞》、《译者弁言》、《译者序》以及《简介》当中。它们对于读者准确把握音乐家及其音乐作品无疑起到了非常重要的作用。

就翻译选材而言，傅雷在致宋淇的信函中谈道："讲到一般的翻译问题，我愈来愈感觉到译者的文学天赋比什么都重要。这天赋包括很多，taste，sense等等都在内。而这些大半是'非学而能'的。所谓'了解'，其实也是天生的，后天只能加以发掘与培养。翻译极像音乐的interpretation，胸中没有Schumann[1]的气息，无论如何弹不好Schumann。朋友中很多谈起来头头是道，下笔却无一是处，细拣他们的毛病，无非是了解歪曲，sense不健全，taste不高明。"（傅雷，2005：145—146）可见，在傅雷看来，音乐与翻译存在着某些内在的联系。对

1　舒曼，德意志作曲家，音乐评论家。——编注

于演奏家而言，应该选择与自己气质相近的人和乐曲来弹奏，才能做到出神入化；而对于译者而言，也应该选择自己熟悉和亲近的人与作品来翻译，这样的译作才能趋于“神似”。关于翻译选材，傅雷还有类似的表述：“*Moby Dick* 是本讲捕鲸的小说，一个没海洋生活经验的人如何敢着手这种书？可是国内的译本全是这种作风。不管题材熟悉不熟悉，拉起来就搞，怎么会搞得好？从前鲁迅译日本人某氏的《美术史潮》，鲁迅本人从没见过一件西洋美术原作而译（原作亦极偏，姑不论），比纸上谈兵更要不得。鲁迅尚且如此，余子自不足怪矣！”（傅雷，2005：146）由此可见，傅雷在翻译选材方面一贯坚持自己熟悉的领域和自己熟悉的气质。例如他说：“我回头看看过去的译文，自问最能传神的是罗曼·罗兰，第一是同时代，第二是个人气质相近。”（傅雷，2005：138）傅雷对于音乐的卓越见解，直接缘起于并反过来深刻影响了他的翻译观点，尤其是在翻译选材方面的洞见。于是，我们不难理解为什么傅雷所译的《贝多芬传》《约翰·克利斯朵夫》等音乐题材的作品能够成为翻译文学经典了。

以《约翰·克利斯朵夫》为例，该书以贝多芬为原型，在比利时、德意志、奥地利和法兰西的音乐背景下，讲述了这位作曲家的生平，从出生到逝世，充满了音乐气氛。而由于涉及作曲家的创作和演出，以及音乐界与乐评界的是是非非，作品中包含了大量的音乐名词、术语、作品、哲学思想、音乐史观等，而傅雷在翻译中，特别重视作品中所体现的欧洲音乐文化，翻译准确而且完整，即使是引用原文的部分，傅雷也加了大量的注释，为不懂交响乐的读者们普及了一些基本的音乐常识。[1] 而在《贝多芬传》的翻译中，傅雷不仅将相关音乐的术语、所涉及的著名音乐人及作品详加注释，同时还附录了自己所作的《贝多芬的作品及其精神》一文，通过讲述贝多芬的音乐建树、重要作品，为读者完整勾勒了一位伟大音乐家的艺术成就。通过这些翔实的补充与叙述文字，以及在该书翻译过程中展现的对于音乐的非凡理解力，傅雷为古典音乐在中国的普及，为音乐名词的翻译，也为音乐批评术语系统的确立等奠定了良好基础。他在这方面的创造性工作，也为西方古典音乐文化在中国的传播与接受做出了杰出贡献。

1　王茜：《傅雷的音乐批评》，《交响——西安音乐学院学报》2009 年第 1 期，第 25—26 页。

三、音乐观对翻译评价的影响

傅雷的音乐观在相当程度上也影响了他对翻译作品的衡量标准。一方面，深厚的音乐功底为他在相关的翻译实践中提供了帮助，使他的译文更加准确、专业；另一方面，音乐也是他用以衡量翻译质量的标准，行文是否如流水般流畅，译文风格是否与原文风格并行一致，这些问题对他而言，都涉及译者的艺术眼光。

再以《约翰·克利斯朵夫》为例，罗曼·罗兰曾经在 1912 年的四册本小说原序中指出："现在我们不以故事为程序而以感性为程序，不以逻辑的、外在的因素为先后，而以艺术的、内在的因素为先后，以气氛和调性（tonalité）来做结合作品的原则。这样，整个作品就改分为四册，相当于交响乐的四个乐章。"[1] 由此，我们可以看出，罗曼·罗兰在创作该书过程中所遵循的是"感性"和"艺术"的原则和风格，这也很好地契合和再现了音乐家本人的气质和特点。而傅雷的翻译，依循原作的风格和主人公的情感变化，除了凸显小说的情感性和艺术性，在语言表达上，傅雷也尝试通过频繁运用诸如叠字、排比、长句等修辞手段，来加强小说的音乐性和表现力。实际上，这部"贝多芬交响乐"的完美演绎，整体依赖于傅雷对于西方古典音乐的深刻把握。所以有论者称，罗曼·罗兰是幸运的，是翻译家傅雷赋予了罗曼·罗兰在中国的文学生命。

四、傅雷音乐翻译的影响

傅雷的音乐翻译鼓舞和启迪了处于阴霾中的国人。按照刘靖之的说法："因为这部史诗不仅能帮助我们广阔我们的视野，还能向我们提示艺术家应有的素养和道德力量，告诉我们一位真正艺术家的成长过程，增加我们的见识，强化我们的洞察力和分析力，也能使我们的痛苦化为力量，鼓舞受苦受难的人们通过奋斗而战胜压在我们身上的各种恶势力。那些孤独的灵魂，能从《约翰·克利斯朵夫》里吸取营养、得到安慰，以至重新鼓起勇气，踏上欢乐的征途。"[2]

1　罗曼·罗兰：《约翰·克利斯朵夫》，傅雷译，北京：人民文学出版社，1957 年，第 1 页。

2　刘靖之：《罗曼·罗兰和他的音乐著作中译》，载《和谐的乐声》，武汉：湖北教育出版社，2002 年，第 426 页。

此外，他的相关翻译也部分地影响了中国现代音乐的发展进程。

首先，有关欧洲音乐论述的汉译，开始于20世纪20年代，最初经由日文，转译作中文。散文家、漫画家、翻译家丰子恺（1898—1975），将大量日文的欧洲音乐文章译成中文，在一定程度上普及了欧洲音乐，因此可以将他称为欧洲音乐论述中译的启蒙者。而中国近代音乐学的开拓者王光祈（1892—1936），是与丰子恺同一时期的另一位向中国读者介绍欧洲音乐文化的学者。他长居德国，却用中文撰写了有关中国音乐史、欧洲音乐史、律学等专著及论文，然而遗憾的是，在当时他的论述受众并不多，未能产生应有的影响。因此，同样也只能称其为欧洲音乐文化与音乐名词术语中译的启蒙者。刘靖之曾经指出："分析研究起来，丰子恺和王光祈的名词术语的中译缺点有二：一、不能一致，有点随兴致而译的倾向。二、译名深受乡音影响，如王光祈的四川省温江县的口音，令他把 Beethoven 译为'白堤火粉'，把 Chopin 译为'曲冰'；丰子恺的浙江崇德县的口音令他把 Beethoven 译为'裴德芬'，把 Piano 译为'披雅那'。因此，这两位的一些中译名词术语现在已不通用"，也"谈不上对后人有什么启发和影响"[1]。

而20世纪二三十年代的又一位重要音乐翻译家就是傅雷，他的贡献是对罗曼·罗兰以及巴尔扎克作品的翻译。较之丰子恺和王光祈，傅雷在欧洲音乐文化与音乐名词术语中译上的贡献和影响更为深远，称得上是承前启后式的人物。他为音乐名词的中译、音乐批评术语系统的确立，为西洋古典音乐在中国的传播与接受，做出了重要贡献。刘靖之指出："欧洲音乐名词术语的中译应该是由丰子恺开始的，王光祈稍后，但由于王氏身在德国，故影响力远远不及丰氏。再加上丰氏的音乐文章通俗易读，老少咸宜；而王氏的著作较专门、较学术，故只适合专业人士，流传面较窄。另一位音乐翻译大家是傅雷——钢琴家傅聪的父亲。傅氏于30年代译成罗曼·罗兰《贝多芬传》，给出版社打回头。30年代末、40年代初，傅雷将罗曼·罗兰四卷巨著《约翰·克利斯朵夫》译成中文发表，然后又在1942年把重译本《贝多芬传》出版。"[2]他进一步指出："音乐翻译由丰

1　刘靖之：《〈约翰·克利斯朵夫〉有关音乐和音乐的翻译》，载《和谐的乐声》，武汉：湖北教育出版社，2002年，第451页。

2　刘靖之：《谈音乐翻译》，同上，第118页。

子恺开始到40年代的傅雷，其间有显著的进步。50年代初，傅雷把《约翰·克利斯朵夫》重译，1953年由上海平明出版社出版，这之后就没有任何进展，由此可见，音乐名词和术语的大量中译，是由《约翰·克利斯朵夫》正式开始的。在这部著作里，读者得到了整套欧洲音乐文化，丰子恺与王光祈的著作难以与傅氏的相比，前两者的音乐中译到现在已不大有人用了，而后者的音乐中译从40年代到90年代，越来越流行，影响深远。”[1]

其次，傅雷对于中国音乐现状的担忧，在很大程度上促成了他的音乐翻译道路的选择。傅雷曾指出：“言为心声，音乐是比‘言’更直接、更亲切、更自由、更深刻的心声；中国音乐之衰落——简直是灭亡，不特是艺术丧失了一个宝贵的、广大的领土，并亦是整个民族、整个文化的灭亡的先兆。在这样一个时代，我们连《易水歌》似的悲怆的恸哭都没有，这不是‘哀莫大于心死’的征象吗？”（傅雷，1998b：249）傅雷所说的“这样一个时代”，即指20世纪30年代，“阴霾遮蔽了整个天空”的时代。傅雷希望借助贝多芬的音乐，唤醒国人，鼓舞士气。可以说，傅雷的每一篇音乐翻译作品，都映出其一颗忧国忧民的赤子之心。在《〈贝多芬传〉译者序》中，傅雷指出：“不经过战斗的舍弃是虚伪的，不经劫难磨炼的超脱是轻佻的，逃避现实的明哲是卑怯的；中庸，苟且，小智小慧，是我们的致命伤：这是我十五年来与日俱增的信念。而这一切都由于贝多芬的启示。……疗治我青年时世纪病的是贝多芬，扶植我在人生中的战斗意志的是贝多芬，在我灵智的成长中给我大影响的是贝多芬，多少次的颠扑曾由他搀扶，多少的创伤曾由他抚慰——且不说引我进音乐王国的这件次要的恩泽。除了把我所受的恩泽转赠给比我年轻的一代之外，我不知还有什么方法可偿还我对贝多芬，和对他伟大的传记家罗曼·罗兰所负的债务。表示感激的最好的方式，是施予。”（傅雷，2002c：351）因此，他通过音乐翻译，尝试将这一切赠予迷惘的年轻一代，以鼓舞其斗志，历练其灵魂。

同时，对于中国现代音乐的迟滞状态，傅雷忧心忡忡：“中国现代音乐是我们传统最薄弱，发展最迟，人才最寥落的一门。”（傅雷，1998b：

1　刘靖之：《谈音乐翻译》，载《和谐的乐声》，武汉：湖北教育出版社，2002年，第118页。

350）当西方朝着“纯音乐”迈进的时候，中国音乐却还在原地大踏步。所以，傅雷曾经指出，中西方音乐的差距，“不是民族风格的问题，而是原始与进步的问题”（傅雷，1998b：350）。“中国音乐从一开始就被套上了两件‘衣服’，一件太小，小得可怜，是儒家做的；一件太大，大而无边，是道家做的。前者阻碍了它的发展，音乐的内容狭窄；后者把它拖向了无边的虚无境界，不能产生像西方那样‘热情为主的，神秘色彩极浓厚的宗教音乐’。”（傅雷，1998b：249）因此，他选择了翻译罗曼·罗兰，因为“罗曼·罗兰作为一个欧洲人，有这么个理想，他希望能够把德国日耳曼民族和拉丁民族两个民族的文化取长补短，创造一个更灿烂的文化”，而傅雷“一辈子追求的就是希望在东方文化和西方文化间取长补短，融合创造出一种新的更灿烂的全人类的文化”[1]。在傅雷身上体现出的“那种科学态度，很强的逻辑性，讲原则，这些都是西方文化的优点，他是接受了这些优点的”[2]。所以，可以说，傅雷的音乐翻译，正是他对于东西方文化进行融合的一次有力尝试，而通过其音乐翻译，中国读者开始得到欧洲音乐文化的滋养。因此，无论从哪个角度来讲，傅雷对于音乐翻译之路的选择，对于中国音乐界和翻译界而言，都是一桩大大的幸事。

五、本节结语

基于对东西方音乐艺术的深厚造诣，傅雷通过音乐翻译向中国读者成功地系统介绍了欧洲音乐文化，使中国读者在了解和领会欧洲音乐知识的同时，也被作品所弘扬的精神鼓舞，获得了精神上的动力与慰藉。可以说，傅雷的音乐翻译，如同漫漫长夜里点亮的一盏明灯，指引着无数的中国读者，走过了那个黑暗且艰难的时代。

1　冬晓：《赤子之心——傅聪谈傅雷》，载艾雨编《与傅聪谈音乐》，北京：生活·读书·新知三联书店，1984 年，第 83 页。

2　同上。

第六章
译者、读者与阅读空间：傅译之个案研究

在前述几章里，我们就傅雷的翻译诗学、翻译风格、翻译选择以及其文艺思想观对其翻译观的深刻影响等方面，进行了详尽阐释。本章尝试在上述论述的基础之上，分别以《傅雷译文集》第三卷中傅译《都尔的本堂神甫》、傅译《邦斯舅舅》、傅译《约翰·克利斯朵夫》以及傅译《老实人》为个案蓝本，切实踏入傅雷的翻译世界，探索傅译作品的恒久魅力，同时也从具体例证中感悟傅雷翻译所带给我们的启示。

第一节　从傅译注释看译者直接阐释的必要性
——以《傅雷译文集》第三卷为例[1]

法国著名文学评论家吉拉尔·热内特（Gérard Genette）在他的《边槛文字》（*Seuils*）一书中，曾将作品的注释归为作品副文本（paratexte）的一种。在他看来，作品副文本使得"一个文本成为一本书，并以这样的面目呈现给它的读者，或者更广义地说，呈现给它的公众"[2]。因此，副文本成就了一本书的完整性，而注释往往也是许多文本中不可或缺的一部

1　杨振参与了本节的撰写。本节所使用的译本为安徽人民出版社 1982 年版的《傅雷译文集》第三卷，该卷收入了傅译巴尔扎克《都尔的本堂神甫》、《比哀兰德》和《搅水女人》三部作品。

2　Gérard Genette, *Seuils* (Paris: Editions du Seuil, 1987), pp. 7—8.

分，这种情况在翻译文本中尤为明显。翻译作为文本转移的“最明显，也必然是流传最广的”[1]一种形式，它试图在一个不同的文化语境中完整地重建一种文本模式。但是，重建不是照搬，文化语境的变化使得文本中的许多要素发生变化，而这其中变化最大的便是读者。所以，译者必须在对原文负责的基础上有所作为，同时对译文的读者也负起责任，才能够顺利地实现原作生命在异国他乡的延续。而通过添加注释的手段对原文中的某些细节进行直接阐释，便是其中最行之有效的手段之一。本节将结合《傅雷译文集》第三卷中对原文进行直接阐释的相关注释，对此问题进行论述。

一、直接阐释的注释类型与特点

根据笔者的初步统计，《傅雷译文集》第三卷中共有注释261处，其中对原文直接进行解释的共计68处。解释所涉及的对象较为庞杂，大致可以分为：对作品情节的解释[2]，对专有名词以及法语特有表达法的解释[3]，对巴尔扎克特有语言的解释[4]，对作者话中机锋的解释[5]，对明喻、暗喻和类比的解释[6]，以及对生活细节的解释[7]，等等。

从这些注释中，我们至少可以发现如下两个特点：

首先，这些注释都是译注而非原注，即都是原文中所没有的。注意到这一现象并非无关紧要，因为它直接体现出译者傅雷在翻译过程中的思考与作为，为我们切实地理解傅雷的翻译世界提供了有力证据。例如，巴尔扎克在《都尔的本堂神甫》中，曾称自己为“我这个记载历史的人”，傅雷作为一个细心的读者和一个极为负责的译者，对此给出了解释：“巴尔扎克有心把《人间喜剧》作为一个时代一个民族的风俗史，故小说中常以历史家自命。”（傅雷，1982卷3：54）这一注释使读者在阅读小说的

---

1 Gérard Genette, *Seuils* (Paris: Editions du Seuil, 1987), p. 9.

2 《傅雷译文集》第三卷，具体注释页码如下：54 ③，69 ①，113 ①，135 ②，189 ①，212 ①，223 ①，231 ①，233 ①，235 ①，304 ①，305 ②，308 ①，316 ②，325 ①，326 ①，329 ①，337 ②，352 ②，353 ②，376 ①，383 ①，414 ②，430 ①，446 ①，466 ①，468 ①，485 ②，516 ①，520 ②，521 ①，532 ①，558 ①，634 ①，651 ②，652 ①，653 ①，655 ①，673 ①，675 ①，679 ②。

3 同上，具体注释页码如下：75 ①，93 ①，112 ①，300 ①，304 ③ ④，314 ①，316 ②，329 ②，353 ①，354 ②，450 ①，647 ②。

4 同上，具体注释页码如下：54 ①，72 ②。

5 同上，具体注释页码如下：314 ②，333 ①，472 ①，632 ②，679 ①。

6 同上，具体注释页码如下：83 ①，89 ①，91 ①，140 ②，528 ①。

7 同上，具体注释页码如下：183 ①，324 ①。

同时，也能够对巴尔扎克的写作思想有进一步了解。再比如，巴尔扎克在《搅水女人》第二部中，将漂亮的女主人公弗洛尔比作“全盛时期的乔治小姐”。此处，傅雷再一次在译文中“现身”，对许多读者都会浑然不觉的“全盛时期”给出了解释：“（乔治小姐是）法国十九世纪有名的女演员；因为后期奇胖，故用她的‘全盛时期’作比较。”（傅雷，1982卷3：485）

从这些注释中，我们能够非常清晰地感觉到傅雷的存在。正如同英国翻译理论家西奥·赫尔曼（Theo Hermans）所言，译本比起其他文本来，“更强调跨文化因素”，译者的声音“虽然若隐若现，却始终存在文本之中”。[1] 由此我们或许可以说，正是译者的在场使得译本与原本相比，有了“跨文化”的特点，使得译本成其为译本，进而产生出自己不可替代的独特价值。而译者所做的脚注，无疑正是其本人在场的最明显佐证。

其次，纵观傅雷所做的这些阐释，其中的内容包含人文、地理、历史等各个方面，均为法国文化的特有现象，同时也是巴尔扎克小说文化背景的一个组成部分。严绍璗在《“文化语境”与“变异体”以及文学的发生学》一文中，曾站在文学发生学的角度，将“文化语境”这一概念分为两个层面，其中的第一个层面就是“与文学文本相关联的特定的文化形态，包括生存状态、生活习俗、心理形态、伦理价值等组合成的特定的‘文化氛围’”[2]。我们这里所讲的这些文化的特有现象是构成文化氛围的要素，因此也是文本“文化语境”的一个部分。傅雷对这些文化现象的解释，正如孙艺风对“解释”所做的定义那样，是“用语境分析语言结构的行为”[3]，而由于这一行为发生在针对中国读者的翻译文本当中，具有跨文化特征和明显的指向对象，所以可以说是一种“文化阐释”，“使得译者可以确保不了解原文的文化语境的目的语读者能抓住其意义”[4]。比如，巴尔扎克在《搅水女人》中，曾将退伍军官腓列普经常出入的朗布兰咖啡馆比作“立

1　西奥·赫尔曼：《翻译的再现》，载谢天振主编《翻译的理论建构与文化透视》，上海：上海外语教育出版社，2000年，第6页。

2　严绍璗：《“文化语境”与“变异体”以及文学的发生学》，载北京大学比较文学与比较文化研究所编《多边文化研究》（第一卷），北京：新世界出版社，2001年，第84页。

3　孙艺风：《视角·阐释·文化——文学翻译与翻译理论》，北京：清华大学出版社，2004年，第107页。

4　同上，第209页。

宪派的培奥提”，傅雷对此做出的注释为：“培奥提为古希腊的一邦，风俗粗野，不喜文艺。拿破仑下台以后，不少旧部自称为立宪派，反对波旁王室；其中又多为举动粗鲁的人，故以培奥提人作比。”（傅雷，1982 卷 3：337）这里，傅雷所做的不是单纯地重构文化语境，帮助读者理解何为“培奥提”，而是在充分理解文本的基础上为了读者理解之便，说明为何是“培奥提”。由此我们可以看出，傅雷对原作的直接阐释，是与文化语境和读者这两个要素密切相关的。

二、文化语境与译者直接阐释的相关界定

文化语境是文学中一个极为重要的概念。严绍璗认为，“‘文化语境’指的是在特定的时空中由特定的文化积累与文化现状构成的‘文化场’”[1]。这一范畴包括“文化氛围”和创作者们的“认知形态”两方面的内容。即，任何一部文学作品的创作，都是在一定的“文化氛围”中进行的，而作者对于这一文化氛围的“认知形态”则构成了其作品的独特视角。作者的写作，正是“以他或以他们自身的‘认知形态’加以虚构、象征、隐喻，并且以编纂成意象、情节、人物、故事等手段来表现作者作为‘人’的美意识特征”[2]。至于读者方面，对于作品的阅读作为一种阐释，“需要一定量的话语信息作为依据”[3]，从很大程度上来说，这种“一定量的话语信息”就是读者对于作品文化语境的认识。

文学翻译作为一种跨文化的交际活动，它在搬移文学文本的同时也改变了对于文学作品来说极为重要的文化语境，使得文学翻译作品的维度一下子复杂起来。“翻译作为一种跨文化的交流活动，无论是广义的翻译，还是狭义的翻译，无不是在一定的文化语境下进行的。而文化语境中所涉及的各个层面的因素，对从翻译的选择到翻译的接受这一整个过程的各个阶段都起着重要的作用。”[4] 本节此处所讨论的译者对于作品的直接阐释，即属于“狭义的翻译”范畴。如果借用雅各布森对翻译进行三分的概念，我们更可以说，译者为直接阐释作品所做的注，本身就是一种翻译，是一

1 严绍璗：《“文化语境”与“变异体”以及文学的发生学》，载北京大学比较文学与比较文化研究所编《多边文化研究》（第一卷），北京：新世界出版社，2001 年，第 84 页。

2 同上，第 85 页。

3 孙艺风：《视角 · 阐释 · 文化——文学翻译与翻译理论》，北京：清华大学出版社，2004 年，第 94 页。

4 许钧：《翻译论》，武汉：湖北教育出版社，2003 年，第 204 页。

种语内的“文化翻译”，其作用在于“增加了一个可以贴切、自然表达意义的改进机会”，“给目的语读者提供可以正确解释的条件”。[1] 例如，巴尔扎克《搅水女人》中有这样一句话：

> 每年举行会试的时节，参加竞选的学生都关进一间间的考棚，社会上也得为这件事大叫大嚷的吵一阵。（傅雷，1982 卷 3：316）

细心的中国读者在读到上述翻译之后，或许会心生疑惑，因为美术学校的招生考试与社会上的吵闹之间似乎没有直接的必然联系。但是当我们读到此处傅雷的注释，便会恍然大悟：“会试结果往往引起报刊及文艺界的剧烈争论，不是指摘录取的学生成绩平庸，便是代落选的作品叫冤。这种论战直至二十世纪三十年代尚成为一年一度的重大事件。”学美术史出身的傅雷，运用自己的专长对当时的文化语境[2] 进行了重构，在翻译原文的基础上，通过注释对译文进行二度翻译，为不了解原文文化语境的中国读者提供了理解原文的一线可能，从而真正地完成了文化翻译的全部过程。

三、译者直接阐释的必要性

通过对原文的直接阐释，重构原作的文化语境，从而有助于目的语读者理解，这是译者的阐释道德，更是译者的责任。这里触及翻译的伦理问题。法国著名学者安托瓦纳·贝尔曼在谈到翻译伦理问题时，曾提出了译者的“尊重”这一关键性概念。在他看来，译者对原作的尊重与对目的语读者的尊重是息息相关的。[3] 在本节此处所讨论的问题中，外域文化的异质性拉大了目的语读者与原文之间的距离，“由于历史及文化的障碍”，造成了目的语读者在阅读原作某些部分时“阐释能力”的缺失。[4] 这时作为阐释者的译者，“不得不考虑由接受读者所构成的阐释群体的阅读与阐释的期待值，以及他们所具备的阐释资源及能力”[5]。由此而论，目的语读者

---

1 孙艺风：《视角·阐释·文化——文学翻译与翻译理论》，北京：清华大学出版社，2004 年，第 110 页。

2 上述译例中所重构的文化语境，主要是“显示本民族文化积淀与文化特征的文化语境”。——严绍璗：《“文化语境”与“变异体”以及文学的发生学》，载北京大学比较文学与比较文化研究所编《多边文化研究》（第一卷），北京：新世界出版社，2001 年，第 85 页。

3 Antoine Berman, *Pour une Critique des Traductions: John Donne* (Paris: Editions Gallimard, 1995), p. 93.

4 同 1，第 46 页。

5 同上，第 98 页。

作为翻译中的一个重要因素，则必然是译者在翻译中所应当时刻考虑的对象。笔者在整理傅译注释的过程当中，深切地感受到，傅雷在翻译过程中充分考虑了读者的阅读能力，细致入微地发掘出有可能对读者阅读构成障碍的一切细节并一一做出解释，这里我们仅以两处细节为证：

> 比哀兰德受教育的时期，在洛格龙家闯了许多祸。桌子，家具，衣衫，都弄上墨水；习字簿和笔尖到处乱丢；桌布坐垫沾着白粉；做功课的时候撕破书本，磨坏书角。(傅雷，1982 卷 3：183)

之所以说傅雷具有强烈的读者意识，不仅是因为他往往能想到读者之所想，更因为他能想到读者之所未想。“桌布坐垫沾着白粉”，或许很多粗心的读者对这个简单的句子都会一掠而过、不细加考虑，但傅雷的注释却又能使许多读者在恍然大悟之余感叹译者的心细：由于“当时没有吸水纸，写过字就在纸上撒粉”，原来白粉是作吸水纸之用的。

> 一看晚饭的场面，约瑟的疑虑完全证实了。稀薄的汤先就说明主人家重量不重质。一盘白煮牛肉，四周的芹菜堆得老高。蔬菜盛在另外一个盘里，也算一道。……(傅雷，1982 卷 3：520)

一个看似微不足道的“也”字，却暗含一个法国饮食常识，更折射出巴尔扎克言语之中的讽刺机锋。而所有这一切，无不被傅雷的法眼所摄，他这样解释道：“白煮牛肉中的蔬菜本当盛在一个盘里，不作兴分出来作为另一道菜的。”尽管这只是一个再普通不过的生活细节，但傅雷在此加注的这一行为本身，就充分说明了一个优秀的译者所具有的强烈的读者意识、文学文化意识以及高尚的翻译道德意识。真正是“时刻以读者为念”，“每一个细微环节，无不凝聚着傅雷的一番心血，无不体现了傅雷的一片赤诚”。[1]

文学翻译不仅仅是一种文字的翻译，更是一种文化的翻译。翻译文学不仅可以让目的语读者体会到异域文学之美，而且“对读者来说，通过外

---

1 肖红、许钧：《试论傅雷的翻译观》，载金圣华主编《江声浩荡话傅雷》，北京：当代世界出版社，2006 年，第 288、291 页。

国文学作品了解外国的文化、民俗，可以说是一条有效的途径”[1]。依此角度而论，译者对原文所做的直接阐释，也就更具有文化意义上的价值。诺贝尔文学奖评委马悦然（Goran Malmqvist）在《翻译的技艺》一文中，曾明确指出，“文本的翻译往往是文化翻译里面重要的一环。每当文本提及那些读者会视为陌生的文化元素，译者就有解释的责任”[2]；在他看来，“译者是造桥者”，“译者帮助创造人们对外国文学与文化的了解；少了这种了解，世界势将贫窘许多”。傅雷在他的译文中，除了给读者展示出美轮美奂的巴尔扎克文学世界，同时又在注释中勾勒出一幅 19 世纪法国社会的广阔图景，个中内容从饮食习惯、婚嫁习俗，到法律、绘画知识、文学典故，直至法国人的思维习惯，无所不包。对于中国读者来说，这些注释本身就是一笔极富价值的文化财产。正如孙艺风所言，“文化翻译可以促成某个文本的文化构成”[3]，那么，傅雷译作作为一个文化译本的丰富性显然自不待言。

但是，我们围绕原文文本直接阐释所做的讨论，并非要限制读者的阅读空间和阅读自由。此处，我们完全可以跳出由作者意图、文本意图和读者意图所构成的诠释学迷圈。正如艾柯在解读华兹华斯诗句时所说，“一位敏锐而有责任心的读者并没有去揣测华兹华斯在写这句诗时头脑中到底正在想些什么的义务，但他却有责任考虑华兹华斯时代语言系统的基本状况。……承认这一点意味着认同从作品与其社会文化语境相互作用的角度去对作品进行分析的方法”[4]。艾柯对于读者对文本的阐释，有着自己鲜明的观点，简单讲即“文本就在那儿，它产生了自身的效果”[5]；但另一方面，他却依然强调文本的诠释有其标准，而标准中很重要的一条，就是一种语言“所生发、所产生的整个话语系统，即这种语言所产生的‘文化成规’(cultural conventions)”[6]。也就是说，尽管一个文本完成之后，读者可以从各自的立场出发，对其进行各种各样的阐释，但所有这些阐释都必须在一定的文化语境中进行，用艾柯自己的话说，就是“对一个恒定的同位

1　许钧：《译道寻踪》，郑州：文心出版社，2005 年，第 319 页。

2　马悦然：《翻译的技艺》，载罗选民主编《中华翻译文摘》（2002—2003 卷），北京：清华大学出版社，2006 年，第 14 页。

3　孙艺风：《视角 · 阐释 · 文化——文学翻译与翻译理论》，北京：清华大学出版社，2004 年，第 209 页。

4　艾柯：《过度阐释文本》，载柯里尼编《诠释与过度诠释》，王宇根译，北京：生活 · 读书 · 新知三联书店，1997 年，第 83 页。

5　同上，第 91 页。

6　同上，第 82 页。

语义进行赌博”[1]。因此，傅雷首先作为读者和研究者，以严谨的态度对作品的文化背景做出各方面的考据，从而对跨文化文本中出现的特有文化现象进行解释，实际上是重构了一个大的文化语境，给中国读者对原文的自由阐释提供了一个平台和空间，而这种做法的科学性显然是为艾柯所认同的；否则，中国读者面对在陌生的异质文化土壤中滋生出的作品，如果尚无最基本的阐释能力，阐释的自由也就无从谈起了。

“文化语境是文学文本生成的本源”[2],而具有跨文化性的文学翻译要想成功地在新的文化空间中再度生成文本、拓展其文本生命，就必须进行重构文化语境的一定努力。傅雷作为我国著名的文学翻译家，对于这一点有着极为清醒的认识，“他翻译一本书的酝酿过程，少则数月，多则数年，不准备妥当，决不轻易动笔”[3]。从中我们可以看出，译者必须首先完全具备“语内阐释”的能力，达到将原作“化为我有”的境地，才有在译作中重构文化语境的可能，而能力之外，还存在一个意识问题。理解与翻译并不意味着译介一部作品的终结，译作只有在读者的阅读过程中才能实现其生命的延续。所以，傅雷才会特别强调译者的读者意识，重视译者的解释对于读者阅读的帮助作用，在身体力行的过程中不厌其烦地尽心尽责，成就了经久不衰的傅雷译作。

第二节　从傅译对话看译者的精神与追求
——以《都尔的本堂神甫》为例[4]

一、傅雷的对话翻译艺术

文学作品中的对话，正如傅雷所言，是“文字上的口语”。既然是口语，就应当译得像话，并且译得“闻”如其人。傅雷曾在与友人的通信中谈到翻

1　艾柯：《过度阐释文本》，载柯里尼编《诠释与过度诠释》，王宇根译，北京：生活·读书·新知三联书店，1997 年，第 76 页。

2　严绍璗：《“文化语境”与“变异体”以及文学的发生学》，载北京大学比较文学与比较文化研究所编《多边文化研究》（第一卷），北京：新世界出版社，2001 年，第 76 页。

3　肖红、许钧：《试论傅雷的翻译观》，载金圣华主编《江声浩荡话傅雷》，北京：当代世界出版社，2006 年，第 290 页。

4　本节所用的法语原本为 Honoré de Balzac, *Le Curé de Tours* (Paris：Editions Garnier，1953)。所用的傅译本收录于傅雷著译《傅雷全集》（第三卷），沈阳：辽宁教育出版社，2002 年。

译，“我个人最无办法的，第一是对话……现在大家用的文字上的口语都是南腔北调，到了翻译，更变得非驴非马，或是呆板得要死。原作的精神一点都传达不出”（傅敏，2005：25）。不久他在通信中又说：“我的最失败处（也许是中国译者最难成功的一点，因两种文字语汇相差太远），仍在对话上面。”（傅敏，2005：28）本小节，我们就以傅雷自认为不足的“对话问题”作为探讨对象，通过对傅译《都尔的本堂神甫》三部手稿即初稿、二稿和定稿的比较，就傅雷翻译过程中如何处理“对话难题”进行分析和研究，尝试从傅雷翻译对话时的取舍与定夺之间，走进他的翻译世界。

（一）自然的口语化表达

《都尔的本堂神甫》中有三个单身形象：阴狠而不露声色的教区委员脱罗倍，天真无知又笨拙懦弱的大堂副堂长皮罗多，还有一个心胸狭隘、性格扭曲的老姑娘迦玛，她是承包两个神甫膳宿的房东。脱罗倍长期觊觎皮罗多舒适的房间，故事就围绕皮罗多房间的得失展开并发展下去，“酿成一幕悲惨的戏剧”。

例 1：脱罗倍神甫住在潮湿阴暗的一楼，室内毫无陈设；皮罗多神甫住在二楼他的朋友——已故教区委员夏波罗的房间，那是一个装饰得像小圣堂一样的曾经也令他垂涎的房间，美观舒适，散发着菖蒲香。房东迦玛向皮罗多宣战的第二天早上，脱罗倍去皮罗多那里借书。他一进门，发觉快要升为教区委员与他共事的皮罗多屋里还没生火，表示诧异，推开窗呼唤用人玛丽阿纳上来。看见玛丽阿纳进来，他对皮罗多说：

Il faut excuser Mariane. (Balzac，1953：30)[1]

按照原文单词的顺序，这一句可以直接译为：“应该原谅玛丽阿纳。”傅雷在初稿和二稿中则译为：“我看还是要原谅她才对。”显然这样的译文并没有机械地对照原文去转换，而是已做了口语化的处理，加上了“我看……才对”的口语形式，从意义的传达上面说也已很清楚。但傅雷在定

1 本节以下的类似注释简化为：(Bal：× ×)，× × 为页码。

稿中还是进一步做了修改，把句子改译为：

我看也不能怪她。（傅雷，2002a 卷 3：27）[1]

傅雷改用否定的形式，使得这句话不但准确地传达出原意，也更符合口语的措辞习惯。

例 2：脱罗倍接着解释说，玛丽阿纳大概先到他那儿去了，因为他的屋子潮湿得很，他整夜咳得很凶。皮罗多但愿天下人人称心如意，赶紧说："不过你马上要住到主教官邸去了。"脱罗倍接过话道：

要不然就是上公墓。不管怎样，我总是听上帝的安排！（初稿）

最后一句的法文是：

Mais que la volonté de Dieu soit faite! (Bal：31)

其中 faire la volonté de Dieu，意即"按照上帝的意志去做"。上帝安排脱罗倍住哪儿他就住哪儿，"因为他害着慢性病，已经为日无多"，如果上帝要了他的命，安排他长眠公墓，他也乖乖服从。然而从口语的角度，傅雷还是对该对话进行了修改，二稿译为："不管怎样，我听从上帝安排就是了！"定稿为：

不管怎样，我听上帝安排就是了！（傅：27）

傅雷的修改使对话越来越精练，越来越像活脱脱的说话。"就是了"之妙不仅在于它的口语特征，还在于它恰好表示出，上帝的意志是绝对要服从的，由此表现出一个教徒的虔诚之心，尽管这种虔诚是虚伪的。

1　本节以下的类似注释简化为：（傅：××），×× 为页码。

例 3：皮罗多不久受到脱罗倍和迦玛的算计，在同意离开迦玛家之后，不承想价值三万多的家私也不再属于自己。他的朋友们，都尔城的那些名流，多是脱罗倍的冤家对头，很是不平。特·李斯多曼太太的侄儿，年轻的海军上尉（译者把 lieutenant de vaisseau 译成了“海军少校”）特·李斯多曼男爵血气方刚，恨不得帮皮罗多和他们打一仗，在复杂的社交场合满不在乎地轻视脱罗倍。特·波旁纳，一个熟悉内地情况的精明谨慎的老乡绅，当即拦住海军上尉说：

Oh! pourquoi mettre l'abbé Troubert dans une affaire à laquelle il est complètement étranger? (Bal：69)

其中 mettre qn dans... 意为“置某人于 / 把某人置于……”。全句较长，内含关系从句。傅雷初稿译为：“噢！事情跟脱罗倍神甫完全不相干，为什么要把他牵进去呢？”定稿则译为：

哎！事情跟脱罗倍神甫全不相干，为什么扯到他身上去呢？（傅：53）

两次翻译，傅雷都把原句一拆为二，把后面的关系从句进行前置处理。但是相比之下，定稿则为最佳，即使简单的语气词“哎”也更为适合；如果说“把他牵进去”也是一种自然的口语形式，那么“扯到他身上”不但自然，而且也不失为一种恰到好处的表达形式。“扯”字本身含有“漫无边际地闲谈”的意思，因为“漫无边际”，就容易“扯”远，也就“扯”到了脱罗倍的身上。老乡绅是想保护涉世不深的年轻上尉，因为在场的宾客中有一个参议员是脱罗倍的朋友。可见，一定是在对原文准确细致地把握之上，傅雷才选出了这一精当字眼。

例 4：脱罗倍由教区委员升为副主教，也只是个表面身份，他实则是巴黎宗教势力在内地的一个重要人物，是“都兰地区一个不出面的小霸王”。年轻的海军上尉由于口出狂言，得罪了脱罗倍，结果得罪了宫廷大祭司，险些断送了自己的前程。他到巴黎求助于身为议员的叔父，被叔父狠狠地敲了警钟。海军上尉回到都尔，为摸清暗礁，和叔母当晚就请教人称“老狐狸”的特·波旁纳。老乡绅开口说：“太太，这个神甫的潜势力请你只当我不知道，我也只当你们不知道……”最后说道：

> Je vous en avais assez dit, vous ne me compreniez point, et je ne voulais pas me compromettre.（Bal：73）

且看傅雷的三次翻译：

> 初稿：过去我话说得够了，你们就是不了解；我可不愿意惹是生非。
>
> 二稿：过去我话说得不算少，你们就是没听懂；我又不愿意把自己牵进去。
>
> 定稿：过去我话说得不少，你们就是没听懂；我又不愿意把事情弄到自己头上。（傅：58）

“话说得够了”是原文的直译句，可能因为“够了”在汉语中有时含有某种情绪因素，傅雷将其反译为“话说得不算少”，最后简化为“话说得不少”，更显出力道；“就是不了解”译得有些偏，“就是没听懂”才是准确的表达；最后半句，三次翻译各不相同，但均未偏离原意：“惹是生非”是意译；“把自己牵进去”是从compromettre的本义直译而成，未尝不可；但定译稿让我们感觉到，译者已经把原语的形式放在了一边，转而从读者的角度考虑——如果作者是中国人，该怎样表达这层意思，又会怎么说出这句话。于是，傅雷才最终找到了令其满意的纯粹的表达形式。

（二）精当的口语化表达

对照《都尔的本堂神甫》的初稿、二稿和定稿，我们发现，傅雷在很多对话的翻译上，前后均未做任何改动。1951年，傅雷两次致信宋淇，谈到自己在对话翻译上面的薄弱之处。《都尔的本堂神甫》翻译于1960年，此时的傅雷能在对话的翻译上面一步到位，足见其在长期的翻译活动中，一定是有意识地做了努力，狠下了功夫，以弥补自认的不足，克服自认的局限，最终提高了自己的对话翻译水平，达到一锤定音的效果。

例 1：年已六十的糊涂虫皮罗多，本想像他的朋友夏波罗神甫一样，在迦玛家安度晚年，谁知过了一年半舒舒服服的寄宿生活，突然遇到“四桩天大的祸事”，即故意让他在大门外淋雨、移走烛台、不生壁炉、忘记拖鞋，这才发觉房东开始跟他过不去了。但他怎么也弄不明白为什么老姑娘对他变得仇恨起来，那么有敌意。想到自己“全福”式的生活可能就要保不住，他急得在室内走来走去，一边自我设问，一边指手画脚，最后憋尖了嗓子叫出来：

Que diantre lui ai-je fait?（Bal：15）

这一句的本义是：“我究竟对她做（错）了什么呢？”傅雷则译为：

我什么地方得罪了她呢？（傅：19）

尽管按照原文直译完全可行，也不失为自然顺口的表达方式，但是傅雷的翻译，却是在地道的口语语料库中找到了灵活的对应形式，不露一点翻译的痕迹。当然，也可以对 diantre 再做一点处理，译为：“我究竟什么地方得罪了她呢？”

例 2：皮罗多拆了迦玛家的聚会中心，贵客光临的景象昙花一现，迦玛最后的虚荣被一扫而光，失去面子。原本心胸狭隘的老姑娘，因天性得不到一般妇女那样的发展，内心的长期痛苦已经变成一种恶毒，对社会的怪怨已经滋生出报复心理，从此更要“拿皮罗多作为暗算的目标，定好计划向他报复”。一天，教堂里公事不少，皮罗多忙到下午四点，肚子才提醒他还没吃午饭，便急忙赶回家。一进餐厅，老姑娘对他说话的声调既尖刻，也流露出找到了机会的快活：“已经四点半了，皮罗多先生。”

Vous savez que nous ne devons pas nous attendre.（Bal：42）

原文按字面直译为："你知道我们不需要相互等的。"这样的翻译从意思传达的清晰度来说未尝不可。然而在我们平常的说话中，有没有一种意义相同的更好的说法呢？傅雷的翻译妙就妙在使用了一个我们大家都很熟悉的说法，将之译作：

你知道咱们是谁也不等谁的。（傅：33）

例 3：老姑娘与脱罗倍处心积虑，有心赶皮罗多出门。可怜的皮罗多以为，只要离开迦玛家就摆脱了那罩在头上的怨毒之气。不料签了字后，并不见他漂亮的书柜、珍贵的图画和任何一件精致的家什移送出来。他回去看见脱罗倍已住进原先自己的房间，一脸冷笑，"这才了解脱罗倍的本性"。他连忙去找迦玛要弄个明白。老姑娘这时"脸也开朗起来，浑身上下快活得直打哆嗦……嗓音和喇叭一般响亮，对着皮罗多的耳朵直嚷"：

N'est-il pas convenu, au cas où vous sortiriez de chez moi, que votre mobilier m'appartiendrait, pour m'indemniser de la différence qui existait entre la quotité de votre pension et celle du respectable abbé Chapeloud?（Bal：59）

这是一个无人称句型引导的长句，其中又包含了一个连词句和一个关系从句。长句本来就较难把握，作为对话的一部分，不仅要注意意义是否准确，意思是否清楚，还要注意口语的特征、习惯说法、顺畅程度以及前后的节奏等。而傅雷把这些都考虑到了，译作：

不是早讲好了吗，你要搬走的话，你的家具都得归我，偿还你比夏波罗神甫少付的膳宿费？（傅：45）

傅雷翻译的口语感很强，尤其"不是早讲好了吗，你要搬走的话"，正是我们通常的说话方式。整段话不仅译得自然、清楚、顺畅，而且达到了理想中的效果。读者看到这些话，耳边一下子就会响起得意的老姑娘冲着皮罗多的耳朵噼里啪啦发出的一串声音。这里形容词 respectable 没有译出，其意义为“令人尊敬的夏波罗神甫”或“可敬的夏波罗神甫”；略去不译，可能是傅雷出于主要信息明快度以及整段话语节奏感考虑的结果。

例 4：特・李斯多曼太太是皮罗多的朋友，在都尔的社交界属贵族派。她对脱罗倍一向瞧不起，府上从不招待这个神甫。皮罗多离开迦玛家后，她收留下他，等于在皮罗多与脱罗倍和迦玛的争端中表明了立场，加上侄儿公开蔑视脱罗倍，使得“特・李斯多曼家看得最宝贵的前途就要遭到危险”。她不得不调整策略，恭恭敬敬要求见已经升为副主教的脱罗倍。双方照面后言辞交锋，斗智斗谋。这时的对话是故事比较精彩的部分。巴尔扎克为使读者“体会其中的妙处”，在双方表面平淡无奇的对话之下，又在括号内揭示出说话人当时暗藏的话锋。其中有一句脱罗倍的话：“令侄不是去过巴黎吗？”

(Vous avez eu là de mes nouvelles...)（Bal：80）

原文按本义可译为：“你在那边打听到我的消息 / 信息了吧。”结合书中的语境则可译为：“你在巴黎打听到我是谁了吧”或“你在巴黎了解到我的来历了吧”。而纵观傅雷此处的翻译，首先我们可以确认，他在动手翻译之前一定是精读了原文四五遍的，因为他对作品中的这个人物非常熟悉，已然看到了人物表象之下的更深层面。因此，傅雷的翻译语言放得开而又不逾矩，既灵活又十分传神：

你该知道我的颜色了吧？（傅：62）

（三）传神的口语化表达

傅雷极为重视对话翻译，在实践过程中不断地琢磨、寻求、体味，以提高其对话翻译的艺术。在他翻译过来的对话中，有不少不仅仅是选择了不死板、不佶屈、不拘泥的生动活脱的语言，还很符合说话人的个性或形象，符合说话人当时的心情或语境，传达出原语的精神风貌。对话的语言往往都比较简单，没有太多理解上的障碍，所以译者往往会掉以轻心，不将其当作难事。而实际上，即使是最简单的语气助词“呢、啊、嗯、噢”等，也不是我们可以随便处置的。

例 1：在皮罗多被关在大门外遭雨淋的第二天早上，房东迦玛和两位房客在餐厅相遇。皮罗多仍“声气柔和”地向迦玛问安：“小姐，你身体怎么样？”迦玛冷冷地回他：

> Mais pas très bien. Vous êtes cause que j'ai été réveillée hier pendant mon premier sommeil, et toute ma nuit s'en est ressentie. (Bal：32)

傅雷的译文是：

> 嗯，不大好呢，昨天晚上才睡着就被你吵醒了，整夜没睡好。(傅：28)

通过傅雷的翻译，作为读者的我们，完全能够想象得出老姑娘迦玛当时的心理——厌恶皮罗多，当时的表情——板着面孔，甚至当时的说话腔调——又阴又戗。

例 2：皮罗多同意离开迦玛家后，赶紧回到都尔，想“监督家具的搬运”，没想到脱罗倍已经住在里面，霸占了一切。皮罗多浑身发抖，开口说道：“先生，你总不至于没收我的东西吧？迦玛小姐即使性急，要你住得舒服一些，也得让我理好书，搬走家具才对。”脱罗倍神色自若地望着皮罗多，似乎早有准备，毫不激动地回应了他，听来没有一点儿不在理，快说完的时候有这么两句：

> Quant à moi, vous n'ignorez pas la simplicité de mes mœurs. J'ai couché pendant quinze années dans une chambre nue. (Bal：58)

傅雷的初稿：至于我，你可不晓得我生活多么简单呢。一无所有的房间我睡了十五年。

傅雷的定稿：至于我，你并非不知道我生活多么简单。一无所有的房间，我睡了十五年。（傅：45）

脱罗倍是个什么形象的神甫呢？巴尔扎克在小说开头做过描写："在圣·迦西安大堂的拱廊底下或是正堂里，高个子的教区委员踏着尊严的步子，微微低着脑袋，眼神那么威严，令人肃然起敬"；"他难得说话，从来不笑"，"差不多经常垂着眼皮，盖住那双橘黄眼睛"。所以，傅雷用"你并非不知道"代替"你可不晓得……呢"，一方面突显出人物道貌岸然地假装正经；另一方面，"你可不晓得……呢"的说法，延缓了人物的说话节奏，与脱罗倍整段话语缜密利索的节奏不相协调，此时的脱罗倍并不想和皮罗多慢慢说理、过分纠缠。此例中，"你可不晓得……呢"如果出自老姑娘迦玛之口，会让读者觉得再自然不过；而出自当时情境中的脱罗倍之口，则显得不合时宜，多少扭曲了脱罗倍本来的性格。可见，傅雷针对译文的修改，是全面思考之后的谨慎行为。

例3：那天早餐时，老姑娘"一脸不高兴"，对皮罗多要么抢白，要么不搭理。"平时很热闹的早饭要这样闷声不响地吃下去，副堂长想着就害怕。"因为副堂长一贯认为"讲话能帮助消化"，老姑娘也"相信这个养生之道"。过去两人虽有不和，但饭桌上仍旧交谈。"可是那天皮罗多觉得舌头发僵，只能一声不出地吃早饭。一忽儿又觉得这样闷吃对他的胃太危险了，便大着胆子说：'咖啡多好啊！'"可惜这股勇气白费，迦玛与脱罗倍仿佛没听见。皮罗多望了望窗外天色，又鼓起勇气说：

Il fera plus beau aujourd'hui qu'hier.（Bal：35）

傅雷初稿将此句译为："今天天气比昨天更好。"原句中简单将来时fera可以表示肯定会发生的事，也可以表示有可能会发生的事。而傅雷的初译稿中使用了肯定的语气。但是，按照巴尔扎克的描写，皮罗多一向是

“胆子小，最怕争论”的人；加之上面对他的描述“想着就害怕”“舌头发僵”；以及当时迦玛“给他碰了一个钉子”，他只好“悄没声儿地坐下”，“既不敢望脱罗倍的冰冷的脸，也不敢望老姑娘的恶狠狠的脸”；和随后他“愈加着慌”，“愈来愈紧张”，可以想象，当时皮罗多的心是有点哆哆嗦嗦的，所以，他不可能用一种显得肯定和比较自信的语气说话。于是，二稿中傅雷将此句话修改成：

今天天气大概比昨天更好。(傅：29)

添加“大概”二字，既如实传达了原意，也符合皮罗多“软弱”的“脾气”和“避免吵架”的生性；“大概”二字出自皮罗多之口，虽然是“大着胆子”“又鼓起勇气”，却让读者觉察到皮罗多说话时不免颤抖的声调。看似不经意的修改，却惟妙惟肖地还原了皮罗多的那点儿胆气，并与作者接下来的描述很好地统一起来：“迦玛小姐听了这一句，用她最和善的眼风对脱罗倍神甫瞟了一眼，回过来恶狠狠地瞪着皮罗多，皮罗多幸亏低着头没看见。”

例 4：上文说到，年轻的海军上尉前来巴黎求助，叔父给他狠狠敲了警钟。叔父把得罪脱罗倍后果的严重性、可怕性一一晓之，严词厉色，一面训诫，一面叮嘱。其中 monsieur mon neveu 是法语特有的称呼形式，透露出说话人的辈分和双方的关系，同时传达出话语的严厉程度。严厉首先在于叔父尊重侄儿，毕竟他不是自己的亲生儿子；但尊重却并非拉家常，事态严重，必须好生听讲。“侄少爷，你要趱奔前程，千万别让教会和你作对。”紧接着是命令式的话语：

Apprends que les vicaires-généraux sont des hommes avec lesquels il faut toujours vivre en paix. (Bal：71)

傅雷译作：

你该记住：凡是副主教，你见了都得客客气气。(傅：57)

用“你该记住”而不是“请你记住”翻译 apprends，十分妥帖。虽然 apprends 可以翻译成“你要记住”，但语气上却不如“你该记住”。一个“该”字，给人的感觉是你必须按我说的做、只能按我说的做、就该按我说的做，语气强烈而不容许分辩。因为叔父最后说了：“脱罗倍要和咱们一家结了仇，就会捣蛋，不让我进下一届的贵族院。明白没有？”

这里，“明白没有”与“你该记住”语气统一，符合叔父训诫侄儿的口吻，同时也显得庄重严肃。如果原文 comprends-tu 按正常疑问句译成“你明白了吗？”，则语气上似乎突然缓和下来，不免削弱了叔父话语的权威性，从而不能很好地传达出原话的力度；而如果在“明白没有”前增加“你”，译成“你明白没有？”，同样也不符合叔父训诫侄儿时言辞激烈的节奏感。傅雷从初稿开始，就准确掌握了叔父说话的语气和节奏，并做到了语气、语调等方面的前后统一。

（四）灵动的口语化表达

傅雷认为，中国译者在对话翻译上面最难成功，主要“因两种文字语汇相差太远”。既然中文与西文“语汇相差太远”，译者就应当跳出语言符号的藩篱，抓住原话的含意与精神。如果译者翻译对话时只是机械地对译，往往会把话译得不像话，失去原话的风采。所以在对话翻译中，译者应当“处处假定你是原作者，用中文写作，则某种意义当用何种字汇”就用何种字汇。在皮罗多所处的社交圈中，老狐狸特·波旁纳无论发表见解、分析事由还是出谋划策，都显得高人一筹。而傅雷成功地翻译出了他的话语，这足以说明，在意识到两种语汇差异所造成的对话翻译难题之后，傅雷一直重视这个难题，并且认真地对待和努力克服这些难题，在话语表达形式上积极地寻求恰当贴切的汉语语汇。

例 1：故事还要回到前面。暮秋时节，特·李斯多曼太太照例要到乡下住一段时间，皮罗多像从前一样跟去逗留，“以为出门几天，老姑娘对他的仇恨没有了养料，就会平下去的”。不想住到十天光景，迦玛的律师来找皮罗多，要与他就搬出迦玛家一事进行谈判。皮罗多十分惊讶，他的朋友们听说后，个个派老姑娘和脱罗倍的不是，觉得这件事上皮罗多不能让步。只有特·波旁纳在一旁冷静地说："哎，你们都不懂。"

Il y a là-dessous quelque chose de grave que je ne saisis pas encore.（Bal：49）

这件事骨子里很严重，究竟怎么样我一时还弄不明白。（傅：40）

là-dessous 原意为"在这里面"，傅雷用汉语的"骨子里"对译，这样的用词正切合特·波旁纳的特性，因为与众人相比，无论大事小事，他总是看到或想到骨子里去的。特·波旁纳接着说："脱罗倍神甫心思很深，不会让你们一猜就中的。亲爱的皮罗多眼前吃的亏才不过是开头呢。第一，即使把房间让给了脱罗倍，能不能从此太平安乐呢？"

J'en doute.（Bal：49）

我看不见得。（傅：40）

最后的法语很简单，译成"我怀疑""我对此表示怀疑""我不相信"等都可。然而，傅雷却另辟蹊径地将其译作"我看不见得"，平常之中显出老到，仿佛老狐狸说这话时，已把事态发展的可能性都掐算过了一般。不过，傅雷在初译时，一样是把 là-dessous 译作"其中"，把 j'en doute 译成了"我不相信"。所以好的译法、精彩的说法也是经过一次次品味、琢磨之后反复修改而来的。

例 2：按照一纸足可构成欺诈行为的合同，皮罗多离开迦玛家时，也失去了那些应该属于自己的心爱家私。迦玛小姐行事太恶毒了，皮罗多的朋友们动了义愤，决意帮他打官司，告迦玛一状。脱罗倍"也要受累不浅"，因为实则是他想抢皮罗多的房间。但所有当时在特·李斯多曼家的人，除了特·波旁纳，没有一个清楚地看出这样一场斗争关系多么重大。老狐狸对内地、人物、事情太熟悉了，也更熟悉各方面的利害关系。所以他把皮罗多拉到一边，轻轻对他说，朋友们尽管一片好心，可叫他走的是一条绝路。而且：

Des quatorze personnes qui sont ici, il n'y en aura pas une pour vous dans quinze jours. (Bal：62)

在场十四个人，过了半个月没有一个会再给你撑腰。(傅：49)

pour vous 是“支持你”的意思，傅雷在初稿时就将其译为“给你撑腰”，恰到好处地运用了汉语语汇。

例 3：上文已经提到，海军上尉和叔母为摸清暗礁、化解险情，特地请教老狐狸的高见。海军上尉说出坚信会派副主教的潜势力，老狐狸并不惊奇，回答说“我知道了”。特·李斯多曼太太叫道：“那么干吗不早通知我们呢？”老狐狸似乎已憋了很久，便打开话匣子。除上文已作引用之外，老狐狸还请他们当心，“要是泄露风声，他发觉我们摸到他的底细，他会忌惮我们、恨我们的”[1]，所以老狐狸奉劝特·李斯多曼太太和海军上尉：

Imitez-moi: feignez d'être une dupe; mais sachez bien où vous mettez les pieds. (Bal：73)

还是像我一样只作蒙在鼓里，从此走路小心就是。(傅：58)

feindre d'être une dupe 直译即“装作一个受骗者 / 装成一个上当者”，用在此处显得呆板笨拙，尚不如“装作什么也不知道”更符合汉语的说话习惯。然而，傅雷的翻译更是技高一筹，既吃透了原文的精神，又找到了贴切的汉语语汇，初稿即译为“只作蒙在鼓里”。

例 4：身为议员的叔父责令侄儿“赶快上都尔去，跟那该死的副主教讲和……要不同脱罗倍神甫言归于好，以后别来找我，我不认你了”。老狐狸劝特·李斯多曼太太和海军上尉，眼前还是向脱罗倍低头的好，“可是低头要低得有风度”，不失体面。特·李斯多曼太太决定亲自上迦玛家走一趟，希望事情能在双方满意的情形下结束。临行前，老狐狸嘱咐

---

1 Si nous ne nous gardions pas le secret, nous passerions pour ses complices; nous serions redoutés et haïs.——此处的译文与原文有所出入。

特·李斯多曼太太：

> N'oubliez pas votre rôle, vous êtes conciliatrice et non partie intéressée. Troubert est également un médiateur.（Bal：79）
>
> 别忘了你扮的角色是和事佬，不是当事人。脱罗倍也是中间人。（傅：61）

conciliatrice 意为“调解人”，与 médiateur 同义。但是，傅雷从来不简单地照搬字典，他总是力求找到鲜活的汉语语言；努力发掘恰当的语汇，使句子的停顿按照汉语的组合重新排列，而不单纯迁就原文的句法，所以才产生了初稿中就已经存在的“和事佬”一词。

由于对话语言通常相对容易理解，而一些译者又往往把容易理解全当作容易翻译，结果就是译出了意思，却未必译出了味儿、译出了声色、译出了神气。文学作品中的对话正如傅雷所说，是“文字上的口语”，说白了就是我们生活中的语言。既然是说话，就要译得像话，不露翻译腔；不但像话，还应像出自那人之口的话，“闻”如其人。话译得好，有了声色、神气，才能够传达出人物的生命；而人物有了生命，才可以帮助作品摆脱一团死气、恢复原本的盎然生机。因此，文学作品中的对话翻译，绝非是一蹴而就的简单工作。我们需要像傅雷一样，处处留心自己的语言，留心中西文字语汇的差异，不断丰富自己的口语语料库，以缔造出精湛的对话翻译艺术。然而，傅雷对话翻译艺术的背后，又体现出其作为翻译家怎样的精神与追求呢？

二、傅雷作为翻译家的精神与追求

《都尔的本堂神甫》是傅雷最后翻译的几部巴尔扎克作品之一。考察与探讨傅雷针对此著作的初稿、二稿和誊正稿，能够为我们揭示出一代翻译巨匠的崇高精神德行与对翻译事业的强烈使命意识，使我们看到傅雷对待翻译的严肃求“真”、一改再改、永无止境的执着姿态，同时也感悟到其在具体的翻译实践中，始终不忘将自己的精神理想与艺术理想紧密结合的追求。

（一）坚定执着的翻译使命感

翻开傅雷的三部手稿，我们不难发现，初稿上密密麻麻的蝇头小楷如云山雾海，几乎难以辨识，游龙走凤般的字符记载了译者呕心沥血的路程；二稿上或删或添的字句穿梭其间，揭示了译者反复琢磨、再三推敲的内心活动；而誊正稿才逐渐露出眉清目秀的容貌，间或有精细加工，显示出译者精益求精的翻译作风。那么，虽为三稿，是否等于说，傅雷翻译《都尔的本堂神甫》一共进行了三遍呢？这里，我们以故事开头第一段中的一句话为例：

> Il traversait donc, aussi promptement que son embonpoint pouvait le lui permettre, la petite place…（Bal：1）
>
> 初稿　①：他急急忙忙穿过小广场，不过身体肥胖，再快也快不了多少。
>
> ②：他赶快穿过小广场，不过长得一身肥肉，再快也快不了多少。
>
> 二稿　①：他赶快穿过小广场，不过他长得一身肥肉，再快也快不了多少。
>
> ②：他急急忙忙穿过小广场，不管一身肥肉多么累赘，还是尽量走快。
>
> 誊正稿 ①：他急急忙忙穿过小广场，不管一身肥肉多么累赘，他尽量的走快。
>
> ②：他急急忙忙穿过小广场，不管一身肥肉多么累赘，他尽量的加快脚步。（傅：7）

二稿和誊正稿上的第一遍，并非我们想象中的是对前一稿上确定文字的直接誊抄。一贯精益求精、执着求真的傅雷，不可能在誊抄前稿时停止或放弃修改，而一定是边誊抄边思考，一路修改下来。傅雷曾在《翻译经验点滴》中说，"《老实人》的译文前后改过八道"，这绝非夸张之辞，而确实是严格意义上的八道。此例中，傅雷连翻译加修改，前后共计进行了六道。同时，我们也在对照中发现，译文出版后，小说中的文字与誊正稿上的文字仍有多处不同，例如：

> J'ai porté des sentiments trop constants au cher défunt pour ne pas me croire le droit de disputer son image à tout le monde. (Bal：83)
>
> 誊正稿：我对过世的神甫感情始终不变，决不肯放弃保存他肖像的权利。
>
> 译著：我对过世的神甫感情始终不变，决不肯放弃权利，不保存他的肖像。（傅：64）

上述译例恰好可以印证傅雷与宋淇通信中的话：“*La Cousine Bette* 初版与 *Eugénie Grandet* 重版均在看校样，[1] 三天两头都有送来。而且每次校，还看出文字的毛病，大改特改。”（傅敏，2005：25）傅雷翻译《都尔的本堂神甫》是在 1960 年，当时的他已有三十年的翻译实践经验，已然具备深厚的文学修养和过硬的语言能力，但是，他在文学翻译的道路上却从不得过且过，而是永无止境地孜孜以求。傅雷在文学翻译活动中之所以能取得如此巨大的成就，除去客观原因，一个重要原因就在于，他首先有着严肃认真、执着进取的精神姿态，自始至终对翻译事业表现出极大的虔诚，“视文艺工作为崇高神圣的事业……把损害艺术品看作像歪曲真理一样严重”（傅敏，2005：8）。

《都尔的本堂神甫》的手稿封面上，傅雷用毛笔留下过一些文字和时间：“《都尔的本堂神甫》附《比哀兰德》二稿，初稿一九六〇年五月二十一—九月十一日译完，九月十七—十月十日改讫，十月十二—十一月六日誊讫，誊正稿十一月二十八日校阅讫。”翻阅初稿，第一页上有两个眉注“21-V-1960”和“22-V”，标明他自 1960 年 5 月 21 日开始动笔，当天的翻译量以及第二天（即“22-V”）的翻译进程。傅雷就是这样子日日不辍地标注到初译结束，使每一天的翻译工作历历在目；二稿上同样用眉注的方式，记载下每天修改量的日期和誊抄量的日期，连续不断直到完稿。如此一来，《都尔的本堂神甫》与《比哀兰德》的初稿、二稿以及誊

1　指《贝姨》与《欧也妮·葛朗台》。——编注

正稿的整个形成过程，就以清晰的时间脉络呈现于我们面前。[1]虽然傅雷工作起来非常认真、严谨、兢兢业业，但是这样的发现依然超出我们的想象，使我们为之感动不已。一位大师级的翻译家，以其科学的精神从事文学翻译活动，仔仔细细、一丝不苟，这正从一个侧面揭示出傅雷作为优秀翻译家的崇高敬业精神。

除此之外，手稿的封面上，傅雷还写下了两部作品的字数：155 720字。如前所述，傅雷于1960年5月21日至9月11日译完初稿，那么也就是说，傅雷在110天内初译了155 720个汉字，平均起来每天只译1 415个字。再对比我们今天的翻译活动，抢速度、赶时间的浮躁做法仍大有市场。这不仅反映出译者的问题，更反映出出版机构的相关问题。严肃的艺术家总是遵循着艺术的规律，如果置艺术规律于不顾，则不可能创作出优秀的成果。当宋淇了解到，傅雷翻译30万字的《贝姨》"前后总要八个半月"时，他曾说："以傅雷的经验和修养，每日平均也只不过译一千二百到一千五百字，可见翻译是快不来的。"（转引自罗新璋，1984：545）傅雷的翻译速度，正反映出他严肃、认真、踏实的翻译精神。

另一方面，1958年4月至1961年9月，傅雷被错划为右派，然而在这三年里，在这样的打击之下，傅雷依旧凭着自己对翻译事业一贯的坚贞、执着和强烈的使命意识，译出了包括《都尔的本堂神甫》在内的多部优秀作品，在逆境中显示出一代巨匠的精神本色。

真正的翻译大师，尤其是像傅雷这样具有崇高精神与人格魅力的翻译巨匠，始终让我们景仰。他们在我们心中顶天立地的形象，其实是从他们平凡的工作中一点一点塑造起来的。翻译是实践的工作，译者只有一步一个脚印地做好、做实每一个具体环节，实实在在、坚定不移地去努力，才能最终立足于巅峰；唯有从脚下做起、从眼前做起、从细微处做起，用心用力，克服一个个具体障碍，解决一道道具体难题，孜孜矻矻，方能打造出翻译文学的丰碑。傅雷求真的精神、严谨的作风和执着的姿态，正表现在他的翻译实践活动中。正是由于傅雷呕心沥血献出了高水平的译作，才让巴尔扎克的一部部作品脍炙人口。《都尔的本堂神甫》是傅雷翻译生涯

1　巴尔扎克身后，一切版本都合《都尔的本堂神甫》与《比哀兰德》为一册，所以傅雷也同时翻译了这两部作品，由人民文学出版社合为一册于1963年出版。

后期的作品之一，加上弥足珍贵的三部手稿材料为我们隐约呈现出文学作品的动态翻译过程，所以尤其值得我们关注。

（二）精益求精的翻译责任感

《都尔的本堂神甫》是巴尔扎克的一部中篇小说，围绕皮罗多房间的得失展开，因为写作手法的朴素、深刻、一针见血，以及故事结局的有力悲剧色彩，在《人间喜剧》中占有重要地位。傅雷在移译这部外国文学作品的过程当中，一遍又一遍地修改、完善，经历了一个动态的翻译过程。

故事以老姑娘迦玛向皮罗多宣战开场。皮罗多拆了老姑娘家的聚会中心，导致其虚荣心受挫，恼羞成怒，对皮罗多开始有了敌意和咬牙切齿的憎恨。在一个大雨倾盆的夜晚，她故意把出门的皮罗多锁在外面被雨淋。第二天一早，脱罗倍来向皮罗多借大部头的《全国教区产业总目》，“两个教士双双下楼，各人挟着一册厚厚的对开本，走进饭厅放在一张半圆桌上”，就听迦玛尖厉的声音冲着皮罗多响起：

> Qu'est-ce que c'est que ça? J'espère que vous n'allez pas encombrer ma salle à manger de vos bouquins.（Bal：31）
>
> 初稿：这是什么东西？……
>
> 二稿：什么东西啊？……
>
> 誊正稿：什么东西？……（傅：28）

在此我们只关注那句简洁短小的问句。初稿中的问话是一种很平常很普通的问话形式，二稿改动后略微带上了温和语气，均与迦玛当时对皮罗多的态度不相吻合。她对皮罗多是恨得要死，讨厌极了，既要寻衅攻击报复，又没有多余的话愿与他说。于是，在通过对迦玛当时心理的“咂摸”之后，傅雷将其修订为了誊正稿的“什么东西？”，四个字简短有力，既表现出迦玛见到皮罗多就来气、不想与之多废话的心态，也给读者充分想象迦玛说话时脸色的空间。

傅雷在1951年4月写给宋淇的信中说：“谈到翻译，我觉得最难应付的倒是原文中最简单、最明白、最短的句子。例如Elle est charmante = She is charming，读一两个月英法文的人都懂，可是译成中文，要传达原文的语气，使中文里也有同样的情调、气氛，在我简直办不到。而往往这一类的句子，对原文上下文极有关系，传达不出这一点，上下文的神气全走掉了，明明是一杯新龙井，清新隽永，译出来变成了一杯淡而无味的清水。甚至要显出 She is charming 那种简单活泼的情调都不行。”（傅敏，2005：21—22）这正如同上述例子所告诉我们的，简短明了的句子，译者往往“轻敌”；但是真正的大师如傅雷者，却对此十分看重。因为他们不仅体会到了其中的韵味和色彩，并且努力尝试对其加以表现，所以，他们才能够在别人看来平凡的地方，做出与众不同的精彩。

同年 7 月，傅雷在致宋淇的信中再次谈到翻译：“我个人最无办法的，第一是对话……现在大家用的文字上的口语都是南腔北调，到了翻译，更变得非驴非马，或是呆板得要死。原作的精神一点都传达不出。第二是动作的描写，因为我不善于这一套，总没法安排得语句流畅。”（傅敏，2005：25）下面，我们首先来看傅雷是如何在“描写问题”上做出修改和提高的。

迦玛和脱罗倍的阴谋得逞，皮罗多离开了迦玛家，被他的朋友——都尔的贵族特·李斯多曼夫人收留。此举（加之其侄儿——年轻的海军上尉公开蔑视脱罗倍）不仅危及其侄儿的前程，还影响到远在巴黎的小叔子的议员生涯。由此，特·李斯多曼夫人不得不改变初衷，向皮罗多说出事情的严重性以及她的为难，请皮罗多离开自己家：

> L'innocent Birotteau joignit ses mains comme pour prier et pleura de chagrin à l'aspect d'horreurs humaines que son âme pure n'avait jamais soupçonnées. Aussi effrayé que s'il se fût trouvé sur le bord d'un abîme, il écoutait, les yeux fixes et humides, mais sans exprimer aucune idée, le discours de sa bienfaitrice.（Bal：75）
>
> 初稿：忠厚的皮罗多心地太纯洁了，从来想不到人与人间有这样卑鄙龌龊的事，他合着手，仿佛对着丑恶的景象祈祷，痛哭。他惊心动魄，好像面临着万丈深渊，听着保护人说话，睁着湿漉漉的眼睛一动不动，一点没有表情。
>
> 二稿：天真的皮罗多合着手，仿佛对着人间的丑恶祈祷，痛哭；在他纯洁的心中，从来没想到有这样卑鄙的事。他像面临

万丈深渊一样的恐怖，听着保护人的长篇大论，湿漉漉的眼睛一动不动，也不表示什么感想。

誊正稿：天真的皮罗多当下合着手，仿佛为着人间的丑恶而向天祈祷，痛哭流涕；在他纯洁的心中，从来没想到有这样卑鄙的事。他像面临万丈深渊一样的恐怖，听着保护人的长篇大论，湿漉漉的眼睛一动不动，也不表示什么感想。(傅：59)

原文实际是两个长句。从译文可以看出，这是一串动作的描写，有身体的动作和面部的表情动作。初稿中，第一句的前半句较为抽象，后半句动作性明显，这样处理的效果不如誊正稿在此的调整，把较实的描写“天真的皮罗多当下合着手……”置前，用来兼顾较为抽象的另外半句；从逻辑上讲，纯洁的心中想到什么想不到什么，也可以通过“合着手”的天真的动作表现出来；更重要的是，原文中 joignit ses mains 就是主句的动作。第二句的初稿“他惊心动魄，好像面临着万丈深渊”，不如誊正稿“他像面临万丈深渊一样的恐怖”表达更自然。经过两处大的修改和其他改动，译文在总体上动作衔接得更为自然，语句也更为流畅，既贴合原意，又不乏艺术效果。

此外，誊正稿“天真的皮罗多当下合着手，仿佛为着人间的丑恶而向天祈祷”中的“当下”与“而”字，在出版的译著中也被删去。这样一来，行文更加简练、更加文从字顺了。

(三)“神似说”的翻译追求

众所周知，傅雷是“神似说”的重要代表人物。“重神似不重形似”是他一贯的主张，也是他的“译事看法”。傅雷认为，要摆脱原文在词法、句法上的束缚，不能硬生生地把汉语的文字填入原文的词法、句法当中，因为那样反而会让意义晦涩难解；对于原文字词，要了解它在上下文中的意义而不仅仅是字典上的意义，不能总是硬生生地照字典搬过来。例如：

收留下皮罗多的特·李斯多曼夫人在请求皮罗多离开自家的时候，不但向他解释了与脱罗倍作对后果的严重性、可怕性，也“告诉他敌人的雄才大略、权势、仇恨和仇恨的原因；说脱罗倍在夏波罗面前屈服了十二年，对夏波罗咬牙切齿”[1]。她说：

> ...et persécutant encore Chapeloud dans son ami. (Bal：75)
> 初稿：……如今迫害夏波罗的朋友实际还是向夏波罗下毒手。
> 二稿：……如今算计夏波罗的朋友实际还是向夏波罗出气。
> 誊正稿：……如今算计夏波罗的朋友实际仍是向夏波罗出气。(傅：59)

这里有两点值得关注：第一，在初稿中，傅雷就已跳出了原文句法的束缚，没有硬生生地把汉语文字填入原文句法，因为他“所求的不在形似而在神似”。第二，修改后的誊正稿比初稿用词更精当，表达更合理，因为“迫害”虽是 persécutant 在字典上的意思，但照此直译反而不如“算计”更能传递出脱罗倍的阴狠暗毒；此外，夏波罗已经死了，脱罗倍不可能再向他“下毒手”，所以只能拿他“出气”。

另一方面，傅雷的翻译主张还包括：“译文必须为纯粹之中文，无生硬拗口之病。”“纯粹之中文”在字面上有绝对之嫌，但其本质是提倡使用地道的中文，避免外国中文、法文式中文等。傅雷认为，优秀的译文是“原作神味与中文的流利漂亮”二者的结合。译文疙里疙瘩，不通不畅，怎能传达原作的精神和风韵？傅雷翻译的作品，越往后期越能让读者忘掉是在读译作，因为译者已经为读者扫清了语言障碍，让读者直接去观赏国外的风景。这一点，我们从上述译例中大可体会得到。而说到“纯粹之中文”，有两点值得关注：第一，傅雷很注意从汉语语法推敲译文，尽量使译文的语言符合汉语的标准和规范。例如，特·李斯多曼夫人来到迦玛家谈判时，老姑娘快要死了。脱罗倍一见到特·李斯多曼夫人，心里就对她说：

> ...je voudrais bien vous mettre sa mort sur le dos... (Bal：79)
> 初稿：……我要把她送命的责任推在你头上……
> 二稿：……我要把她送命的责任推在你们头上……

1　此句的原文为：elle put... lui révéler la haute capacité, le pouvoir de son ennemi en lui en dévoilant la haine, en lui en apprenant les causes, en le lui montrant couché durant douze années devant Chapeloud, et dévorant Chapeloud（Bal：75）。

誊正稿：……我要把送她性命的责任推在你们头上……（傅：61）

“她送命”与“送她性命”的区别在于后者的主语是他人，也就是“你们”，所以责任在“你们”。这里傅雷的定稿恰恰翻译出了脱罗倍的言下之意。

又如：特·李斯多曼夫人和脱罗倍神甫谈判结束时，双方为着各自的利益化敌为友，特·李斯多曼夫人有意要请脱罗倍到家中玩韦斯脱牌，她说：

Vous pardonnerez à une femme d'être curieuse.（Bal：81）

初稿：女人家的好奇心请原谅。

二稿：请你原谅，女人家总不免好奇。

誊正稿：请您原谅，女人家总不免好奇。（傅：64）

初稿严格说来有语病，按照语法分析，“女人家的好奇心”似乎成了句子的主语。但是经过修改，誊正稿既符合了语法规范，又符合了正常的口语表达方式。

第二，傅雷很注意成语和四字结构的翻译。成语和四字结构是汉语语言的一大特色，傅雷对此的把握，显示出他在理解原作和表达原作上的高深造诣。但是，傅雷并不执迷于成语或者四字结构，而是从寻求最恰当的表达方式出发翻译原作。譬如：

L'hôtesse avait, depuis quelques années, enfanté un désir qui se reproduisait plus fort de jour en jour. Ce désir, que forment les vieillards et même les jolies femmes, était devenu chez elle une passion...（Bal：21）

初稿：女主人几年来有个欲望，在心中一天天地滋长。这是老年人和漂亮太太都会有的欲望，在迦玛小姐却变成一种痴心妄想。

二稿：女主人几年来有个欲望，一天天在心中滋长。那是老年人和漂亮太太都会有的，在迦玛小姐身上却变成一种念念不忘的野心①/一种强烈的痴情②。

誊正稿：女主人几年来有个欲望在心中一天天地滋长。那是老年人和漂亮太太都会有的，在迦玛小姐身上却变成一股强烈的痴情。（傅：22）

passion 在字典上解释为“激情、酷爱、迷恋、嗜好”等，傅雷初译为“痴心妄想”，词义与 passion 有联系但强调点走偏。傅雷在初译句的旁边还写着“梦寐以求”，没有用是因为也不太合适；二稿起先译为“念念不忘的野心”，不能表达出 passion 的意思；几经推敲后定为“强烈的痴情”，正道出 passion 的个中含义。从傅雷的修改、选择中，我们看到，译者应当根据原文的意思在译文中寻找准确、恰当、得体的表达方式，“纯粹之中文”并不等于滥用成语或四字结构。

（四）流畅而多变的行文追求

傅雷曾在写给罗新璋的信中说：“以行文流畅，用字丰富，色彩变化而论，自问与预定目标相距尚远。”（傅敏，2005：56）可见，“行文流畅，用字丰富，色彩变化”是傅雷把握和检验自己翻译质量的三个方面、三个标准。以“行文流畅”而论，傅雷曾经说过：“凡作家如巴尔扎克，……译文第一求其清楚通顺，因原文冗长迂缓，常令人如入迷宫。我的译文的确比原作容易读，这一点可说做到了与外国译本一样：即原本比译本难读。”（傅敏，2005：27）确实，阅读傅译巴氏作品，我们会感到傅雷的语言通顺流畅，意思表达得清楚分明；而且通篇不露翻译之痕，充分显示出译笔的自然灵活、文从字顺。试举一例：

Jamais courtisan ni diplomate ne mirent dans la discussion de leurs intérêts particuliers, ou dans la conduite d'une négociation nationale, plus d'habileté, de dissimulation, de profondeur que n'en déployèrent la baronne et l'abbé dans le moment où ils se trouvèrent tous les deux en scène. (Bal：78)

初稿：交际花也罢，外交家也罢，不论谈的是私人利益还是国家大事，从来没有比男爵夫人和神甫两个出台照面的时候，手腕更高明，说话更虚伪，心思更深的了。

二稿：朝臣也罢，外交家也罢，不论是谈判私人利益还是国家大事，从来没有比男爵夫人和神甫两个出台照面的时候，手段更高明，说话更虚假，心思更深的了。

誊正稿：朝臣也罢，外交家也罢，不论是谈判私人利益还是国家大事，从来没有比男爵夫人和神甫两个出台照面的时候手段更高明，说话更虚假，心计更深的了。（傅：61）

这是巴尔扎克为特·李斯多曼夫人与脱罗倍神甫两人即将进行的斗智斗谋的舌剑交锋所做的先期铺叙。综观此处傅雷的译文，从初稿到誊正稿，并未就行文的上下结构大动干戈，说明其译文已经做到了“行文流畅”，只是他对自己的要求更高更严。本例中，初稿 courtisan 被眼误为 courtisane，后加以更正，又经过一些小的改动，誊正稿更显自然流畅、清楚通顺。

而所谓“用字丰富”，就是对同一名词、形容词、动词或句型等，要具备多种表达方式，不是拿一个不变的表达模式应付万变的场合、语境，避免造成译文的单调僵化、枯索沉闷。比如，巴尔扎克在小说的前半部分描写主人翁皮罗多时，常用形容词 bon，傅雷翻译时则根据上下文，灵活做出相应变动：

例 1：Entre toutes les petites misères de la vie humaine, celle pour laquelle le bon prêtre éprouvait le plus d'aversion, était le subit arrosement de ses souliers à larges agrafes d'argent et l'immersion de leurs semelles. (Bal：1)

在人生所有的小灾小难中，那好脾气的教士最恨大银搭扣的鞋子里突然灌水，弄得鞋底湿透。（傅：1）

例 2：Là où un homme du monde ne se serait pas laissé griffer deux fois, le bon Birotteau avait besoin de plusieurs coups de patte dans la figure avant de croire à une intention méchante. (Bal：14)

一个老练的人决不让人家抓第二回，忠厚的皮罗多直要脸上被抓了好几把才相信对方真有恶意。（傅：16）

例1和例2中的bon，初稿中均作“老实的”。誊正稿中，例1的bon改译成了“好脾气的”，因为皮罗多玩牌赢了钱，又听说自己很有可能升为教区委员，心情得意，所以尽管大雨倾盆，也没有脾气；例2的bon最终译为“忠厚的”，这应当是从皮罗多“心中既无怨恨也无恶意”、不藏害人之心的角度出发，兼顾bon的本义而出。

及至《都尔的本堂神甫》的后半部，当皮罗多被迦玛和脱罗倍算计，变得倒霉落魄之时，巴尔扎克即改用pauvre形容皮罗多，如称其为le pauvre homme。傅雷根据上下文语境，把le pauvre homme分别译作“老好人”[1]“可怜的家伙”[2]“可怜虫”[3]等。

色彩变化与用字丰富，是相互关联的一个整体。没有用字的丰富，就谈不上色彩的变化，千篇一律的表达方式难以再现原著中多姿多彩的韵味。傅雷曾告诫傅聪，日常会话中，要学会“选用比较多样化的形容词、名词及句法”，来表达“感情、感觉、感受及思想的各种层次”，只有“好好选择字眼”，思想才不会“变得混沌、单调、呆滞，没有色彩，没有生命”（傅雷，2006a：274）。文学翻译当然更需在此磨炼。傅雷在翻译过程中，十分注意把自己深刻的理解和丰富的感受巧妙地传达出来。

例如，皮罗多最后只希望索回已故好友夏波罗神甫的肖像画，其余东西都放弃。特·李斯多曼夫人代他向脱罗倍神甫提出，被后者与迦玛用十分虚伪圆滑又冠冕堂皇的理由回绝。特·李斯多曼夫人口里说道，大家犯不上为一幅不高明的画闹意见，心里却说：

> Je m'en moque autant que vous vous en moquez vous-même. (Bal：83)
>
> 初稿：你不在乎什么肖像，我跟你一样不在乎呢。
>
> 二稿及誊正稿：你不在乎什么肖像，我何尝在乎呢。(傅：64)

原文中两次出现了动词se moquer de，初稿按照se moquer de的

1　原著第15页，译著定稿第19页。

2　原著第46页，译著定稿第38页。

3　原著第54页，译著定稿第42页，初稿第25页右数第5列：“可怜的老头儿，打个比方说，好比被人连根拔起似的……”

本义两次直译而出，虽未尝不可，但修改后的“我何尝在乎呢”却更能反映出上流社会贵妇人在社交对话时的心态。

此外，在对《都尔的本堂神甫》三部翻译手稿的对照研究中，我们还发现，傅雷的修改也会不时还原到初译上面去。正如本小节开头所举的译例，傅雷最初译为“他急急忙忙穿过小广场”，后修改为“他赶快穿过小广场”，最终又改回“他急急忙忙穿过小广场”，这种取舍，主要是出于艺术效果的考虑。文学作品注重想象，“赶快”不如“急急忙忙”更具表现性；“急急忙忙”相对较“实”，令读者对动作的想象更加具体，从而也就更加出效果。

三、本节结语

傅雷曾说：“因为文学家是解剖社会的医生，挖掘灵魂的探险家，悲天悯人的宗教家，热情如沸的革命家；所以要做他的代言人，也得像宗教家一般的虔诚，像科学家一般的精密，像革命志士一般的刻苦顽强。”（傅敏，2005：10）而透过傅雷的翻译精神与追求，我们可以说，傅雷确确实实地做到了这一点。

第三节　从傅译改造看译者、读者与阅读空间
——以《邦斯舅舅》为例[1]

无论著作抑或译作，都是供人阅读的，所以都离不开读者。因此，无论是作者与读者，还是译者与读者，自然都存在千丝万缕的联系。但是，如何认识这种联系，却是因人而异的。

当代的中国读者，特别是那些关心中国当代文学的读者，应该都读过《白鹿原》，该书作者陈忠实是这样理解读者与作者（作品）的关系的：“对于作家来说，他是用作品和这个世界对话的，作品其实就是他的从生活体验进而到生命体验的一种展示，而展示的最初的和终极的目的都是为了与读者进行交流和沟通，能与读者完成这种沟通和交流才是作家劳动的

1　本节所用的法语原本为 Honoré de Balzac，*Le cousin Pons* (Paris：Editions Albin Michel，1953)。所用的傅译本收录于傅雷译《傅雷译文集》（第六卷），合肥：安徽人民出版社，1982 年。

全部意义所在。”这里，读者之于作者的重要性，陈忠实先生已经说得再清楚不过了。有关读者、读者的阅读行为、读者与作者及文本的关系等问题，国外有过不少研究，也形成了种种自成体系的理论，例如德国的W.伊瑟尔与H. R. 姚斯等提出的以读者为中心的文本意义阐释理论，美国的S. 费什、N. 霍兰德以及D. 布莱希各自提出的阅读理论——读者反应批评理论等。但是，对于译者（译作）与读者的关系问题，人们却极少关注。译界一般认为，奈达是最早将读者及读者对译作的反应纳入译论研究领域的学者之一。奈达认为，传统翻译理论把翻译的重点放在语言的表现形式上，而新的表现形式，则应当是读者对译文的反应。在此基础之上，奈达提出，要判断某个译作是否译得正确，必须以译文的服务对象为衡量标准。在谭载喜先生编译的《奈达论翻译》中，他的这些观点被认为是新的翻译理论概念。实际上，早在20世纪20年代末，我国学者就已经针对译者（译作）与读者的关系问题，进行过探讨与论争。曾虚白先生曾在《翻译的困难》一文中明确提出：“我们译书的人应该认清我们工作之主因，是为着不懂外国文的读者，并不是叫懂得外国文的先生们看的。……所以我们训练的进行应该就着这一班人的心理来定我们的方针。……我们应该拿原文所构成的映象做一个不可移易的目标，再用正确的眼光来分析它的组织，然后参照着译本读者的心理，拿它重新组合我们自己的文字。”[1] 随后，陈西滢先生就此提出疑问，他在《论翻译》一文中针对曾虚白先生的观点发问：“译书要信。怎样才是信？要读者读了译文所受的感动，与读了原文所受的感动一样，可是这个读者是谁呢？”[2]

从严格意义上说，译者首先是读者，要传译原作，则必须依赖译者的阅读和阐释活动。可以说，一部作品的传译的可信度，在很大程度上取决于译者的正确阐释度。而要正确阐释，译者就必须具备基本的分析能力（可以称之为译者的基本素质）。根据费什的观点，“读者”的最基本能力可归结为三条：理解文本语言的能力、产生正确语义的能力和文学欣赏的能力。然而，作为特殊意义上的读者，译者的最终目的不是阐释、理解原文，而是要将他阐释的原文用另一种语言符号表达出来。在这一阐释与传

1　转引自陈西滢：《论翻译》，载罗新璋编《翻译论集》，北京：商务印书馆，1984年，第404页。
2　陈西滢：《论翻译》，同上。

译的过程之中，译者能否克服随意性、片面性和局限性，就是译者能否尽可能客观、完美地将原作呈现给目的语读者的关键。

但是，在翻译实践中，译者往往处于两难境地，尤其是在文学翻译活动中。这是因为，文学作品的表面词意与深层含义之间往往存在差异，而深层含义才是文学作品的真正存在。作为读者，领悟文本的深层含义，自然是阅读的目的之所在。但是作为译者，应该传达原文的表面词意，还是深层含义呢？译者是否可以置原作的语言表达形式于不顾？原本是借甲道乙、意在言外的委婉表达，译者又是否应当抛弃字面而直白地讲出其深层内涵呢？

翻译活动绝不仅仅是普遍意义上的语言交换活动。从表面上看，译者直接面对的是不同语言符号的作品，要解决的是不同语言符号系统间的等值交换问题；就深层而论，译者面对的是不同的文化体系，担当的是跨文化的交流重任。如何在转换原作品语言符号的同时，真正使目的语读者在文化上达到对原作的理解和沟通，是翻译的又一大难题。原作文字所传达的文化意义，如果直译而造成目的语读者无法理解，则难以达到沟通与共鸣的效果。那么，这时的译者应当如何解决这一难题呢？曾虚白先生认为，此时译者应当“参照着译本读者的心理”，来一番改造；改造固然正确，但是这种改造，绝不是用“我们自己的文字”来一番重新组合。那么，面对这一常用却并不简单的文学翻译手段，傅雷先生又是如何处理的呢？下面，我们仅以傅译《邦斯舅舅》为例，尝试探讨傅雷先生的翻译改造行为。

一、改造原作中的文化背景

例 1：Pons, épouvanté de cette menace, donna, sans le savoir, à la Cibot, la mesure de ce qu'elle pouvait tenter avec cette épée de Damoclès.（Balzac，1953：214）[1]

傅译：邦斯听了这句话的惊吓，无意中使西卜太太看出了她那个杀手锏的力量。（傅雷，1982 卷 6：22）[2]

1　本节以下的类似注释简化为：（Bal：× ×），× × 为页码。
2　本节以下的类似注释简化为：（傅：× ×），× × 为页码。

例 2：Une vie commune et sans hasards finit par agir sur l'esprit le plus aventureux. Un homme se façonne à son sort, il accepte la vulgarité de sa vie. Aussi, le docteur Poulain, après dix ans de pratique, continuait-il à faire son métier de Sisyphe, sans les désespoirs qui rendirent ses premiers jours amers. (Bal: 23)

傅译：平凡而刻板的生活，久而久之对一个最冒险的人也免不了有影响。人总是适应自己的境遇的，早晚会忍受生活的平庸。因此，波冷医生干了十年还继续在做他的苦工，而开场特别觉得苦闷的那种失意也早就没有了。(傅：229—230)

比较例 1 和例 2 的原文与译文，我们不难发现，傅雷用“那个杀手锏”和“苦工”将译文完全汉化了。这样的译文总体看来，是可信的；但是，巴尔扎克善用典故，作品中常常取希腊神话和《圣经》故事中的人物进行暗喻，所以，从语言的蕴含意义和表达色彩上看，“达摩克利斯剑”与“杀手锏”，“西绪福斯的差使”与“苦工”之间，依然存在一定差异。对读者来说，通过阅读外国文学作品了解国外的文化、民俗，可谓一条有效途径。然而，若将原文中类似例 1 和例 2 的表达一律进行改造，隐去原文中与希腊神话有关的文化词语，代之以纯粹的汉语表述，则虽然译文显得通顺、易于阅读，但与此同时读者的阅读与想象的空间，恐怕也会随之缩小不少。

二、改造原作中的形象比喻

文学翻译中，形象的再现也往往使译者感到为难。出于表达的需要，或者考虑到目的语读者的理解与接受，译者常常需要对原作中一些个性较强的形象比喻加以改造，傅雷自不例外。《邦斯舅舅》中，我们可以读到这样的句子：

例 1：阔大的麻子脸像个脚炉盖，凹下去的肉窟窿成为许多阴影；高的高，低的低，像罗马人的面具，把解剖学上的规则全打破了。(傅：7—8)

例 2：这张怪脸给压成了南瓜的形状，配上一对灰眼睛——眉毛的地

位只有两道红线——更显得凄凉；整个的脸被一个堂吉诃德式的鼻子镇住了，像平原上的一座飞来峰。（傅：8）

例3：她答应用铜墙铁壁把两个音乐家包围起来，像蜘蛛看着粘在网上的苍蝇一样看着他们。（傅：380）

例1中，原文描写邦斯那张“阔大的脸麻麻点点，像只漏勺，一个个窟窿映出斑斑点点”，就形象而言，前后是相互照应的，由脸的麻麻点点，进而联想到“像只漏勺”和“一个个窟窿”，比喻贴切，自然生动。然而，傅雷对这一比喻进行了改造，将原文中的“漏勺”改作译文中的“脚炉盖”；同时，原文中的 trous 本是一词两用，既指“漏勺”的小孔，又指那脸上的麻点，傅雷翻译时只取了后者，加上“肉”字，译作“肉窟窿”，再加上“凹下去的”四字予以解释。这样的译文虽然也可自圆其说，显得流畅，但较之原文，却失去了稍许自然的味道。

例2中，形象有两处改动：原文中的 potiron（笋瓜）被改译为“南瓜”，un bloc erratique（冰川漂石）被“飞来峰”所取代。虽然经傅雷改造之后的译文确实显得生动而传神，但是，如果直接移植原作的形象能够被读者接受，我们也不妨将其直译为：“这张怪模怪样的脸扁扁的，像只笋瓜，加上两只灰不溜秋的眼睛，上方又不长的眉毛，只有红红的两道，更添了几分凄楚，而雄踞正中的是一只堂吉诃德式的鼻子，就像是漂来的一块冰川巨石，兀立在平原上。”

例3的前文讲的是，阴险的弗莱齐埃为谋取邦德斯和施穆克这两个音乐家的财产，将其保姆索瓦热太太安插在他们俩的家中当密探。并且索瓦热太太发誓，一定会死死看住他们。此处原文的比喻似信手拈来般自然，用词也与索瓦热太太的地位相吻合：“她答应一定要在两个音乐家周围布起一张铁丝网，死死监视他们，就像一只蜘蛛盯着网中的苍蝇。”

原文中铁丝网中的两个音乐家与网中的苍蝇互为映衬，比喻合情合理，且极具感染力。而在傅雷的译文中，“铁丝网”为“铜墙铁壁”所取代，形象一经改变，原文中的妙处似乎也就跟着改变了。

翻阅傅雷的译作不难发现，原作的形象多有改造。傅雷的翻译改造，有时妙笔生花，令人拍案叫绝；然而欣赏之余，笔者认为，有时若能直接移植原文形象，也未尝不可。因为，从翻译的功能来看，移植或许有助于丰富译入语；而从翻译的效果来看，由于移植而带入的新形象或许也能给读者带来一份阅读的欣喜。由此而论，就再现原文形象来说，译者确实应以“信”为本，力戒过多改变。

三、改造需谨慎而为

读者读书，因各自的气质、素养、审美习惯的不同，对文本的反应与理解也会存在相应的差异。但是，对于作者而言，只要读者去阅读他的作品，参与交流，就是好事。著名作家叶兆言说过：“我的读者也是我生命的一部分，我感谢他们的阅读活动，感谢他们的理解甚至不理解。”作为一名普通读者，对作品理解了，会有所得；不理解，于作者于别人也并无大碍。但作为一名不普通的读者——译者，则不仅要尽量避免不理解，还要在理解中力戒主观性，以免误导译文读者的阅读活动。例如：

> 上个毫无嗜好，完全合乎中庸之道的人，简直是妖魔，是没有翅膀的半吊子天使。基督旧教的神话中，天使没有别的，只有头脑。但在我们的浊世上，所谓完人便是那迂腐的葛兰狄逊，连街头的神女对他也不成其为女性。（傅：23）

“中庸之道”“基督旧教”，傅雷的译文使读者仿佛置身于一种中西文化交融的氛围之中。然而问题是，阅读原作却并不能够带给读者如此的中西交融之感。所谓 juste，指的是一个“完美无瑕的正人君子”葛兰狄逊，而非一个合乎“中庸之道”的葛兰狄逊。可见，在翻译的过程中，对文化色彩浓厚的词语应当慎用，以免干扰读者的阅读与想象空间。

此外，在语言层面上，原作与译作也常存在不对等情况。独特、新奇的原文表达形式，是译者应当用心翻译、传达的。然而，每当遇到原文表达晦涩的词语，好心的译者往往产生一种细加解释的倾向，唯恐读者难以领悟。但是，这种好心却未必都能够达到好的效果。较之“说什么”，文学作品更看重“怎么说”；文学作品的韵味需要细细把玩，说得太白、解释得太多，味道难免也就变了。例如：

> 再如他们对微不足道的小事都需要找出一个形而上的意义，从而

> 产生了李赫忒那种不可翻译的作品，霍夫曼那种荒诞不经的故事和德国印行的那些救世济人的巨著，把芝麻绿豆的问题看作幽深玄妙，当作深渊一般地发掘，而掘到末了，一切都是德国人的捕风捉影。（傅：28—29）

巴尔扎克善于比喻，用语奇特，描写形象生动。以上译例的原文部分用词连贯，趣味无穷，整个意思是指德国人爱把问题复杂化。而傅雷的译文中，解释的成分似乎多了一些，比如“救世济人”“捕风捉影”等；而且原文中形象的暗喻在译文中也隐而不见了。

四、本节结语

作为译者，处处为读者着想，以纯粹的中文献给读者，当然无可厚非。但是，异域的文化，异域的审美，异域的形象，难免会有一些看似“怪诞”而一时难以为人接受的表达方式，如果将它们全盘纯粹汉化，那么对想要了解一点异国情调、吸收一点外国文化的读者来说，恐怕就是一种遗憾了。因此，我们认为，在可以接受的范围内，译者不妨留多一点阅读的空间和想象的余地给读者。不过，任何翻译方法的好坏优劣都是相对而言的，“改造”也自不例外。通过创造性地改造，傅雷同样谱写出了许许多多的优秀译文。在本章第四节中，我们将就此进行详细论述。

第四节　从傅译再创造看作者、译者与读者的视界融合
——以《约翰·克利斯朵夫》开篇为例[1]

读者的阅读往往会赋予原作一种价值，这种价值可能是原作固有的，也可能是原作本身没有、读者通过阅读译作而体悟到的。从大的方面上讲，一部作品诞生后，在其诞生地的影响也许并没有在其新生地——翻译

1　本节所用的法语原本为 Romain Rolland, *Jean-Christophe* (Paris：Albin Michel，1930)。傅雷译本为罗曼·罗兰：《约翰·克利斯朵夫》（全四册），傅雷译，合肥：安徽人民出版社，1990 年。本节所用的另两个译本分别为罗曼·罗兰：《约翰·克利斯朵夫》（全三册），韩沪麟译，南京：译林出版社，2000 年；罗曼·罗兰：《约翰·克里斯托夫》（上下），许渊冲译，长沙：湖南文艺出版社，2000 年。（许渊冲译本将 *Jean-Christophe* 译为约翰·克里斯托夫，此处不作统一，下文同。——编注）

文学的诞生地大，其中的原因是多方面的，但最为重要的一点，恐怕就是在新的历史和文化空间内，文本在某种意义上拥有了新的生命，以其对原著的继承为基础，拓展了新的阅读空间和阐释的可能性。法国作家罗曼·罗兰的《约翰·克利斯朵夫》在中国具有广泛的影响，正为我们对上述问题的思考提供了丰富的内容依据。本节仅以《约翰·克利斯朵夫》开篇第一句的翻译为对象，通过分析比较三种不同的译文，尤其是对傅雷译本的深入阐释，尝试对影响翻译的多种因素加以探索。

一、三译文之概述

当年傅雷翻译《约翰·克利斯朵夫》时，有感于中国大地的黑暗、沉闷，也有感于人们精神的委顿与沉沦；从他翻译该书时所写的介绍性文字中，我们可以看到，他选择《约翰·克利斯朵夫》进行翻译，看重的是原著"广博浩瀚的境界"，主人公坚毅、光明的个性，还有全书所饱含的那份激情和斗争气概，以及文字中所折射出的民族的理想精神。傅雷在翻译中倾注了自己的精神追求和艺术追求。可以说，在某种程度上，他的精神追求和艺术境界与原著的文字发生了碰撞，激起了共鸣，为中国读者留下了一份不朽的精神遗产和艺术珍品。之前读《东方文化周刊》，在郜耕所写的《一句话的经典》中读到这样一段话："罗曼·罗兰的四大本《约翰·克利斯朵夫》是一部令人难忘的著作，二十多年前我曾阅读过，但许多情节都淡忘了。但书中开头的'江声浩荡'四个字仍镌刻在心中。这四个字有一种气势，有一种排山倒海的力量，正好和书中的气势相吻合。"[1] 在傅雷开篇所译的"江声浩荡"四个字中，中国读者感受到了一种与全书相吻合的气势。短短四个字，"像铀矿一样释放出巨大的能量，对阅读者的心灵产生巨大的冲击"[2]。郜耕的这种感受，开篇四个字带给他心灵上的巨大冲击，是许多中国读者都能真切感受到的。"江声浩荡"像一个惊世的先兆，预示了一个英雄的横空出世。这四个字不仅仅只是四个字，在许多中国读者的脑海中，它已经成为一种经典，没有这四个字形成的英雄出世的先声，便没有了那百万余言、滔滔不绝的长河小说的延

1　郜耕：《一句话的经典》，《东方文化周刊》2001 年第 37 期，第 53 页。
2　同上。

续和余音。

然而，中国读者的这份共鸣，这份永远抹不去的心灵冲击，这份铭刻在记忆中的永恒，却都是因了傅雷的创造。因为单就原文而论，我们是无法感受到这份震撼的：

Le grondement du fleuve monte derrière la maison.[1]

笔者曾在不同场合询问过法国普通的读者，他们对原著的开头一句并没有什么特别的感受，更没有中国读者普遍感受到的那份震撼。与法兰西大地只隔着英吉利海峡的英伦三岛的读者，也同样难以分享中国读者感受到的那份冲击力。这里有英译文为证：

From behind the house rises the murmuring of the river. (Gilbert Cannon)

对于这句英译文，香港中文大学的金圣华教授有一评论："假如不参照原文，直接从英译本译成中文，它不就变成'河水潺潺'了？"[2]murmuring 是动词 murmur 的动名词形式。查阅由陆谷孙先生等编写的《新英汉词典》，我们可以看到 murmur 既是名词，也是动词，它有一基本意义，即"低沉连续的声音"，如微风的沙沙声，流水的淙淙声，还有蜜蜂的嗡嗡声和人的低语声。总之，是低语，是喃喃声，与傅雷所译的"浩荡"之江声恰成反比，相去甚远。而与原文相比，英译本的译文似乎也有很大差距。grondement 属动词 gronder 的动名词形式；同时法文中的 gronder 一词包含两层基本含义，一指"逼人的"声音，如大炮的轰轰声、雷的隆隆声、暴风雨的声音，还有狗的连续的汪汪声、人群的鼎沸声等，一指声音沉且连续，带有一种气势。就此意义而言，傅雷的译法倒是与原文在某种程度上暗合，由"沉"转而为"浩荡"形容"江声"，想造成的也许正是这样一种气势。这里，我们不妨阅读一下在傅雷之后出现

1 Romain Rolland, *Jean-Christophe* (Paris: Albin Michel, 1930), p. 19.
2 金圣华：《文学翻译的创作空间》，《翻译季刊》1995 年第 2 期，第 72 页。

的几个译本，并就此作一比较：

> 傅雷译：江声浩荡，自屋后上升。
> 许渊冲译：江流滚滚，震动了房屋的后墙。
> 韩沪麟译：屋后江河咆哮，向上涌动。

就笔者目前所掌握的资料来看，自傅雷之后，近年来又出现了多个《约翰·克利斯朵夫》译本，属于我们所说的复译，而有关复译的原因，已有不少文章做出过比较全面的分析，在此我们不拟再探。但是，需要说明的是，本节选取的两个译本，是比较有代表性的：首先，两位译者都是中国译坛熟悉的译家，且都有自己的明确追求；其次，在复译《约翰·克利斯朵夫》的过程中，他们都倾注了相当的心血。许渊冲先生为他的复译本写了题为《为什么重译〈约翰·克里斯托夫〉》的《译者前言》，明确地表达了希望"和傅雷展开竞赛"的愿望。他说："重译《约翰·克里斯托夫》不仅为了使人'知之、好之、乐之'，首先是译者'自得其乐'。叔本华说过：'美'是最高级的'善'，创造'美'是最高级的乐趣。傅译已经可以和原作比美而不逊色，如果再创造的'美'有幸能够胜过傅译，那不是最高级的乐趣吗？如果'自得其乐'能够引起广大读者的共鸣，那不是最高级的'善'，最大的好事吗？乐趣有人共鸣就会倍增，无人同赏却会消失，这就是我重译这部皇皇巨著的原因。"[1] 与之相仿，韩沪麟在其《译序》的第五部分，也专门谈到了译本问题。他翻译《约翰·克利斯朵夫》同样以傅雷为参照，但他的目的不是要与傅雷竞赛，也不是奢望超越傅雷，而是认为："同一本原著，其译文也一定是千人千面的，译风是不可能雷同的……这也是我斗胆再译一次《约翰·克利斯朵夫》的初衷。"[2] 在叙述译本产生过程的文字中，韩沪麟明确指出："在我前后用五年多业余时间翻译这部巨著的过程中，虽然是脱于傅译本照原文直译的，但遇到'疑难杂症'时还经常参照傅译本，从中受益良多。"[3] 两位译者，都以

1　许渊冲：《为什么重译〈约翰·克里斯托夫〉》，载罗曼·罗兰《约翰·克里斯托夫》（上下），许渊冲译，长沙：湖南文艺出版社，2000 年，第 6 页。

2　韩沪麟：《译序》，载罗曼·罗兰《约翰·克利斯朵夫》（全三册），韩沪麟译，南京：译林出版社，2000 年，第 24 页。

3　同上。

傅雷为参照，恰恰证明了：一个接受了时间和读者考验的译本，必然会在其传播和影响的历史上占有自己的地位。在其之后的译本，无论与其竞赛还是从中汲取养分，都不可能无视其存在。所以当我们来比较傅译、许译和韩译时，看到的就不再单单是差异，而是它们之后的一种承继和创新的关系。

二、三译文用语之比较

对比三译文，这里姑且排除傅译在先且已有广大读者视其为经典等因素。首先，我们从语言角度对此加以分析。

本小节仅从单句的语言分析着手，而有关语境及文学因素的问题，我们将在稍后详加探讨。就句子结构而言，从形式的角度，我们发现，三种说法都将原文的一句话用逗号分隔为两个短句，具有共性，或者说差异并不很大。三者的差异主要集中在语义上，几乎对每一词的处理都有所不同。首先对 grondement 一词的表达，傅译注重声音的广阔和气势；许译割舍掉声音的一面，以“滚滚”显示动态；韩译则突出水流的奔腾轰鸣，以“咆哮”二字对译之。“浩荡”“滚滚”“咆哮”三词，差异相当明显。那么，为什么会出现如此不同的三种译法呢？金圣华教授认为：“le grondement 是个名词，而抽象名词通常都会在翻译时造成困难。”[1] 所以，单就 grondement 一词，很难确定其到底为何种声音。上文我们曾经谈到，在法文常用词典中，与之搭配的有“炮”，有“雷”，有“狗”，有发怒的“人”等。通常，有了发出声音的主体作为参照，也就有了在目的语中找到相应表达的可能。然而，我们面对的，却是 fleuve 与 grondement 这一对并不寻常的法语搭配。按照法文词典的解释，fleuve 指由“支流汇合归海的大水流”，与汉语中“江”字的释义基本相同。根据《现代汉语词典》，“河”指“天然的或人工的大水道”，“江”则指“大河”。那么，用汉语的“江”对译法语的 fleuve，显然是准确的。因此，三位译者均选用了“江”字，分别译作“江声”“江流”“江河”。然而，进一步深入对比之下，三种译法在所指上的区别也就出现了，尤其是韩译，“江河”并列，意义较为宽泛。如果读者继续向下探究，疑问会随之

1　金圣华：《文学翻译的创作空间》，《翻译季刊》1995 年第 2 期，第 72 页。

产生，原作者笔下的fleuve，到底是“江”还是“河”呢？按照《现代汉语词典》的定义，“江”与“河”是有明显区别的：“大河”为江。同时，若将这一区别推而广之，我们就会发现，在约定俗成的译名中，外国的河流，不管再大，到了中文里都没有“江”的说法，比如尼罗河、密西西比河、伏尔加河、多瑙河等等。这些外国河流约定俗成的译法，给后来的译者出了一个不小不大的难题：在汉语的常用搭配中，无论气势抑或声音，“河”总是逊色于“江”的。而原文中 fleuve 用的是定冠词，具有确指意义，即指 Rhin，但是对于《约翰·克利斯朵夫》的译者来说十分不幸的是，该词已有定译，即“莱茵河”，不能再随意译为“莱茵江”。于是，一开始，译者们就不得不避开约定俗成的译名，冒着与下文矛盾的危险，将“河”硬说成是“江”，以表达原文的含义。事实上，后文中我们也的确看到，当“莱茵河”这一译名不能回避时，三位译者都只能在语言所提供的有限空间内，将其译作“河边”，而不是“江边”；译作“河水”，而不是“江水”。行文上的这种矛盾正是约定俗成的译名所造成的障碍。问题在于，如果当初根据《现代汉语词典》的解释，将尼罗、密西西比、多瑙、伏尔加、莱茵等都定译为“江”，那便不会有后面翻译的麻烦了。不过这是后话，我们再回到上文的三种翻译上。开篇一句，三位译者都弃“河”而择“江”，为“浩荡”“滚滚”“咆哮”的搭配赢得了可能。若改为“河”，那“河声浩荡”“河流滚滚”，便逊色多了。并且有趣的是，一旦用了“江声”，便有可能借助“江风浩荡”的习惯用法，进而导向“江声浩荡”；用了“江流”，“滚滚”便自然而来；用了“江河”，便有了“咆哮”的可能。若三者换位，例如“河声滚滚”“江河浩荡”“江流咆哮”，就会有悖于汉语的表达习惯，很可能被中国读者视为“不顺”“不通”。由此可见，在翻译中，目的语的习惯搭配很大程度上制约了译者，而也正是在这个意义上，西方才产生出“语言说我”的观点。

下面，我们探讨后半句的翻译。原文的后半句由谓词（一个不及物动词）和一个状语（介词 + 名词）组成，不及物动词 monter 有“升高”的意思，如物价“上涨”，河水“上涨”，声音“升高”，等等。这里状语的含义很明确，指的就是“屋子的后面”。从语言角度分析，傅译的后半句“自屋后上升”与原文比较贴近。但根据法语的搭配习惯，monter 主要指声音在强度方面的上升，而不指声音在方位意义上的由低处升向高处。傅雷在 1937 年的初译本[1]中，曾将后半句译作“在屋后奔腾”，不仅离原文很远，而且与前半句也不搭配，因为“江声”不可能“奔腾”。或许正是出于以上两点考虑，解放后出版的译本中，傅雷把“在屋后奔腾”改为了“自屋后上升”。

与傅雷后来改定的后半句译文相比，许渊冲先生的译文离原文的距离要更大一些，“震动”“后墙”这些含义，是原文中所没有表现的。为什么要这么译，《译者前言》中没有做过明确解释，但其中有一段话，或许可以为我们理解其译法提供一种理论上的参照。他认为：“文学作品中也有较低层次的词句和较高层次的词句。较低层次的词或句，在翻译时比较容易找到‘唯一的’对等词，找到后别人也不容易超越，只好依样画葫芦。较高层次的词或句，在翻译时就不容易找到‘唯一的’对等词，而要八仙过海，各显神通；也就是在翻译高层次词句时，需要译者有‘再创作’的才能，所以才可以分辨出不同译文的高下，译文甚至有胜过原文的可能。”[2]从许渊冲先生的这段话中，我们至少可以断定，“震动了房屋的后墙”这一译法不会是译者疏忽造成的误译；相反，它是译者欲与原文、与傅雷译文争高下而表现出的一种具有目的性的追求，同时也是显示译者神通的一种“再创作”。实际上，如果许渊冲先生在后半句依样画葫芦，以“自屋后上升”来接上半句的“江流滚滚”，是怎么也说不通的。另一方面，韩沪麟先生的译文也同样拥有新解和新意，“向上涌动”与“江声”已无关联，向上涌动的不可能是“声音”，而只可能是“江水”或者“河水”，这一点与傅译的差异再明显不过。

通过上述分析，我们可以看到，三种译文虽然在句子结构上有一定的相似之处，但是在意义的表达上，却有着不容忽视的区别。区别的背后，既有语言在习惯搭配上造成的障碍，也有译者的主观追求。同时，我们也可以从中看到不同译者对原文的不同理解与把握。于是，在不同的理解之

---

1 根据安徽文艺出版社印行的傅雷译文《约翰·克利斯朵夫》的说明，《约翰·克利斯朵夫》初译的第一卷于 1937 年 1 月由商务印书馆出版，第二、三、四卷于 1941 年问世。解放后，傅雷不满初译的译文风格，对全书做了校订修正，于 1952 年由平明出版社出版。为了解两种版本对第一句的处理情况，笔者设法在作家叶兆言的家里找到了解放前出版的《约翰·克利斯朵夫》，但不是由商务印书馆出版的初版，而是上海骆驼书局于“民国卅十七年六月”出版的，根据该版本，开篇第一句的译文为：“江声浩荡，在屋后奔腾。”

2 许渊冲：《为什么重译〈约翰·克里斯托夫〉》，载罗曼·罗兰《约翰·克利斯托夫》（上下），许渊冲译，长沙：湖南文艺出版社，2000 年，第 5 页。

上，不同表达的产生便成为一种必然。

三、三译者追求之比较

当我们注意到三种译文之间的多种差异，并且试图找出其中的原因时，有一个因素是不容忽略的，那就是复译者的心态与追求。傅译在前，许译和韩译在后，对于前译的成果，尤其是被读者所认同的名译，复译者一般都有一个心态，那就是"不趋同"，也就是许渊冲先生所说的绝不依样画葫芦，不然，那就是"抄译"，就失去了"复译"的意义。为了探寻三种译文之所以不同，除了研读三位译者的有关论述，笔者分别于2001年10月13日和14日，通过电话就开篇一句的翻译问题与译者进行过探讨。[1] 许渊冲先生的原则非常明确，他说他翻译《约翰·克里斯托夫》有

1　在笔者的写作过程中，曾得到许渊冲和韩沪麟两位译家的不少帮助，在此深表感谢。笔者认为，翻译批评的根本目的，在于不断拓展翻译的可能性。本着共同探讨译论、切磋译艺的目的，笔者曾分别就本节内容致信两位译家，很高兴得到了他们的回应。回信字数虽然不多，但观点十分明确，为了便于形成一种良好的批评风气，加强评者与译者之间的相互沟通，特附两位译家的回信于此。

1. 许渊冲复许钧信

许钧小兄：

大作收到，谢谢！也谢谢你的贺信。

《约翰·克里斯托夫》的几个中文译文，如能举行研讨会，作用可能在《红与黑》的探讨之上，不知是否有可能。

比较首句虽然是种办法，但恐不够全面。我把首句的后半部译成"震动了房屋的后墙"，因为罗兰接着是写房屋。后面译成"汹涌澎湃"，因为罗兰不再写屋，而写心潮汹涌、思念的人物。如再译"后墙"就不好了。从微观看，似乎应该重复；但从宏观看，却又未必。这类问题可以愈辩愈明。

我的序中，你把两个"善"字误打成"美"字（大作P2倒数7，9行），希能改正。

黄蓓佳的评价有意思，所以翻译研讨会应请作家参加。你的做法事关全局。

韩译我没有见到，他说送给我却没有寄来，仅就此举二例，我觉得黄说得不错。只是常见的做法，不够通顺，如"涌动""咆哮"太重，略输文采。你意如何？

专此祝好！

许渊冲　十月廿五日

2. 韩沪麟复许钧信

许钧兄：

你在电话中对我说，你在写这篇文章时，心情很激动，去查阅了资料，又去咨询了作家，忙得不亦乐乎。我当时听了心里嘀咕：写一篇短短的论文，有那必要吗？现在我服了，因为我读了也很激动，只有作者有激动才能引起读者的共鸣。不过，也许我们动情的缘由是不一样的。我激动，是因为在当今物欲横流、人心浮躁的社会现实中，你却能全身心地投入，去研究翻译理论中的问题，这不仅难能可贵，而且你所表现出的学者风范，能鼓舞莘莘学子去从事那些常常不为人们所理解的、看似枯燥乏味但却很有意义的研究工作；其次是你能从一个译句着手，深入细致地研究下去，洋洋洒洒写出近万字的论文，阐述了几个问题，这说明你在这方面的学术功底和研究水平已经达到了相当高度，我庆幸我国的文学翻译理论界后继有人。

傅雷和许渊冲两位先生都有足够资格当我的老师，他们各自都有一些方面使我非常佩服，这是另外一个话题了。就你所研究的这个译句，我想坦率地谈谈我的看法：

查法文*LAROUSSE*词典，"grondement"是指低沉、连续而带有威胁性的声音，总之，它只能指一种声音。江风是可以浩荡的，江声是否能"浩荡"呢？再说，至少我所见到的那段莱茵河确实不宽，且流速平稳，他的这个译句，气势是出来了，但是否贴近原文，我有疑问。傅先生翻译向来严谨，中（转下页）

四个原则：一是翻译时对照傅雷译本，发现其长处；二是要尽量胜过傅译，形成自己的风格；三是在有关字句的处理上，即使认为傅雷译得好，也尽量在原文提供的创造空间里寻找新的表达；四是在个别词句的传译上，如傅雷的翻译是独特而唯一的，那只有承认自己不如他，借用他的“译法”。对许渊冲先生的这四条原则，虽然我们可以从理论上做进一步思考，但其积极意义却是明显而深刻的。当我就开篇第一句话的翻译，请许渊冲先生将他的译文与傅雷的译文做一比较时，许先生的态度之坦荡令我感动。他说：“第一句我译得不如傅雷。但我在译文中也融入了我自己的理解。我是假设自己是罗曼·罗兰，身临其境，设身处地，透过原文的文字，去体会文字所指向的情景，去领悟情景所能引发的感受。我想，当江流滚滚时，我在屋里听到的不是声音的上升，而是屋子的后墙被江流所震动了。所以，我便译成了‘江流滚滚，震动了房屋的后墙’。这种译法是我从上下文中体会得出的。”许渊冲先生的解释，为我们的翻译工作提出了一个重要问题，那就是文学翻译不能只限于字面的翻译，而要透过字面，根据上下文，捕捉文字所指向的创作之源。对于这一点，韩沪麟先生既有相似的观点，也有自己的不同见解。就傅译而言，他认为傅雷先生文学修养深厚，文字功底非一般人所能比。但就《约翰·克利斯朵夫》开篇第一句而言，他认为：“与原文相比，傅译的气势显得太大了。”他说他到过欧洲，见过莱茵河，虽然见过的只是一段，但感觉气势并没有那么宏大。另外，就原文而言，grondement 一词在上下文中，就他自己的体会，也没有那番气势，只是突出声音的强度，译成“咆哮”，完全是他个人的体会和把握。当我问他是否在翻译中有意规避傅雷的译法，他的回答是否定的。正如他在《译序》中所说明的，翻译时，他并不直接参照傅译，而是脱开傅译，只是遇到问题或困难时，才去参照。因此，对于第一句，他并不是为了避开傅雷的译法，而且他也并不认为傅雷在这一句的翻

（接上页）法文都照顾得相当妥帖，但这一句话他这样处理，似乎有悖于他的一贯译风；可能他太喜欢四个字了，既然不能面面俱到，只能退而求其次了吧。至于许先生译的“江流滚滚，震动了房屋的后墙”，不仅没有译出声音，而且原文中也绝对没有“震动”的意思。当然，许先生是不可能不理解这句简单明了的法文的，他这样译，可能又在实践他那译文可能而且能够超过原文的理论吧：关于这个理论，我一直不敢苟同，当然也就不能同意他的这个译法了。

不当之处，请随时指教。望你在教学、研究和翻译实践时，注意身体健康。

祝好！

韩沪麟　2001.11.6

译上有多妙。同时，他认为在上下文中，他自己以“江河咆哮”来传译，是完全符合原文语境的。韩先生的解释与许先生的相似，也同样提到了原作文字所指向的现实世界对翻译时的理解起到的重要作用。

四、三译文阐释之比较

无论是许渊冲先生，还是韩沪麟先生，他们或多或少都在自己的解释中，强调了翻译中不可忽视的几个重要因素。根据笔者的理解，可将之归纳为四条：一是翻译以原文为出发点，但并不限于原文的文字；二是翻译时要有想象物为参照，要透过原文的字面，从文字所指向的现实世界去进一步加以把握；三是理解与领悟一个句子，一定要根据上下文；四是每一个译者，作为翻译主体，其翻译只能限于自己的理解。他们的这些观点，对我们理解译文差异的存在及产生的原因，无疑是具有启发意义的。但同时，我们又不免会产生如此疑问：翻译作为一种阐释活动，在理解与阐释原文的过程中，有没有可能产生误释和过度阐释呢？一个句子的理解，固然可因人而异，但原文毕竟提供了一个空间，提供了某种客观性和实在性，它在某种程度上体现了其所表达意义的稳定性和客观性。意大利符号学家、哲学家翁贝托·艾柯对这一问题有过深刻思考，他认为在阐释过程中，“作者意图”与“读者意图”之间存在着辩证的关系，同时“本文意图”也在为读者提供阐释空间和自由的同时，以上下文为读者的阐释做出限定[1]。从另一个角度讲，当我们强调译者在翻译过程中有自己的理解的同时，也不能不注意到，脱离上下文的阐释往往有可能把阐释引向无度或过度。以下，我们不妨从对《约翰·克利斯朵夫》开篇第一句的纯语言的孤立分析中再进一步，从许渊冲先生与韩沪麟先生都强调的上下文和语境的角度，再做一些分析。

《约翰·克利斯朵夫》表现的是一个音乐家的人生，要赞扬的是受苦、奋斗而必胜的自由灵魂。在“作者献辞”所表现的这个大的“作者意图”之下，我们不妨从一个极小的语境和上下文切入。《约翰·克利斯朵夫》洋洋百万余言，以“江声”开篇。原文第一段如下：

1　参见艾柯：《过度阐释文本》，载柯里尼编《诠释与过度诠释》，王宇根译，北京：生活·读书·新知三联书店，1997 年，第 81—87 页。

> Le grondement du fleuve monte derrière la maison. La pluie bat les carreaux depuis le commencement du jour. Une buée d'eau ruisselle sur la vitre au coin fêlé. Le jour jaunâtre s'éteint. Il fait tiède et fade dans la chambre.[1]

根据这段文字，开篇一句与紧接着的三个句子联成一体，从屋后上升的江声，写到雨水击打窗户，再以极细腻的手法写到已有裂痕的窗玻璃上蒙着水汽，且水汽变成水滴往下落，进而又写到暗淡的天色和房间里闷热的空气。单就这段文字而论，我们并不能直接体会到江声的那种“浩荡”之气，更没有已接受傅译的中国读者所期待的那种排山倒海的气势。就此而言，傅译的第一句与紧接着的下文之间反而产生了某种“不和谐”，而许译与韩译则没有显出任何突兀：

> 傅雷译：江声浩荡，自屋后上升。雨水整天地打在窗上。一层水雾沿着玻璃的裂痕蜿蜒而下。昏黄的天色黑下来了。室内有股闷热之气。
>
> 许渊冲译：江流滚滚，震动了房屋的后墙。从天亮的时候起，雨水就不停地打在玻璃窗上。蒙蒙的雾气凝成了水珠，涓涓不息地顺着玻璃的裂缝往下流。昏黄的天暗下来了。房子里又闷又热。
>
> 韩沪麟译：屋后江河咆哮，向上涌动。从黎明时分起，雨点就打在窗棂上。雨水在雾气弥漫中顺着窗玻璃的裂隙汩汩下淌。昏黄的天色暗下来了。屋里潮湿，了无生气。

从三段译文来看，三位译者在传译中确实发挥了各自的长处。笔者曾就此请教过江苏的几位作家，请他们从小说家的审美角度，对上述译文给予评价。其中，黄蓓佳的观点颇具代表性。她认为傅雷的文字优雅、简练；许渊冲的译文生动、贴切，具有小说文字的张力；韩沪麟的文字处于两者之间。如果按照时下翻译批评的常见做法，至此我们似乎已经可以得

1 Romain Rolland, *Jean-Christophe*(Paris: Albin Michel, 1930), p. 19.

出结论：三段译文各有千秋，虽存在一定意义上的差异，但译者强调自己的理解，且与紧接着的下文并无不协调之处，很难说出是非曲直。然而，我们知道，分析一字一句的意义，不仅仅需要紧邻的字句作为参照。上下文是一个可窄可宽的概念。如果把原著当作一个整体，那么对有些关键性字句来说，整部作品中的有关字句都可视作上下文。比如，翻译一部作品的名字，就要把整部作品作为参照。20 世纪 80 年代初，法国有一部著名的小说，原名叫“Fort Sagane”，曾荣膺法兰西学院小说大奖，有一位研究者没有读过整部作品，仅凭法语常见的义项和词语搭配，将之译为《勇敢的萨加纳》。但若以全书为参照，实际上被译者当作形容词的 fort 一词，在书中用作名词，意为“堡”，正确的译法应该是《萨加纳堡》。同样，我们所分析的《约翰·克利斯朵夫》开篇第一句中的词语，在整个作品中，也并不仅仅限于第一段。作品的下文中，我们会多次读到有关的甚至同样的词语和表达方式。仅仅开篇第一章，我们就至少可以读到五处有关 fleuve 的文字，而且都突出其声音。伴随着这重复回响的江声的，是文中也多次敲响的钟声和经久不息的风声。江声、钟声以及风声的经久不息，在原著中有着重要而深刻的含义。韩沪麟先生在《译序》中这样写道：“罗曼·罗兰天生是个音乐家，后来阴差阳错才走上了文学道路，于是他说他只能用‘文学形式来表现音乐’。我们在《约翰·克利斯朵夫》中，就可感觉到音乐在全书中占有的分量了。在本书的开篇，音响的三个元素：河流、风和大钟唤醒了刚刚出世的克利斯朵夫，尔后，音乐又伴随了他整整一生……”[1] 罗曼·罗兰在写于 1921 年 7 月 1 日的原著序言中，也明确表示在全书的第一册中，他着重描写的是克利斯朵夫的感觉与感情的觉醒，而书中反复出现的江声在主人公的觉醒中，则起到了重要的作用。第一章中有这样一段描述：

> 江声浩荡。万籁俱寂，水声更宏大了；它统驭万物，时而抚慰着他们的睡眠，连它自己也快要在波涛中入睡了；时而狂嗥怒吼，好似一头噬人的疯兽。然后，它的咆哮静下来了：那才是无限温柔的细

1　韩沪麟：《译序》，载罗曼·罗兰《约翰·克利斯朵夫》（全三册），韩沪麟译，南京：译林出版社，2000 年，第 11 页。

语，银铃的低鸣，清朗的钟声，儿童的欢笑，曼妙的清歌，回旋缭绕的音乐。伟大的母性之声，它是永远不歇的！它催眠着这个孩子，正如千百年来催眠着以前的无数代的人，从出生到老死；它渗透着他的思想，浸润着他的幻梦，它的滔滔汩汩的音乐，如大氅一般把他裹着，直到他躺在莱茵河畔的小公墓上的时候。（傅雷，1990：31—32）

如果说开篇第一句，我们对江声的认识还只是停留在感性的层面，那么在此处，我们听到的江声却已然超越了客观的事物性范畴，进入具有象征意义的情感世界。罗曼・罗兰在 1931 年为他的作品写过一篇很长的引言，在引言中他说他要把小说的主人公“扎根在莱茵河以西地域的历史之中”。在约翰・克利斯朵夫的生命中，莱茵河的位置是不可替代的。伴随着英雄一生的，是永不停息的莱茵河发出的母性之声。在洋洋一百余万言的《约翰・克利斯朵夫》的末章，我们又听到了这母性之声的回荡：

Le grondement du fleuve monte derrière la maison... Christophe se retrouve accoudé, à la fenêtre de l'escalier. Toute sa vie coulait sous ses yeux, comme le Rhin. Toute sa vie, toutes ses vies, Louisa, Gottfried, Olivier, Sabine...[1]

尾声中，我们又一次读到了开篇的第一句：同样的词语，同样的句式。傅雷也还之以同样的译文：

江声浩荡，自屋后上升……克利斯朵夫看到自己肘子靠在楼梯旁边的窗槛上。他整个的生涯像莱茵河一般在眼前流着。整个的生涯，所有的生灵，鲁意莎，高脱弗烈特，奥里维，萨皮纳……（傅雷，1990：457）

在对照傅雷的译文与原文的同时，我们也对许渊冲和韩沪麟两位先

1 Romain Rolland, *Jean-Christophe*(Paris: Albin Michel, 1930), p. 483.

生的译文做出了双重比较：与原文的比较以及译文前后译法的比较。有趣的是，在比较中我们发现：在完全重复的原文中，我们读到的是前后并不一致的译文。许渊冲先生开篇第一句的译文为“江流滚滚，震动了房屋的后墙”；而全书末章中同样的句子却被译作“汹涌澎湃的江水声从房屋后面升起……”，末章的译文明显与原文贴近了许多。韩沪麟的译文，则由“屋后江河咆哮，向上涌动”，转变为“屋后的江涛轰鸣”，monter 一词没有译出。对于这样的处理方法，有心的读者一定会做出自己的评价：也许是他们的一种自觉的追求，也许是他们的无意的疏忽。然而，就阐释的角度而言，如果译者在翻译全书的过程中，忽视了在全书中明显具有特别意义的某些词语的重复及其价值，就不能不说是种遗憾了。傅雷先生对贯穿了约翰·克利斯朵夫整个生命的莱茵河，对在约翰·克利斯朵夫生命中永不停息的浩荡江声，有着自己深刻的理解。他在 1940 年为译文第二卷所写的长篇《译者弁言》中谈到过自己的认识：“这部书既不是小说，也不是诗，据作者的自白，说它有如一条河。莱茵这条横贯欧洲的巨流是全书的象征。所以第一卷第一页第一句便是极富于音乐意味的、包藏无限生机的‘江声浩荡……’”（傅雷，1990：10）至此，我们也许会对傅雷“江声浩荡”四个字的力量，有了更为深刻而全面的了解。他译的这四个字，并没有仅仅局限于原文的字面意义，也没有囿于与该句紧密相连的第一段文字，而是基于其自身对原作的整体理解与把握，基于对原作者意图和本文意图的辩证关系与内在联系的领悟，达成了译者与原作者视野与思想的沟通和融合，加之他在译文字句上所追求的音乐感和力度，使他的译文得到了广大中国读者的认可，在译者与读者的共鸣中，前后呼应，达到了永不停息地“江声浩荡”。

五、本节结语

在本节，我们围绕《约翰·克利斯朵夫》开篇第一句的翻译，从多个角度进行了或许过于细致的分析。由于分析的只是全文第一句的翻译，因此不能将其作为对傅雷、许渊冲与韩沪麟三个译本全文进行评价的依据。实际上，与傅雷的译本相比，许渊冲与韩沪麟的译本作为新译，价值是十分明显的，其作用不可否认。正如韩沪麟在《译序》中所说的，“当今，无论在国内还是国外，真正有价值的名著都不止一个译本，这样可以使不谙原文的读者从比照中加深理解、体会原著的原意和风貌”[1]。此外，上述文字作为翻译文本批评的一种尝试，我们有着双重的目的：一是通过这样的批评，为从事文学翻译的同行提供一点具有实践价值的参照；二是试图突破时下批评中常见的“正误性批评”与“感悟性批评”，为翻译批评提供某种方法论的参照。

第五节　从傅译文本看傅雷的翻译诗学思想
——以《老实人》第三章为例[2]

《老实人》的作者伏尔泰是法国18世纪著名的思想家、文学家。由于该部小说的创作年代与创作背景，它更多地被视作一部哲理小说和教育小说，即，伏尔泰以文学的形式阐述他的哲学理念和思想，并希望以此给当时的欧洲社会，尤其是欧洲青年，敲一记警钟。在《老实人》的创作时期，欧洲正流行莱布尼茨的“先天和谐”论，声称一切事物的存在不仅有理由，而且是最好的存在方式，而我们生存的世界是一切可能的世界中最好的世界。伏尔泰在小说中批判的，正是这种荒诞的“先天和谐”论和天真的乐天观，指出合理、完美并不是世界的本质，个人只有通过自身努力，才能获得幸福。伏尔泰以《老实人》的主角“老实人”的经历诠释了自己的这种理念：信奉“先天和谐”的“老实人”在进入社会后，因自己可笑的信念遭受了诸多失败，在历经磨难之后，他终于认清了世界的真实面貌，摆脱了年轻时无知的信仰和天真的幻想，在工作中找到了满足感和幸福感，并在小说末尾发出了著名的“种咱们的园地要紧”的感慨。

基于小说强烈的哲理性和教育意义，人们在解读伏尔泰的《老实人》时，往往首先关注其思想内涵。然而，我们认为，这部篇幅不长的小说之所以能够在诞生了几百年之后的今天仍然受到中西方读者的青睐，一方面是因为，小说的主题在不同时代中都具有普遍的现实意义；另一方面也是因为，小说自身具有独特的艺术特色与魅力。本节，我们将尝试以小说第三章为例，在欣赏《老实人》创作特色的同时，深入分析傅译文本中所体

1　韩沪麟：《译序》，载罗曼·罗兰《约翰·克利斯朵夫》（全三册），韩沪麟译，南京：译林出版社，2000年，第24页。

2　曹丹红参与了本节的撰写。

现出的傅雷的翻译诗学思想。

一、《老实人》第三章分析

CHAPITRE TROIS
COMMENT CANDIDE SE SAUVA D'ENTRE LES BULGARES, ET CE QU'IL DEVINT

Rien n'était si beau, si leste, si brillant, si bien ordonné que les deux armées. Les trompettes, les fifres, les hautbois, les tambours, les canons, formaient une harmonie telle qu'il n'y en eut jamais en enfer. Les canons renversèrent d'abord à peu près six mille hommes de chaque côté; ensuite la mousqueterie ôta du meilleur des mondes environ neuf à dix mille coquins qui en infectaient la surface. La baïonnette fut aussi la raison suffisante de la mort de quelques milliers d'hommes. Le tout pouvait bien se monter à une trentaine de mille âmes. Candide, qui tremblait comme un philosophe, se cacha du mieux qu'il put pendant cette boucherie héroïque.

Enfin, tandis que les deux rois faisaient chanter des Te Deum chacun dans son camp, il prit le parti d'aller raisonner ailleurs des effets et des causes. Il passa pardessus des tas de morts et de mourants, et gagna d'abord un village voisin; il était en cendres: c'était un village abare que les Bulgares avaient brûlé, selon les lois du droit public. Ici des vieillards criblés de coups regardaient mourir leurs femmes égorgées, qui tenaient leurs enfants à leurs mamelles sanglantes; là des filles éventrées après avoir assouvi les besoins naturels de quelques héros rendaient les derniers soupirs; d'autres, à demi brûlées, criaient qu'on achevât de leur donner la mort. Des cervelles étaient répandues sur la terre à côté de bras et de jambes coupés.

Candide s'enfuit au plus vite dans un autre village: il appartenait à des Bulgares, et des héros abares l'avaient traité de même.

Candide, toujours marchant sur des membres palpitants ou à travers des ruines, arriva enfin hors du théâtre de la guerre, portant quelques petites provisions dans son bissac, et n'oubliant jamais Mlle Cunégonde. Ses provisions lui manquèrent quand il fut en Hollande; mais ayant entendu dire que tout le monde était riche dans ce pays-là, et qu'on y était chrétien, il ne douta pas qu'on ne le traitât aussi bien qu'il l'avait été dans le château de monsieur le baron avant qu'il en eût été chassé pour les beaux yeux de Mlle Cunégonde.

Il demanda l'aumône à plusieurs graves personnages, qui lui répondirent tous que, s'il continuait à faire ce métier, on l'enfermerait dans une maison de correction pour lui apprendre à vivre.

Il s'adressa ensuite à un homme qui venait de parler tout seul une heure de suite sur la charité dans une grande assemblée. Cet orateur, le regardant de travers, lui dit:«Que venez-vous faire ici? Y êtes-vous pour la bonne cause?»

—«Il n'y a point d'effet sans cause,» répondit modestement Candide, «tout est enchaîné nécessairement et arrangé pour le mieux. Il a fallu que je fusse chassé d'auprès de Mlle Cunégonde, que j'aie passé par les baguettes, et il faut que je demande mon pain jusqu'à ce que je puisse en gagner; tout cela ne pouvait être autrement.»

—«Mon ami,» lui dit l'orateur, «croyez-vous que le pape soit l'Antéchrist?»

—«Je ne l'avais pas encore entendu dire,» répondit Candide; «mais qu'il le soit ou qu'il ne le soit pas, je manque de pain.»

—«Tu ne mérites pas d'en manger,» dit l'autre; «va, coquin, va, misérable, ne m'approche de ta vie.» La femme de l'orateur, ayant mis la tête à la fenêtre et avisant un homme qui doutait que le pape fût antéchrist, lui répandit sur le chef un plein... O ciel! à quel excès se porte le zèle de la religion dans les dames!

Un homme qui n'avait point été baptisé, un bon anabaptiste,

nommé Jacques, vit la manière cruelle et ignominieuse dont on traitait ainsi un de ses frères, un être à deux pieds sans plumes, qui avait une âme; il l'amena chez lui, le nettoya, lui donna du pain et de la bière, lui fit présent de deux florins, et voulut même lui apprendre à travailler dans ses manufactures aux étoffes de Perse qu'on fabrique en Hollande. Candide, se prosternant presque devant lui, s'écriait: «Maître Pangloss me l'avait bien dit que tout est au mieux dans ce monde, car je suis infiniment plus touché de votre extrême générosité que de la dureté de ce monsieur à manteau noir et de madame son épouse. »

Le lendemain, en se promenant, il rencontra un gueux tout couvert de pustules, les yeux morts, le bout du nez rongé, la bouche de travers, les dents noires, et parlant de la gorge, tourmenté d'une toux violente et crachant une dent à chaque effort.[1]

这段文字描写了保加利亚人和阿伐尔人的战争，以及老实人从两军交锋的战场中逃离后，流浪到荷兰的经历。从这段文字来看，伏尔泰的写作特色至少表现为以下几个方面：首先，以总体风格论，这段文字体现了伏尔泰一贯幽默尖锐的文风，伏尔泰的文字之所以具有强烈的抨击性，很大程度上得益于幽默讽刺这一有力武器，傅雷就曾评价伏尔泰的作品“句句辛辣，字字尖刻”（怒安，2005：9）。在我们本节所选取的《老实人》第三章中，伏尔泰或以夸张的口吻描述两支军队的面貌[2]，或以平淡的语气描述极为惨烈的战争[3]。其中，对于“先天和谐”论、对于无能的哲学家

---

1 Voltaire, *Candide* (Paris: EDDL, 1996), pp. 11—13.

2 例如第一段中：“Rien n'était si beau, si leste, si brillant, si bien ordonné que les deux armées. Les trompettes, les fifres, les hautbois, les tambours, les canons, formaient une harmonie telle qu'il n'y en eut jamais en enfer.”。（再没有什么比这两支军队更漂亮、更敏捷、更耀眼、更有秩序的了。喇叭、笛子、长箫、战鼓和大炮构成了一支协奏曲，就连地狱中也找不到如此美妙的音乐。——笔者译，下同）

3 例如对于第一段中两军交战之激烈，双方死伤人数之多，伏尔泰只是用三句话表述：“Les canons renversèrent d'abord à peu près six mille hommes de chaque côté; ensuite la mousqueterie ôta du meilleur des mondes environ neuf à dix mille coquins qui en infectaient la surface. La baïonnette fut aussi la raison suffisante de la mort de quelques milliers d'hommes. Le tout pouvait bien se monter à une trentaine de mille âmes.”。（大炮首先撂倒了各方约六千人，随后，枪队又从这个至善至美的世上带走了约九千到一万玷污地面的无赖。刺刀也成了几千人死亡的充分理由。死伤总数达三万余人。）

群体、对于狂热的宗教信仰者的影射[1]，以及对于几个言行不一的人物的描绘[2]，这些手段的共同作用，令作品的语调变得幽默且具有强烈的讽刺意味。

除此之外，小说在写作上还具有一些其他特色。从用词角度看，伏尔泰的文字朴实无华、简洁明快。一方面，伏尔泰的选词用字相对平实，比如第一段描写两支军队的雄伟气势，也只是用了“beau”（漂亮的）、“brillant”（耀眼的）、“ordonné”（有秩序的）等普通形容词；再比如整章所使用的动词，也都是法语中最常用的，可能连没有受过多少教育的妇孺都读得懂。另一方面，伏尔泰很少选用装饰性词汇，在第三章中，除了必要的两处描述（第一段中对于两军情况的描述，最后一段中对于老实人途中遇到的乞丐的描述），全文几乎没有出现一个品质形容词。由此，傅雷称赞伏尔泰的小说是“笔致清淡，干净素雅”（怒安，2005：9）的寓言体小说。

从句式上看，第三章以短促的简单句为主，即便使用了复合句的地方，也显得逻辑清晰，很少出现两重以上的复合。同时，伏尔泰还多次使用到类似于汉语中排比句的句式，增强了文本的节奏感。此外，伏尔泰所选取的词语音节均不长，多数为单音节或双音节词。这些技巧和手段，均使得伏尔泰的文字显得简短有力、干净利落、节奏明快。

从叙事手法看，《老实人》整体采用了传统的顺叙手法。然而，值得注意的是，《老实人》是一部篇幅不长的中篇小说。在这部中篇中，伏尔泰讲述了老实人从少年至中年的经历，由于故事的时长远远超过了叙事时间，这就迫使叙述者需要加快叙述节奏，而叙述节奏上的这种需求，又使得小说的明快节奏得到了进一步加强。

---

1 例如第一段中：“la mousqueterie ôta du meilleur des mondes environ neuf à dix mille coquins”，故意重复了“le meilleur des mondes”（一切可能的世界中最好的世界）。此外，“La baïonnette fut aussi la raison suffisante de la mort de quelques milliers d'hommes”中提到的“raison suffisante”（充分理由），以及第二段中“il prit le parti d'aller raisonner ailleurs des effets et des causes”提到的“des effets et des causes”（果与因）等都是对莱布尼茨“先天和谐”论的嘲讽。而第一段中“Candide, qui tremblait comme un philosophe...”（老实人像个哲学家那样发抖……）则是对哲学家的讽刺。同时，下文中描述老实人遭受一对教徒夫妇的恶劣对待，则是对教徒盲目的宗教热情及他们虚伪本质的无情讽刺。

2 例如老实人到了“富裕的、人人信仰基督教”的荷兰境内，因干粮已吃完，想向几个神情庄重（plusieurs graves personnes）的人乞讨，结果后者威胁要将他“送入教管所，教他如何做人”；当老实人想向一位在人前就“慈善”发表演说达一个小时之久的人乞讨时，又遭到了此人的驱赶。

最后，从形象塑造上来看，用词的朴实以及节奏的明快，并没有妨碍伏尔泰对各种形象的成功塑造。以小说第三章而论，形象的成功塑造来源于伏尔泰敏锐的观察力和丰富的想象力。敏锐的观察力使其能够抓住事物的精髓，单单凭借少数几个细节就可以展现事物的本质；而丰富的想象力又创造出意想不到的结果，令他的文字充满了戏剧性和幽默感。例如第二、三段中，伏尔泰描写了老实人来到被战火焚毁的阿伐尔人和保加利亚人的村庄时所目睹的惨烈场面。为了还原这一情景，伏尔泰用了几个形象，例如，第二段中“Ici des vieillards criblés de coups regardaient mourir leurs femmes égorgées, qui tenaient leurs enfants à leurs mamelles sanglantes ”（这边，身中多刀的老人眼睁睁看着他们被割断喉咙的妻子断气，婴儿还在她们怀里，噙着她们血淋淋的乳头），“là des filles éventrées après avoir assouvi les besoins naturels de quelques héros rendaient les derniers soupirs”（那边，满足了某些英雄需求后被刺破肚子的女孩正在咽气），以及“d'autres, à demi brûlées, criaient qu'on achevât de leur donner la mort”（另一些，被烧着了一半，正叫嚷着请别人结果他们的性命）。仅仅几个简短的句子，已经逼真地再现出战争所带来的灾难与恐慌。而最后一段中，伏尔泰对于乞丐的描写，更是形象生动：“un gueux tout couvert de pustules, les yeux morts, le bout du nez rongé, la bouche de travers, les dents noires, et parlant de la gorge, tourmenté d'une toux violente et crachant une dent à chaque effort”（一个叫花子，全身长满脓包，双目无神，鼻尖溃烂，嘴巴歪斜，牙齿乌黑，说话捏着嗓子，不时猛咳一阵，每次咳完都会吐出一颗牙齿）。八个结构相似的词组，生动地勾勒出一个浑身是病、穷困潦倒的乞丐形象，为下文老实人得知这是他的老师——从前风光无限的哲学家邦葛罗斯的真相，打下伏笔。

以上，我们针对《老实人》的总体风格及特点做了简要分析。那么，傅雷的译文又是怎样的呢？对于《老实人》这部中篇，傅雷是喜爱的，他自己曾经说：“我有个缺点：把什么事看得千难万难，思想保守很重，不必说出版社指定的书，我不敢承担，便是自己喜爱的作品也要踌躇再三。一九三八年译《嘉尔曼》，事先畏缩了很久，一九五四年译《老实人》，足足考虑了一年不敢动笔……”（怒安，2005：7—8）同时，他也曾表达过对于无法正确传译伏尔泰风格的担忧。[1]而正是出于对作品的喜爱，以及对作品负责任的态度，傅雷在译《老实人》时，"译文前后改过八道，原作的精神究竟传出多少还是没有把握"（怒安，2005：9）。以下，我们将通过傅译《老实人》第三章，对于傅雷的翻译诗学思想一探究竟。

二、傅译《老实人》第三章分析

第三章

老实人怎样逃出保加利亚人的掌握，

以后又是怎样的遭遇

两支军队的雄壮、敏捷、辉煌和整齐，可以说无与伦比。喇叭、横笛、长箫、军鼓、大炮，合奏齐鸣，连地狱里也从来没有如此和谐的音乐。先是大炮把每一边的军队轰倒六千左右；排枪又替最美好的世界扫除了九千到一万名玷污地面的坏蛋。刺刀又充分说明了几千人的死因。总数大概有三万上下。老实人像哲学家一样发抖，在这场英勇的屠杀中尽量躲藏。

两国的国王各自在营中叫人高唱吾主上帝，感谢神恩；老实人可决意换一个地方去推敲因果关系了。他从已死和未死的人堆上爬过去，进入一个邻近的村子，只见一片灰烬。那是阿伐尔人的村庄，被保加利亚人依照公法焚毁的。这儿是戳满窟窿的老人，眼睁睁地看着他们被杀的妻子，怀中还有婴儿衔着血污的奶头；那儿是满足了英雄们的需要，被开肠破肚的姑娘，正在咽最后一口气；又有些烧得半死不活的，嚷着求人结果他们的性命。地下是断臂折腿，旁边淌着脑浆。

老实人拔步飞奔，逃往另外一个村子：那是保加利亚人的地方；

1　例如在 1954 年 2 月 10 日写给傅聪的家书中，傅雷曾说："这几日开始看服尔德的作品，他的故事性不强，全靠文章的若有若无的讽喻。我看了真是栗栗危惧，觉得没能力表达出来。那种风格最好要必姨、钱伯母那一套。我的文字太死板，太'实'，不够俏皮，不够轻灵。"（参见傅雷，2008b：22）而在同年 5 月 5 日的家书中，傅雷又说："我自己愈来愈觉得肠子枯索已极，文句都有些公式化，色彩不够变化，用字也不够广。人民文学社要我译服尔德，看来看去，觉得风格难以传达，畏缩得很。"（参见傅雷，2002c：11）

阿伐尔人对付他们的手段也是一般无二。老实人脚下踩着的不是瓦砾，便是还在扭动的肢体。他终于走出战场，褡裢内带着些干粮，念念不忘地想着居内贡小姐。到荷兰境内，干粮完了；但听说当地人人皆是富翁，并且是基督徒，便深信他们待客的情谊决不亚于男爵府上，就是说和他没有为了美丽的居内贡而被放逐的时代一样。

他向好几位道貌岸然的人求布施，他们一致回答，倘若他老干这一行，就得送进感化院，教教他做人之道。

接着他看见一个人在大会上演讲，一口气讲了一个钟点，题目是乐善好施。他讲完了，老实人上前求助。演说家斜视着他，问道："你来干什么？你是不是排斥外道，拥护正果的？"老实人很谦卑地回答："噢！天下事有果必有因；一切皆如连锁，安排得再妥当没有。我必须从居内贡小姐那边被赶出来，必须挨鞭子。我必须讨面包，讨到我能自己挣面包为止。这都是必然之事。"演说家又问："朋友，你可相信教皇是魔道吗？"老实人回答："我还没听见这么说过；他是魔道也罢，不是魔道也罢，我缺少面包是真的。"那人道："你不配吃面包；滚开去，坏蛋；滚，流氓，滚，别走近我。"演说家的老婆在窗口探了探头，看到一个不信教皇为魔道的人，立刻向他倒下一大……噢，天！妇女的醉心宗教竟会到这个地步！

一个未受洗礼的，再浸礼派信徒，名叫雅各，看到一个同胞，一个没有羽毛而有灵魂的两足动物，受到这样野蛮无礼的待遇，便带他到家里，让他洗澡，给他面包、啤酒，送他两个弗洛冷，还打算教老实人进他布厂学手艺，布厂的出品是在荷兰织造，而叫作波斯呢的一种印花布。老实人差不多扑在他脚下，叫道："邦葛罗斯老师早告诉我了，这个世界上样样都十全十美；你的慷慨豪爽，比着那位穿黑衣服的先生和他太太的残酷，使我感动多了。"

第二天，他在街上闲逛，遇到一个化子，身上长着脓疱，两眼无光，鼻尖烂了一截，嘴歪在半边，牙齿乌黑，说话逼紧着喉咙，咳得厉害，呛一阵就掉一颗牙。[1]

1 服尔德：《老实人》，载傅雷译《傅雷译文集》（第十二卷），合肥：安徽人民出版社，1983 年，第 15—17 页。（服尔德，现通译为"伏尔泰"，本书保留傅雷原译，不做改动，下文同。——编注）

首先，在用词上，傅雷一般选用汉语中较常用的词汇和短语，例如将“rendaient les derniers soupirs”（断气）、“bissac”（行囊）、“provisions”（食物）、“demanda l'aumône”（乞讨）、“gueux”（流浪汉）分别翻译成“咽气”“褡裢”“干粮”“布施”“化子”等地道的甚至具有古意的汉语，尽管这一翻译可能会令读者产生在读旧小说的错觉，但也容易在读者心目中创造形象。其次，傅雷的选词简洁精当，时常是寥寥数笔就勾勒出一个丰富的形象，这与傅雷深厚的文学造诣密不可分。例如，原作中普通的“regardaient”（看）、“criaient”（叫）、“ne douta pas”（不怀疑）、“zèle de la religion”（宗教热情）、“se prosternant”（匍匐、拜倒）等词，经过傅雷的译笔，顿时就变成了“眼睁睁地”“嚷着”“深信”“醉心”“扑”。“眼睁睁地”一词生动地刻画出战场上看着妻子死去而自己却无能为力的男人的绝望心理，“嚷着”再现了身受重创、生不如死的女孩求死心切的惨景，而“扑”字同样生动地表现出困境中获救的老实人无比感激恩人的心情。相较于原文，译文的选词更具色彩，而这种选择并不是译者对原作的粗暴窜改，恰恰相反，它是译者“精读熟读原文，把原文的意义、神韵全部抓住了”（怒安，2005：29）之后的自然选择，它令原作的精神准确生动地得到了再现。又如，最后一段对于化子外貌的描写：“身上长着脓疱，两眼无光，鼻尖烂了一截，嘴歪在半边，牙齿乌黑，说话逼紧着喉咙，咳得厉害，呛一阵就掉一颗牙。”“烂”“歪”“逼紧”“呛”，仅仅几个简单的词语，却生动地将穷困潦倒、一身是病的乞丐形象再现了出来。此外，傅雷擅长使用四字结构。四字结构是中文的特色，一方面言简意赅，一方面又植根于中华文化，可以产生意想不到的译文效果。在第三章的译文中，四字结构包括了“半死不活”“断臂折腿”“拔步飞奔”“念念不忘”“道貌岸然”“乐善好施”“蛮横无理”等，分别对应“à demi brûlées”“bras et jambes coupés”“s'enfuit au plus vite”“n'oubliant jamais”“graves”“la charité”“la manière cruelle et ignominieuse”。以“à demi brûlées”为例，这个法语短语描写战场上着火的身体，火已经在身体上烧了一会儿，但人还没有被完全烧死，如此复杂的语义要用纯粹的中文表达出来，是对译者能力的极大考验，而傅雷却用一个简单的“烧得半死不活”十分恰当、准确地传达出了原意。

为了得到“纯粹之中文”，傅雷也在译文的句法构造上做出了努力。傅雷对于“句法”的理解实际包含了两重意义：一指原语言的造句习惯，一指原作者的造句特点。对于后一种“句法”，傅雷自然主张尽量尊重，而对前一种“句法”，傅雷则主张应当在熟读原文的前提之下大胆抛开。以我们此处的傅译第三章为例，傅雷抛开原语句法习惯，实现译文“纯粹之中文”的方法具体表现在：

首先，化典型的法文句式为接近汉语表达习惯的句式。以第一句“Rien n'était si beau, si leste, si brillant, si bien ordonné que les deux armées”为例。这句原本是法语中一个常见的比较句，而比较句一般的中文解释均为“比……更……”，所以很多译者或许都会将之译作“再没有什么比这两支军队更漂亮、更敏捷、更耀眼、更有秩序的了”。这样的译文虽然在理解上并无大的偏差，但在实际上有悖于中文的思维和表达方式，读起来也嫌拗口。而傅雷将其翻译为“两支军队的雄壮、敏捷、辉煌和整齐，可以说无与伦比”，以一个“无与伦比”突出军队的气势，不仅忠实地再现出原文所包含的“比较”意义和夸张口吻，而且避免了读音有些生硬的“更”字的多次重复，读起来也更加顺畅。又如，老实人在听到演说家诘问他是否相信教皇是魔道时，他回答说：“... mais qu'il le soit ou qu'il ne le soit pas, je manque de pain.”。原文是法语中很典型的让步从句，意即“不管他是不是魔道，我都缺少面包”，而傅雷却抛开了这种限制，译为：“他是魔道也罢，不是魔道也罢，我缺少面包是真的。”“……也罢，……也罢”的句式不仅完全传达出原作的意义，而且也使表达更符合中文的习惯，同时也更突显出口语的特征，而这也很好地解释了傅译对话尤显自然的原因。

其次，对于长句的合理处理。傅雷曾在致宋淇的信中谈到自己对于长句翻译的体悟：“长句并非不困难，但难的不在于传神，而在于重心的安排。长句中往往只有极短的一句 simple sentence，中间夹入三四个副句，而副句中又有 participle 的副句。在译文中统统拆了开来，往往宾主不分，轻重全失。为了保持原文的重心，有时不得不把副句抽出先放在头上，到末了再译那句短的正句。”（怒安，2005：26—27）以第三章第二段为例：“Ici des vieillards criblés de coups regardaient mourir leurs femmes égorgées, qui tenaient leurs enfants à leurs mamelles sanglantes; là des filles éventrées après avoir assouvi les besoins naturels de quelques héros rendaient les derniers soupirs."。此句是第三章中结构最为复杂的长句之一，中间穿插关系从句（也就是傅雷所说的副句）和不定式过去时等修饰限定成分。尽管这些句法结构在法语中都很常见，但对于一般的译者而言，如果硬要将就原作句法，或许只能获得支离破碎的译文；而高水平的译者或许能够还长句以长句，但是，傅雷本人也曾说过，翻译中既要将原作新奇的句法保留下来，又要确保其是纯粹之中文，"这一点当然不是容易做得到的，而且要译者的 taste 极高，才有这种判断力。老舍在国内是唯一采用西洋长句而仍不失为中文的唯一的作家"（怒安，2005：30）。谦虚谨慎的态度使傅雷在此处选择了他比较习惯的拆长句为短句的方法："这儿是戳满窟窿的老人，眼睁睁地看着他们被杀的妻子，怀中还有婴儿衔着血污的奶头；那儿是满足了英雄们的需要，被开肠破肚的姑娘，正在咽最后一口气。"这里，长句虽然被拆了，文气却并未受到破坏，译文也未产生累赘之感，因为拆解的方法并不是任意的，而是考虑到了原文的重心。可以说，傅雷的译文既保证了对原作精神的传达，也方便了译语读者的阅读，用傅雷自己的话来说，便是"我的译文的确比原作容易读"（怒安，2005：37）。

译文既然已经达到了纯粹之中文的标准，仿佛原作者的中文写作，因此离"神似"原作也就更近了一步，那么译文的通顺、优美有没有以忠实原作、再现原作精神为前提呢？即，伏尔泰的写作风格有没有在译文中得到体现呢？傅雷对伏尔泰的风格有准确的认识，指出其作品虽然"笔致清淡，干净素雅"，但却是"句句辛辣，字字尖刻"。以第三章为例，对比伏尔泰的原文与傅雷的译文，傅译用语朴素，无生冷词汇；通篇短促有力的句式，言简意赅的表达，四字结构的准确使用，都使译文同原文紧凑、明快的节奏相吻合；"两支军队的雄壮、敏捷、辉煌和整齐，可以说无与伦比。喇叭、横笛、长箫、军鼓、大炮，合奏齐鸣，连地狱里也从来没有如此和谐的音乐"等译文，充分还原了原作对两军气势的夸张描写和对战场气氛的夸张渲染；而译文用词的准确、丰富、色彩多变也使原文所塑造的种种形象在译文中得到了创造性的再现；同时人物对话的口语化倾向也保证了原文幽默滑稽风格的传达。句子结构的合理调整，连接词恰到好处的使用，使译文从头至尾贯穿着一种统一的气息，保持了译文的完整性和可读性。正如陈伟丰所言，“原著‘油滑’，译文亦‘油滑’，谓之‘忠实原文’。伏尔泰得心应手的战斗武器是‘讽刺’，他的描绘近似漫画，在他嬉笑、揶揄、嘲讽的笔下，作品呈现了一种滑稽的基调。傅译伏尔泰保持了原作冷嘲热讽、嬉笑怒骂的泼辣风格，是很‘传神’的”[1]。此外，罗新璋也曾评价傅雷的译文：“傅雷不仅译作宏富，尤以译文传神取胜。拿傅雷译文与法文原文对照，读到精彩处，原著字里行间的含义和意趣，在译者笔下颇能曲尽其妙，令人击节赞赏！”[2]而从《老实人》的译文来看，罗新璋的评价并没有言过其实！

三、本节结语

通过对比伏尔泰《老实人》片段与傅雷的译文，我们看到，傅雷的翻译诗学思想时刻影响着他的翻译实践活动，使他的译文在遣词造句等方面形成了独具特色而又稳定统一的风格，最终达到了译文“神似”原作的诗学效果。同时，从傅译作品对于中国读者的影响来看，“神似”的译文产生之后，会逐渐成为相对独立于原作的译入语文学作品，对译入语国家的文学甚至社会的发展起到一定的积极作用。

1　陈伟丰：《谈傅雷的翻译》，《翻译通讯》1983 年第 5 期，第 11 页。
2　罗新璋：《代序——读傅雷译品随感》，载怒安编著《傅雷谈翻译》，沈阳：辽宁教育出版社，2005 年，第 1 页。

第七章
傅雷翻译研究之新视角

前述六章，我们分别从不同侧面探讨了傅雷的翻译艺术。然而，在傅雷翻译研究不断推进的今天，我们是否业已穷尽了该项研究的方方面面？是否依然存在某些研究视角，可以成为我们亟待开垦的处女地？如果说，傅雷的翻译艺术所散发出的是永恒的光芒，那么，与之相关的翻译研究也理所应当拥有持久而鲜活的生命力。有鉴于此，本章各节将尝试以某些为我们所忽视的微小节点为入口，从一些相对新鲜的视角切入傅雷翻译研究，抛砖引玉，以期为目前的相关研究注入某些新的元素与思路。

第一节　傅译副文本研究[1]

根据我们目前的相关统计，国内对于傅雷及其译作的研究，主要包括两大方面：从傅雷译作本身入手的翻译研究，以及从傅雷家书、往来通信、文艺著述以及其子傅聪和傅敏访谈入手的翻译研究。相对于第一类研究的深入，第二类研究尚有较大的挖掘空间。因此，本节尝试从傅译序言、献辞等“副文本”切入，探讨傅雷的翻译观，作为对现有研究的一种有益补充。

本节此处所指的傅译“副文本”，包括傅雷撰写的 11 篇译者序（其中

1　修文乔参与了本节撰写。

包括2篇存目）、7篇译者弁言、7篇作品简介、2篇卷首/头语，以及各计1篇的译者附识、作者传略、题解、说明与译者献辞，另外还有傅雷为所译的《贝多芬传》而作的1篇附录。[1]以内容而论，上述文章可大致归为三类：第一类为介绍性文字，主要向读者说明原作者的生平及作品的风格、内容、人物、结构、特色等；第二类为阐释性文字，旨在向读者阐释译书的因由始末以及译名由来等；第三类为评论性文字，意在引导读者通过译作进行辩证式思考。而通过对上述“副文本”的爬梳整理，我们也发现，傅雷的翻译观正渗透于其文章的字里行间。

一、“副文本”中流露的翻译态度

首先，面对其所选译的原作，傅雷总是尊重与热爱的，态度谦逊而有礼。他认为，译者只有对原作怀揣一腔热忱，才能把自己的感情完全融入其中，完成高质量的译作。在《〈弥盖朗琪罗传〉译者弁言》中，傅雷称其为“一部不朽的原作”，并且认为为其“冠上不伦的序文是件亵渎的行为”（傅雷，1982卷11：149），因此只谨慎地做了关于版本、参考书目和注解的翻译说明。而在另一篇《〈贝多芬传〉译者序》中，傅雷写道：“疗治我青年时世纪病的是贝多芬，扶植我在人生中的战斗意志的是贝多芬，在我灵智的成长中给我大影响的是贝多芬，多少次的颠扑曾由他搀扶，多少的创伤曾由他抚慰……”（傅雷，2006b：604）由此可见其对该部作品的崇敬之情。

其次，对待翻译，傅雷总是谨严的。例如，为了翻译巴尔扎克的作

1　其中，11篇译者序分别为《菲列伯·苏卜〈夏洛外传〉译者序》、《〈各国古物保管法规汇编〉序》、《莫罗阿〈恋爱与牺牲〉译者序》、《巴尔扎克〈高老头〉重译本序》、《巴尔扎克〈高老头〉译者序》（存目）、《巴尔扎克〈赛查·皮罗多盛衰记〉译者序》、《巴尔扎克〈搅水女人〉译者序》、《巴尔扎克〈都尔的本堂神甫〉〈比哀兰德〉译者序》、《巴尔扎克〈幻灭〉译者序》（存目）、《丹纳〈艺术哲学〉译者序》、《罗曼·罗兰〈贝多芬传〉译者序》；7篇译者弁言分别为《莫罗阿〈人生五大问题〉译者弁言》《罗素〈幸福之路〉译者弁言》《杜哈曼〈文明〉译者弁言》《巴尔扎克〈贝姨〉译者弁言》《泰纳〈艺术论〉译者弁言》《罗曼·罗兰〈弥盖朗琪罗传〉译者弁言》《罗曼·罗兰〈约翰·克利斯朵夫〉译者弁言》；7篇作品简介分别为《巴尔扎克〈高老头〉简介》《巴尔扎克〈欧也妮·葛朗台〉简介》《巴尔扎克〈贝姨〉简介》《梅里美〈嘉尔曼〉〈高龙巴〉简介》《巴尔扎克〈夏倍上校〉〈奥诺丽纳〉〈禁治产〉简介》《巴尔扎克〈于絮尔·弥罗埃〉简介》《罗曼·罗兰〈约翰·克利斯朵夫〉简介》；2篇卷首/头语分别为《菲列伯·苏卜〈夏洛外传〉卷头语》《莫罗阿〈人生五大问题〉卷首语》；1篇译者附识为《莫罗阿〈服尔德传〉译者附识》；1篇作者传略为《〈文明〉作者杜哈曼传略》；1篇题解为《巴尔扎克〈禁治产〉题解》；1篇说明为《关于服尔德〈老实人〉一书的译名》；1篇译者献辞为《罗曼·罗兰〈约翰·克利斯朵夫〉译者献辞》；另1篇傅雷所作的附录为《附录：贝多芬的作品及其精神》。

品，他克服了当时国内资料短缺、通信技术落后的困难，通过海外亲友从伦敦、巴黎以及日本等地的大小书店和旧书摊搜集研究资料，又经过苏联辗转寄回国内。[1]而为了翻译《幻灭》，他则请友人宋淇从香港购买邮寄英译本（傅雷，2006a：293），并且亲自写信咨询巴尔扎克研究专家，同时还请老友柯灵“帮他搜集一些旧上海小报界的行话和口语”[2]。在《〈赛查·皮罗多盛衰记〉译者序》和《〈都尔的本堂神甫〉〈比哀兰德〉译者序》中，傅雷为读者撰写了详尽的作品分析等内容，其谨慎的翻译态度从中可见一斑。

此外，对于译作的大幅度修改乃至重译，也反映出傅雷严谨的翻译态度。在《〈约翰·克利斯朵夫〉简介》的文末，傅雷曾注明，“初译本是于十年前问世……兹由原译者全部重译，风格较初译尤为浑成”（傅雷，2006b：203）。而在《〈贝多芬传〉译者序》的注释当中，傅雷也申明，“这部书的初译稿，成于一九三二年……使我现在能全部重译，把少年时代幼稚的翻译习作一笔勾销”（傅雷，2006b：604）。至于修改的幅度和次数，在致宋淇的信中傅雷曾多次谈及：“《高老头》正在重改，改得体无完肤，与重译差不多”（傅敏，2005：25）；“翻译工作要做得好，必须一改再改三改四改。《高老头》还是在抗战期译的，一九五一年已重译一过，这次是第三次大修改了”（傅敏，2005：44）。除了不断地修改，傅雷还在许多细微之处展现出一名高素质译者的学术规范，再一次证实了其严肃认真的翻译精神。例如，在《〈服尔德传〉译者附识》以及《〈弥盖朗琪罗传〉译者弁言》等副文本中，傅雷都非常细致地标注了译文所依据的原作版本：“一九三五年巴黎 Gallimard 书店 nrf 版本”（傅雷，2006b：208），“原本第十一版全译”（傅雷，2006b：546），等等。

同时，傅雷一丝不苟、精益求精的谨严翻译态度，还表现在其对于译名的翻译上。这个在一般译者眼中或许根本算不上问题的问题，却得到傅雷的极大关注，成为其译作“副文本”当中经常提及的焦点。比如，在《〈人生五大问题〉译者弁言》中，傅雷指出，他因嫌原书名《情操与习尚》晦涩，故而改动了作品名称。而在《〈服尔德传〉译者附识》中，傅

1 金圣华：《傅雷与巴尔扎克》，载金圣华主编《江声浩荡话傅雷》，北京：当代世界出版社，2006 年，第 205 页。

2 柯灵：《怀傅雷》，同上，第 3 页。

雷也交代说，之所以不按照其他人把 Voltaire 译作福禄特儿，是因为（服尔德）这种译法已有实际应用，北平中法大学就有服尔德学院的存在。此外，在《关于服尔德〈老实人〉一书的译名》这篇说明中，傅雷解释了他之所以弃音译而采用意译，是因为这种译法更能传达出原作的风趣。而在《〈贝姨〉译者弁言》中，傅雷更是大费笔墨，通过一番繁琐的人物关系考证以及周密的中西称谓系统对比，详尽地阐释了该书译名的由来。同时，有关译名的统一问题，傅雷也曾在其译作的“副文本”当中多次提及。譬如，在《泰纳〈艺术论〉译者弁言》中，傅雷提出，“译名不统一的地方，当于将来全部完竣后重新校订”（傅雷，2006b：516）。他也曾特意撰写《对于译名统一问题的意见》一文，致函当时的人民文学出版社社长，系统地梳理了译名统一的各种问题，并整理出十余条意见，而这当中，无不体现出傅雷对待翻译谨小慎微的严肃态度。

二、“副文本”中表达的翻译思想

傅雷在 1951 年 9 月撰写的《〈高老头〉重译本序》中，提出了其“重神似不重形似”的“神似论”翻译思想，他认为“以效果而论，翻译应当像临画一样，所求的不在形似而在神似。以实际工作论，翻译比临画更难”（傅雷，2006b：215），因为“民族的 mentality 相差太远。外文都是分析的、散文的，中文却是综合的、诗的。这两个不同的美学原则使双方的词汇不容易拼凑”（罗新璋，1984：547），“中国人的思想方式和西方人的距离多么远。他们喜欢抽象，长于分析；我们喜欢具体，长于综合。要不在精神上彻底融化，光是硬生生地照字面搬过来，不但原文完全丧失了美感，连意义都晦涩难懂，叫读者莫名其妙”（傅敏，2005：10）。

同时，在此篇序言中，傅雷也提出了其“理想的译文仿佛是原作者的中文写作”的“翻译创作论”（傅雷，2006b：215）。他认为，成功的“译文必须为纯粹之中文，无生硬拗口之病”（傅敏，2005：56）。这里我们需要注意的一点是，傅雷所谓“纯粹之中文”，并非我们今天所言的白话文。因为在当时，白话文正处于新兴的成长阶段，尚缺乏固定的规则与完备的体系，因此并不足以表达外国文字的丰富和变化，相比较而言，“文言在这一点上比白话就占便宜”（罗新璋，1984：547）。这也就解释了，为何傅译作品总是展现出古雅的韵味，并且傅雷也常常鼓励宋淇、罗新璋等译界友人阅读旧小说，以“充实词汇，熟悉吾国固有句法及行文习惯”（傅雷，2006b：57）。

三、“副文本”中传达的读者意识

一名优秀的译者不仅要具备扎实的语言功底、较高的文学修养，而且应时时把读者放在心中。而从傅译作品的“副文本”出发，可以看出，傅雷恰恰就是这样一位以关注读者、引导读者、对读者负责为己任的译者。

正如前文所述，傅雷曾改《情操与习尚》为《人生五大问题》，因为他嫌原名晦涩，不利于读者理解，“故擅为改译今名，冀以明白晓畅之标题，益能引起读者注意云耳”（傅雷，2006b：206）。在《〈恋爱与牺牲〉译者序》中，傅雷也提到，此书初版时名为《曼伊帕或解脱》，后来在另一版本中改名《幻想世界》，而改成现在这个名字是译者为了“使中国读者易于了解”。从中我们可以窥见，傅雷一切“以便读者”（傅雷，2006b：208）的读者中心意识。

如果说，上述例证所体现出的是傅雷在翻译体例上的为读者着想，那么，下述例证则是傅雷从精神层面上关注读者的真实写照。《夏洛外传》一书的出版过程几经挫折，“碰了几家书店经理的钉子”，最终傅雷“决计独自把他诞生下来”（傅雷，2006b：200），因为，“夏洛……是你，是我，是他，是一切弱者的影子。……夏洛是一个现世所仅有的天真未凿，童心犹在的真人。……夏洛是世间最微贱的生物，最高贵的英雄”（傅雷，2006b：201—202）。夏洛是中华民众的化身，是所有读者的化身。在1933年那个风雨飘摇的时代，人文主义者傅雷热切关注民生，对广大民众寄予了深厚的同情，他希望通过翻译唤醒沉睡的百姓，鼓舞他们的勇气和智慧。[1] 而傅雷之所以选译罗曼·罗兰的“巨人三传”，同样源自他对读者的深切关注。傅雷自身从贝多芬与命运不屈抗争的故事中汲取了强大的力量，他说：“我不敢把这样的启示自秘，所以十年前就移译了本书。现在，阴霾遮蔽了整个天空，我们比任何时候都更需要精神的支持，比任何时候都更需要坚忍、奋斗、敢于向神明挑战的大勇主义。”（傅雷，2006b：604）同样，在《〈弥盖朗琪罗传〉译者弁言》中，傅雷也表达了相同的译书动机：“移译本书的意

1 谢天振、李小均：《傅雷——那远逝的雷火灵魂》，北京：文津出版社，2005年，第98页。

念是和移译《贝多芬传》的意念一致的。”（傅雷，1982卷11：149）

另一方面，在傅译作品的“副文本”当中，也存在分析原作观点、立场，以及对某些问题进行深入探讨、剖析的大幅文字，从中体现出傅雷对读者加以引导的读者关怀。例如，在《〈赛查·皮罗多盛衰记〉译者序》中，傅雷首先追溯了作者的创作过程，而后结合作品内容对资本主义社会的剥削本质进行了批判，同时指出作者写作立场的局限性；在《〈都尔的本堂神甫〉〈比哀兰德〉译者序》中，傅雷先是阐明了原书名的来龙去脉，介绍主要情节，揭露作品主题，紧接其后抨击了君主政体和教会势力的腐朽黑暗，同时也对原作者封建立场的局限性提出批判；而在《〈艺术论〉译者弁言》中，除了作者、作品的相关介绍，傅雷还揭示出实证主义的局限性以及科学精神的片面性。以上例证中，先借鉴肯定后客观批判的写作手法，正对读者起到一种引导的作用。傅雷对原作的评论与分析，全部建立在其对原作和相关资料的精心阅读、理性思考之上，并由此引导读者从文本中抽离，对作品进行客观辩证的分析，认清作品的瑕瑜，取精去糟，他是在引导读者阅读，更是在引导读者进行思考。

四、本节结语

傅雷虚怀若谷的译德，认真谨严的译风，以及关注读者、引导读者、对读者负责的译旨，无不体现于其译作的“副文本”当中。由此，关注傅雷翻译作品背后的“副文本”，也就自然不失为傅雷翻译研究的一条曲径。

第二节　傅译英文作品研究

郑克鲁曾经评价朱生豪和傅雷为“中国近代翻译界的双璧”——“如果说朱生豪的翻译是英语译界的一面旗帜，那么傅雷的翻译就是法语译界的一个代表”[1]。事实上，傅雷不仅是法语翻译方面的巨擘，在英语翻译方面同样出类拔萃。然而，我们的现有研究往往只关注傅雷的法语翻译，对其英语翻译的探讨却寥寥无几。有鉴于此，本节拟以傅译《幸福之路》为

1　郑克鲁：《略论傅雷的翻译成就》，载傅敏编《傅雷谈翻译》，北京：当代世界出版社，2005年，第141页。

蓝本，尝试深入挖掘傅雷的英文翻译之路。

首先，我们以傅雷与曹荣湘、倪莎两个译本入手，撷取同一英文原文的两个不同中译文本，从对比分析中一窥傅雷英文翻译之艺术。

> 不快乐的许多最大的原因中，烦恼以次当推嫉妒。嫉妒是最普遍，根子最深的情欲之一。儿童未满一岁，即有这种表现，教养的人必须出以温柔谨慎的态度。在一个孩子前面露出些许对于另一孩子的偏爱时，那个被冷落的孩子立刻会察觉而且憎恨。因此凡有儿童的人务必保持分配平均的公道，且要绝对的、严格的、一成不变的公道。（傅雷译，2007：67）
>
> 使人不幸福的最主要的潜在原因，除了忧虑之外，下一个也许就是嫉妒了。嫉妒，可以说是人类最普遍、最根深蒂固的一种情感。我们可以很明显地从还不满一岁的幼儿那里发现这种心理，因而这种心理必须引起每一位教育工作者的充分的重视。对一个孩子表示些微的偏爱，而对另一个稍有冷落，这立即就会被后一个孩子觉察出来，并引起憎恨。一个家庭里如果有几个孩子，做父母的就必须对每个孩子都绝对公平、始终一贯。（曹荣湘、倪莎译，2005：28）

以上两段文字，均译自《幸福之路》中《论嫉妒》一节。以直观的字数而言，傅译更为简洁。而以文字风格论，傅译文白夹杂，平实洗练，而曹、倪之译则是典型的现代白话文，读来少了些许文字的亲近感。比如“烦恼以次当推嫉妒”之于“除了忧虑之外，下一个也许就是嫉妒了”，再比如“凡有儿童的人”之于“一个家庭里如果有几个孩子，做父母的……”，等等。无怪乎有论者认为，“以当时文坛情况而言，傅译的文笔可算是非常通俗、非常通畅、非常大众化了”[1]，而“无论古文、地方语、古典小说语言”，傅雷“都运用得相当广泛而自然，给译文增色不少”[2]。

其次，我们以傅译文本与英文原文做一比照，从中更进一步感受傅雷的英文汉译之魅力所在。

---

1 陈伟丰：《谈傅雷的翻译》，载傅敏编《傅雷谈翻译》，北京：当代世界出版社，2005 年，第 74 页。
2 郑克鲁：《略论傅雷的翻译成就》，同上，第 145 页。

> The desire that men feel to increase their income is quite as much a desire for success as for the extra comforts that a higher income can procure. However dull work may be, it becomes bearable if it is a means of building up a reputation, whether in the world at large or only in one's won circle.
>
> 人们的愿望增加收入，包含着两层意义，一是愿望成功，二是愿望以较多的收入来获得额外的安适。不管怎样无聊的工作，只消能赖以建立声名，不问在广大社会里的或自己的小范围里的声名，这件工作就挨受得了。(傅雷译，2007：182)

上文出自《幸福之路》的《论工作》一节。翻译中傅雷并不主张字字对译，他所追求的是“顾其义而传其神”的境界，而该段傅译正体现出傅雷“超以象外，得其环中”的翻译思想。例如，译文中“包含着两层意义”并不是逐字对译的结果，然而原文中又确实存有表达增加收入愿望的两层意义，于是傅雷增译了此部分内容，使原文的含义与内在逻辑都更加明晰化。此外我们也注意到，上述译文中“只消”和“挨受”两个词，再次体现出文白夹杂的味道。诚如有论者所指出的，傅雷所理想的文学语言范型为：文言 + 方言 − 新文艺腔 = 文学语言[1]。

另一方面，傅雷重“神”。“傅译以传神为特色，成就较高，传布较广，自成一种译派。”[2]比如傅译巴尔扎克，“脉理清晰、层次清楚，可以毫不夸张地说，傅译本超出了原著的语言水平”，“翻译家在文字上如能既‘传神’，又超过原作，这真是原文作者和译本读者求之不得的大好事呢！”。[3]此外，傅雷倡导翻译的语言创新，提倡使用现代白话文，认为“为创造中国语言，加多句法变化等等，必要在这一方面去实验”，同时指出“这个工作尤其是翻译人的工作”(傅敏，2005：23—24)。例如，在谈到句法翻译时，傅雷认为，“无论如何，要叫人觉得尽管句法新奇而仍不失为中文”(傅雷，2005：24)。以下，我们以傅译《幸福之路》的具

1　王宏印：《中国传统译论经典诠释——从道安到傅雷》，武汉：湖北教育出版社，2003 年，第 210 页。

2　罗新璋：《代序——读傅雷译品随感》，载傅敏编《傅雷谈翻译》，北京：当代世界出版社，2005 年，第 5 页。

3　陈伟丰：《谈傅雷的翻译》，同上，第 74 页。

体文本为切入点，对此加以探讨。

> 例 1：成人若要和自己的儿女维持一种快乐的关系，或给予他们一种快乐的生活，必得对为人父母的问题深思熟虑一番，然后贤明地开始行动。家庭的问题太广大了，本书只能把它涉及幸福的部分加以讨论。（傅雷译，2007：162）
>
> 例 2：以社会上的优裕阶级来说，有两个原因使女人觉得为人父母是一件比从前沉重得多的担负。这两个原因是：一方面是单身女子的能够自力谋生，一方面是仆役的服务远不如前。在古老的日子，女人的结婚是处女生活难以挨受所促成的。那时一个少女不得不在经济上仰给于父母，随后再仰给于心中不甚乐意的兄弟。（傅雷译，2007：163）

例 1 中，“贤明地开始行动”，“贤明”一词通常作形容词，此处却被用作副词修饰动词词组“开始行动”，读来稍嫌唐突。而在上文《论工作》的译文中，也有类似情况：“一是愿望成功，二是愿望以较多的收入来获得额外的安适”。其中，名词“愿望”被当作了动词使用，意义相近于“希望”。此外，还有“问题太广大”中，“广大”与“问题”的搭配，在今天看来显然有失妥当。例 2 中，“一方面是单身女子的能够自力谋生”“女人的结婚是处女生活难以挨受所促成的”，两处中的“的”字，删去并不影响语义，但傅雷为什么会选择对此加以保留呢？想来这大概也是他在翻译过程当中，有意学习西方语言结构的一种尝试。诚如他本人所言，为了中国语言的发展，硬着头皮“去实验”是且尤其是“翻译人的工作”。

由此，通过本节对傅译《幸福之路》片段的分析，我们看到，傅雷的英文翻译同样臻于完美，其深刻的翻译观同样指导着其英文的翻译实践，而其致力于完善汉语语言的努力，同样贯穿于其英文翻译的始终。

第三节　傅译“悲剧精神”研究

长期以来，围绕傅雷翻译文本选择的探讨，多集中于激发国人抗争勇气与意识的外部选择因素，以及契合译者自身性格、气质与喜好的内部选择因素两个方面。那么，此二者之外，是否存在第三方因素，制约或影响到傅译文本的选择之路？如果存在，较之于上述的外部选择因素与内部选择因素，该因素对于傅雷译本选择的影响程度有多大？同时，这一影响因子是显性地呈现于傅译作品当中，还是隐性地暗藏于傅雷译作的字里行间？

一、傅译作品主题概述

是否存在显性或隐性的第三方因素，成为傅译文本选择之路上的影响因子？若想就此问题给出一个圆满答案，则有必要首先对傅雷译作做一纵览式概观。

傅雷的主要译著共计30余部。其中，巴尔扎克的《人间喜剧》15部，包括《亚尔培·萨伐龙》（1944年2月译竣）、《高老头》（1944年12月初译；1951年7月重译；1963年9月再译）、《欧也妮·葛朗台》（1948年8月译竣）、《贝姨》（1951年5月译竣）、《邦斯舅舅》（1952年2月译竣）、《夏倍上校》（1954年1月译竣）、《奥诺丽纳》（1954年1月译竣）、《禁治产》（1954年1月译竣）、《于絮尔·弥罗埃》（1955年4月译竣）、《赛查·皮罗多盛衰记》（1958年4月译竣）、《搅水女人》（1959年12月译竣）、《都尔的本堂神甫》（1961年2月译竣）、《比哀兰德》（1961年2月译竣）、《幻灭》（1961—1964年译竣）及《猫儿打球号》（1965年11月译竣；译文在“文化大革命”期间被抄佚失）；罗曼·罗兰作品4部，即《名人传》（又称《巨人三传》），含《贝多芬传》（1932年初译；1942年重译；附《贝多芬的作品及其精神》）、《弥盖朗琪罗传》（1934年译竣）与《托尔斯泰传》（1934年译竣），以及《约翰·克利斯朵夫》（1—4卷）（1936—1941年初译；1952年重译）；服尔德作品3部，即《老实人》（1954年8月译竣）、《天真汉》（1954年8月译竣）与《查第格》及其他7个短篇（1956年3月译竣）；梅里美作品2部，即《嘉尔曼》（1953年7月译竣）与《高龙巴》（1953年7月译竣）；安德烈·莫罗阿作品3部，即《人生五大问题》（1935年译竣）、《恋爱与牺牲》（1935年译竣）与《服尔德传》（1936年4月译竣）；此外，还有菲列伯·苏卜的《夏洛外传》（1932年译竣）、罗素的《幸福之路》（1942年1月译竣）、乔治·杜哈曼的《文明》（1942年4月初译；1947年3月重译）、牛顿的《英国绘画》（1947年译竣）以及丹纳的《艺术哲学》(1958 年 6 月—1959 年 5 月译竣)等。

那么，上述所罗列的主要傅译作品，在选材、内容、主题等方面，是否具有某种共同的倾向性？如果答案是肯定的，这一倾向性又是否足够证明影响傅译文本选择的第三方因素的存在？为了回答上述问题，我们尝试由傅雷撰写的作品介绍、译者序言以及相关评论等层面入手考察，以期在第一手原始资料的基础之上，聆听傅雷先生亲自为我们解说他的译本选择之路。

我们将傅雷主要译著的内容与主题，以表格形式罗列如下：

表 1：主要傅译作品内容与主题

序号	译著名称	译著内容 / 主题[1]
1	《亚尔培 · 萨伐龙》	《亚尔培 · 萨伐龙》由两个不寻常的爱情故事交织而成。首先是比利时贵族的私生子亚尔培与意大利的前索但尼公主阿琪奥洛公爵夫人的爱情故事。他俩萍水相逢、一见钟情；但公主决意忠于比她年长五十岁的丈夫，只能与亚尔培相约**在丈夫死后实现他们的爱情**；当这对忠于誓约的恋人**由于第三者的破坏而发生误会**以后，**亚尔培断然出家修道**。这是**柏拉图式的爱情**。另一个是贵族小姐洛萨利对亚尔培的**单相思**。她的确挚爱着亚尔培。但正是她，为获得亚尔培的爱，**竟不择手段地葬送了他的幸福，自己也只落得悔恨终生**。这是**感情用事的爱情**。
2	《高老头》	小说《高老头》以 1819 年底到 1820 年初为时代背景，以伏盖太太的公寓和鲍赛昂子爵夫人的沙龙为舞台，通过退休面条商高里奥老头被他两个进入上流社会的亲生女儿遗弃，而最后穷死在伏盖公寓的阁楼里的**悲剧**；通过没落贵族子弟、青年野心家拉斯蒂涅从内地来到巴黎投靠表姊鲍赛昂夫人，在往上爬的过程中的见闻和经历，真实地勾画出了复辟王朝时期法国社会的一幅缩影。[2]
3	《欧也妮 · 葛朗台》	典型的守财奴葛朗台，……临死最后一句话，是叫女儿看守财产，将来到另一个世界上去向他交账。然而他一生积蓄的二千万家私，并无补于女儿的命运。**黄金的枷锁与不幸的爱情**，反而促成了欧也妮 · 葛朗台双重的**悲剧**。(傅雷，1982 卷 2：3)

1 该部分内容中的粗体，均为笔者所加。
2 编者：《出版说明》，载巴尔扎克《高老头》，傅雷译，北京：人民文学出版社，1963 年。

（续表）

序号	译著名称	译著内容 / 主题
4	《贝姨》	《贝姨》既是路易·腓列伯时代的一部风化史，又是淋漓尽致的一幕**悲喜剧**。（傅雷，1982 卷 5：3）
5	《邦斯舅舅》	邦斯舅舅是个旧时代的“遗迹”。小说一开始，便以极富象征和概括性的手法，为我们描绘了他那**悲剧性的外表**及这外表所兆示的**悲剧性的命运**。[1]
6	《夏倍上校》《奥诺丽纳》《禁治产》	《夏倍上校》《奥诺丽纳》《禁治产》三个中篇都以夫妇之间的**悲剧**为题材。三个品德卓越、人格超群的男子，却遭遇了**残酷的命运**。做妻子的为了虚荣、享乐、金钱、地位，不惜忍心害理，指丈夫为白痴（《禁治产》）；或竟斥为冒名顶替必欲置之死地而后快（《夏倍上校》）。奥诺丽纳是三个女性中最纯洁最严肃的一个，但因为追求想入非非的爱情，对人生抱着不可能的奢望，终于造成了**无可挽救的悲剧，与丈夫同归于尽**。（傅雷，1981 卷 1：3）
7	《于絮尔·弥罗埃》	本书描写法国 19 世纪 30 年代的一般小布尔乔亚贪婪成性，为了争夺遗产，不择手段，**几乎把一个天真无邪的少女作了牺牲品**。（傅雷，1982 卷 2：245）
8	《赛查·皮罗多盛衰记》	于是作者就写出一个在各方面看来都极平凡的花粉商，因为抱着可笑的野心，在兴旺发达的高峰上急转直下，一变而为**倾家荡产的穷光蛋**；但是“绝顶诚实”的德性和补赎罪过的努力，使他的**苦难**染上一些**殉道**的光彩。黄金时代原是他**倒霉的起点**，而最后胜利来到的时候，**他的生命也到了终局**。（傅雷，1982 卷 6：457）
9	《搅水女人》	巴尔扎克的《搅水女人》便是这样一个例子。大家知道，巴尔扎克最爱研究也最擅长塑造的人物，是有极强烈的情欲，在某个环境中**畸形地发展下去，终于变成人妖一般的男女**！（傅雷，1982 卷 3：292）
10	《都尔的本堂神甫》	琐碎无聊的小事所引起的仇恨不但**酿成一幕悲惨的戏剧**，还促发了内地贵族和布尔乔亚的党争，甚至影响到远在巴黎的政客。不管内容多么单调平凡，巴尔扎克塑造的人物，安排的情节，用极朴素而极深刻的手法写出的人情世故和社会的真相，使这个中篇成为一个**非常有力**和**悲怆动人**的故事，在《人间喜剧》中占着重要地位。（傅雷，1982 卷 3：4）

1　许钧：《〈邦斯舅舅〉译序》，载巴尔扎克《邦斯舅舅》，许钧译，南京：译林出版社，1995 年，第 1 页。

（续表）

序号	译著名称	译著内容 / 主题
11	《比哀兰德》	《比哀兰德》是另一情调的**凄凉的诗篇**，……以比哀兰德来说，周围大大小小的事故从头至尾造成她的**悲剧**，……比哀兰德不过是他们在向上爬的阶梯上**踩死的一个虫蚁而已**。……在并无感伤气质的读者眼中，与**比哀兰德的悲剧**平行的原是一场由大小布尔乔亚扮演的丑恶的活剧。（傅雷，1982 卷 3：5—6）
12	《幻灭》	一个是野心勃勃、贪图虚荣的青年诗人吕西安，妄想凭借自己的聪明和才华跨入巴黎上流社会，结果弄得**身败名裂，狼狈不堪地回到故乡**；一个是兢兢业业，心地纯朴，埋头于科学发明创造的实业家大卫，因为**敌不过阴险狡猾的资产阶级野心家而被迫放弃发明专利，隐居乡间**。[1]
13	《贝多芬传》 《弥盖朗琪罗传》 《托尔斯泰传》	罗曼·罗兰紧紧把握住这三位有着各自领域的艺术家的共同之处，着力刻画他们在**忧患困顿的人生征途上历经苦难**而不改初衷的心路历程，凸显他们崇高的人格、博爱的情感和广阔的胸襟，从而为我们谱写了一阕“**英雄交响曲**”。……《名人传》最突出的地方就是，多侧面地去表现传主们在身体上和精神上**遭受的磨难**，……贝多芬，米开朗琪罗，托尔斯泰，这些被罗曼·罗兰尊为英雄的人，他们或**受病痛的折磨**，或有**遭遇的悲惨**，或因**内心的惶惑矛盾**，或三者交叠加于一身，**深重的苦恼**，几乎窒息了呼吸，毁灭了理智。[2] 他所要的并不在此——真是**哈姆雷特式的悲剧**啊！赋有英雄的天才而没有实现的意志；赋有专断的热情，而并无奋激的愿望：这是多么**悲痛的矛盾**！……我在此所要叙述的**悲剧**，是一种**与生俱来的痛苦**，从生命的核心发出的，它毫无间歇地侵蚀生命，直到把生命完全毁灭为止。[3] 他要借伟人克服苦难的**壮烈悲剧**，帮我们担受残酷的命运。[4]

1 编者：《出版说明》，载巴尔扎克《幻灭》，傅雷译，北京：人民文学出版社，1978 年，第 1—2 页。

2 参见朱贤中、陈九文：《创造精神世界的太阳——〈名人传〉导读》，《中学生之友》2013 年第 36 期。

3 罗曼·罗兰：《〈弥盖朗琪罗传〉原序》，傅雷译，载许钧、宋学智编《走进傅雷的翻译世界：傅雷译文精选与评论》，北京：高等教育出版社，2008 年，第 103—104 页。

4 杨绛：《忆傅雷》，载金圣华编《傅雷与他的世界》，北京：生活·读书·新知三联书店，1996 年，第 18 页。

（续表）

序号	译著名称	译著内容 / 主题
14	《约翰·克利斯朵夫》	一个人唯有在这场**艰苦的战争**中得胜，才能打破青年期的难关而踏上成人的大道。儿童期所要征服的是物质世界，青年期所要征服的是精神世界。还有**最悲壮**的是现在的自我和过去的自我冲突：从前费了多少心血获得的宝物，此刻要费更多的心血去反抗，以求解脱。（罗曼·罗兰，1997：1）
15	《老实人》	据我们想象，老实人应当过着世界上最愉快的生活了。但他被犹太人**一再拐骗**，除掉那块分种田以外**已经一无所有了**：他的女人**一天丑似一天**，变得**性情暴戾**，谁都见了头痛；老婆子本来是残废的人，那时比居内贡脾气更坏。加刚菩种着园地，挑菜上君士坦丁堡去卖，**操劳过度，整天怨命**。邦葛罗斯因为不能在德国什么大学里一露锋芒，**苦闷不堪**。玛丁认定**一个人到处都是受罪**，也就耐着性子。[1]
16	《嘉尔曼》《高龙巴》	尤其是《嘉尔曼》。……这样**一个阴惨壮烈的悲剧**，作者却出之以朴素、简洁、客观、冷静的笔调，不加一句按语，不流露一点儿个人的感情。……《高龙巴》叙述高斯岛民**以眼还眼，以牙还牙的"讨血债"**的风俗，以恋爱故事作为穿插。（傅雷，1983 卷 13：3）
17	《人生五大问题》	在此人事剧变的时代，若将人类的行动加以观察，便可感到一种**苦闷无能的情操**。……这**悲剧**的原因之一，我以为是由于近代国家把组成纤维的基本细胞破坏了之故。[2]
18	《恋爱与牺牲》	因为总得付代价，故**必须要牺牲**：不是为了幻想牺牲现实，便是为了现实牺牲幻想。……艺术是幻想的现实，是永恒不朽的现实，是**千万人歌哭与共的现实**。……恋爱足以孕育创造力，足以产生**伟大的悲剧**，足以吐出千古不散的芬芳；然而但丁、歌德之辈寥寥无几。（傅雷，1983 卷 13：389）

1　伏尔泰：《老实人》，载傅雷译《傅雷译文集》（第十二卷），合肥：安徽人民出版社，1982 年，第 120—121 页。

2　安德烈·莫罗阿：《人生五大问题·论婚姻》，载傅雷译《傅雷译文集》（第十三卷），合肥：安徽人民出版社，1983 年，第 263 页。

（续表）

序号	译著名称	译著内容 / 主题
19	《夏洛外传》	夏洛是一个无家可归的浪人。在他漂泊的生涯中，除**受尽了千古不变的人世的痛苦**，如讥嘲，嫉妒，轻薄，侮辱，等等以外，更备尝了这资本主义时代所尤其显著的**阶级的苦恼**。……这微贱的流浪者，见了人——不分阶级地脱帽行礼，他懂得唯有这样才能免受白眼与恶打。……“我把这可怜的小流浪人，这怯弱、不安、挨饿的生物诞生到世上来的时候，原想由他造成一部**悲怆的哲学**，造成一个讽刺的，幽默的人物。”（傅雷，1984 卷 14：7—9）
20	《幸福之路》	现实的枷锁加在每个人身上，**大家都沉在苦恼的深渊里无以自拔**；我们既不能鼓励每个人都成为革命家，也不能压抑每个人求生和求幸福的本能，那么如何**在现存的重负之下挣扎出**一颗自由与健全的心灵，去一尝人生的果实，岂非当前最迫切的问题？（傅雷，1984 卷 14：112）
21	《文明》	假如战争是**引向死亡的路**，战争文学便是**描写死亡的文学**。这种说法，对《文明》似乎格外真切。……这样的一部战争小说集，简直是**血肉淋漓的死的哲学**。……可是作者是小说家，他知道现实从来不会单纯，不但沉沦中有伟大，**惨剧**中还有喜剧。……在那些**惨淡的岁月**与**悲壮的景色**之间，滑稽突梯，宛如群鬼的舞蹈。（傅雷，1984 卷 14：299—300）

从上述 26 部傅译作品的内容与主题分析来看，我们不难发现傅雷译作的一个共同倾向，即“悲剧”色彩。然而，傅译作品中“悲剧精神”的普遍性流露，仅仅是一种选择上的巧合吗？如果不是，那么这一共性的主题背后，又是否隐藏有某种译作选择上的动因？考察上述问题，我们还需正本溯源，回到傅雷的本身。

二、傅雷的“悲剧精神”

（一）童年的“悲剧”影响

1912 年，傅雷才满四岁，父亲受到土豪劣绅的诬陷被捕入狱，出狱后不久即因痨病去世。而在父亲被囚禁期间，母亲因为奔走营救父亲无暇照料年幼的孩子，导致傅雷的两个弟弟和一个妹妹相继死去，唯独傅雷侥幸活了下来。而这一切，恰恰构成了傅雷“悲剧”式童年的开端。

父亲的死，以及弟妹们的相继离世，使幼小的傅雷成为艰辛生活中母亲的唯一。于是，母亲对他寄予了生命中“不能承受之重”的期望，希望他能够出人头地，为屈死的父亲洗清冤恨。而这一股股期望所导致的直接结果，就是其母以一种近乎残酷的方式督促着傅雷的学习。

七岁时，母亲为傅雷请了第一位私塾先生。先生教书时，她就坐在一旁，手里做着针线活，眼睛却监视着傅雷的一举一动，不容许他有丝毫懈怠。有一次，傅雷逃学，极端失望之下的母亲，甚至打算先杀死儿子，再自杀。

自此之后，傅雷再也不敢逃学。不论酷暑还是严冬，始终青灯一盏，孜孜不倦地学习着。而如此苦读的结果，一方面造就了日后大写的傅雷，另一方面也迫使他过早地进入成人的世界。其母几近残忍的教育方式，不快乐的孤苦童年生活，塑造了傅雷孤独和郁郁寡欢的性格，同时也将由此而积淀下的“悲剧精神”注入傅雷的血液，使其成为伴随傅雷一生的隐性气质特征。[1]

（二）西方文化的“悲剧”影响

有论者称，“希腊的古典主义精神贯穿傅雷的整个艺术思想”[2]。虽然傅雷“所理解的古典精神‘是富有朝气的、快乐的、天真的、活生生的，像行云流水一般自由自在，像清冽的空气一般新鲜’”[3]，但是，“悲剧精神是人的理性和自然感性生命永远处于冲突之中而没有任何归结点并由此构成的一种命运。悲剧精神是整个欧洲乃至西方思想文化的特征之一”[4]，同时也是“深刻影响欧洲文明传统的希腊古典人文主义”[5]的要素之一。因此，如果说傅雷“崇尚希腊的古典主义精神”[6]，潜藏于其间的“悲剧精神”也就势必对他造成某种程度的影响。

1　参见李云雷：《听傅雷讲艺术》，西安：陕西师范大学出版社，2008 年，第 189—190 页。
2　同上，第 1 页。
3　同上。
4　华菊勇、熊育兰：《人与命运冲突下的悲剧精神——古希腊悲剧与西方人文主义文学的悲剧精神比较》，《电影文学》2007 年第 12 期，第 85 页。
5　黄伊梅：《希腊古典人文主义的内涵与特质》，《学术研究》2008 年第 12 期，第 39 页。
6　同 2。

另一方面，“在西方造型艺术的诸多流派中，傅雷尤为推崇意大利文艺复兴时期的艺术，特别是达·芬奇、米开朗琪罗和拉斐尔三位大师的艺术，他们对傅雷的影响也最大”[1]。那么，上述三位大师对于傅雷的影响主要在何处体现呢？以下，我们尝试以傅雷《世界美术名作二十讲》中的分析为依据，追踪三位大师在艺术领域对于傅雷的深刻影响。

表 2：三位大师主要作品之傅雷评析

艺术家	作品名称	傅评[2]
达·芬奇	《瑶公特》	因此这副眼神蒙着一层**怅惘的情绪**，与她的**似笑非笑的脸容**正相协调。……我们可以注意在似烟似雾的青绿色风景中，用了何等的艺术手腕，以黑发与纱网来**衬出这苍白的脸色**。(56)
	《最后之晚餐》	在这幕**简短的悲剧**中，有两个激动的时间。(59)
米开朗琪罗	《神创造亚当》	这幕中的**悲愁的气氛**又是什么？这是伟大的心灵的、大艺术家的、大诗人的、圣者的**悲愁**。是波提切利的圣母脸上的，是米开朗琪罗自己的其他作品中的**悲愁**。(86)
	《男女先知像》	而耶利米的表情，尤富**深思与悲戚的神气**，似乎是五百年后罗丹的《思想者》的先声。(87)
	《日》 《夜》	使这**痛苦的印象**更加鲜明的，还有这《日》的**拘挛**的手臂的姿势与双腿的交叉；《夜》的头**深深地垂向胸前**，胸部的**沉重**，思想也显得在大块的白石中**迷蒙**。……梅迪契是当日的统治者、胜利者，然而行动与默然的两个形象，和这胜利的意义并不如何协调，却与其他四座**抑郁悲哀的像**构成“和谐”。(93)
	《摩西》 《奴隶》	在这样一种**悲剧的失望**中，米氏给我们留下一尊《摩西》与两座《奴隶》。(104)

1 参见李云雷：《听傅雷讲艺术》，西安：陕西师范大学出版社，2008 年，第 3 页。

2 本表中所有傅评均出自傅雷：《世界美术名作二十讲》，北京：生活·读书·新知三联书店，2010 年。因此，出于行文简洁的考虑，表中所有引文均只在括号中标注出原文页码。该部分内容中的粗体，均为笔者所加。

（续表）

艺术家	作品名称	傅评
拉斐尔	《西斯廷圣母》	圣母与小耶稣的唇边都刻着悲哀的皱痕。……她的忧郁是哀念人类的悲苦。(113)
	《捕鱼奇迹》	他并不想用对照来引起一种强烈的感情；而努力在这幅画上造成一片和谐，以诞生比较静谧的情调。因此，一切举止、动作、衣褶、风景，都蒙着静谧的伟大性。这是史诗的方法，是拉丁诗人蒂德·李佛（Tite-Live）讲述罗马人，高乃依、拉辛讲他们的悲剧中的英雄的方法。(133)

通过表2，我们可以十分清楚地看到，尽管列奥纳多·达·芬奇、米开朗琪罗、拉斐尔“他们三个各有各的面目与精神，……列奥纳多的深，米开朗琪罗的大，拉斐尔的明媚，在文艺上各自汇成一支巨流”（傅雷，2010：105），但是，三位艺术大师作品中“悲剧”的精神与基调，却是普遍而一致的，而作为对于傅雷产生过深刻影响的大师们，他们身上的这种“悲剧”色彩，也必然会对傅雷的艺术观产生巨大影响。

事实上，“悲剧”式的童年经历，以及西方文化的“悲剧”式影响，确确实实造就了一个“悲剧”式的傅雷。“他知道自己不善在世途上圆转周旋，他可以安身的‘洞穴’，只有自己的书斋；他也像老鼠那样，只在洞口窥望外面的大世界。”[1]而傅聪更是一语中的地指出，“我从很小开始，就看到了灵魂痛苦的深渊，看到他内心的挣扎，以及生命的悲剧性。……在父亲狂暴一面的背后，我看到了难以置信的内心的煎熬与磨难”[2]。

从孤苦的童年直到生命完结的终点，伴随傅雷一生的，是浸入灵魂深处的“悲剧精神”，因为他从“一开始就是 martyr（烈士）的典型，这就是他的 Karma（命运）”[3]。由此，潜藏于傅雷命运当中的“悲剧精神”，势必成为影响其译作选择的隐性因子，于无形之中潜移默化地影响着他的一切翻译抉择。

1　杨绛：《忆傅雷》，载金圣华编《傅雷与他的世界》，北京：生活·读书·新知三联书店，1996年，第15页。

2　金圣华：《父亲是我的一面镜子——傅聪心目中的傅雷（傅聪访问记）》，同上，第70页。

3　同上，第72页。

三、本节结语

诚如有论者所言，“悲剧性作品不仅成为傅雷推崇的一种文类，它所包含的悲剧意识还被傅雷视作一种普遍的文学精神加以推广，成为评价文学创作的一种绝对标准”[1]。另一方面,傅雷又认为翻译是一种文学创作。因此，在他的翻译文本选择之路上，也就必然会将此种“悲剧精神”作为一种“绝对标准”“加以推广”。“这样，傅雷就在一个无论是时间还是空间都迥异西欧古典悲剧传统的20世纪中国文学的土壤上，重建与固守这一传统”[2]，从而也使“悲剧精神”成为影响其译本选择的最为根本的隐性因子。

1 刘锋杰:《创作个性与文学转型的误读——重读傅雷〈论张爱玲的小说〉》,《文艺理论研究》2000年第4期，第47页。

2 同上，第47—48页。

第八章
傅雷及傅译之启示与意义

前述各章分别就傅雷的翻译世界、傅雷的翻译诗学、傅雷的翻译风格、傅雷的翻译选择以及傅雷的翻译实践之个案等议题，进行了较为详尽的探讨。那么，在傅雷已然离开了我们半个多世纪后的今天，我们不断虔诚地研究傅雷，研究他的翻译作品以及他翻译思想的方方面面，其意义究竟何在呢？阅读傅雷、理解傅雷、品味傅雷，又会给我们今天的译界带来哪些启示，产生何种影响呢？本章拟就此作深入探究。

第一节　傅译巴尔扎克作品的启示

傅雷一生翻译了15部巴尔扎克作品，累计约250万字，其中不包括重译的《高老头》，有13部完成于解放后，因此可以说，巴尔扎克的著作构成了傅雷后半期翻译的重心。并且，由于傅雷的倾力，不少作品脍炙人口，深受读者喜爱。那么，在今天研读傅译巴尔扎克作品，又会带给我们怎样的启示呢？

一、谨严的翻译态度

为什么傅雷在后半期会主要选择翻译巴尔扎克作品？傅敏对此做过解释：他翻巴尔扎克作品主要是考虑当时国内的情况，翻译巴尔扎克作品最适合，如果不是在当时情况下，他不一定会翻巴尔扎克作品，但是他翻了，也很喜欢。[1]马克思和恩格斯对巴尔扎克以及《人间喜剧》都曾给予过肯定性的评价，然而傅雷发现，巴尔扎克也是个“思想极复杂、面目众多、矛盾百出的作家”（傅雷，2006a：737），因此对《人间喜剧》里的94部作品的挑选，便成了一名严肃的译者应当认真对待的问题。傅雷撇开《人间喜剧》里的“哲理研究编”和“分析研究编”，在可读性较强的“风俗研究编”中，“以吾国民族传统的伦理观、世界观作衡量”，剔去那些“既与吾国民族性格格不入，更与社会主义抵触”，“对吾国现代读者不仅无益，抑且甚难理解”的部头，挑选出“比较适合吾国读者的巴尔扎克的最优秀作品”“十余种”，纳入“巴尔扎克选集”，计划“以后每年至少要译一部巴尔扎克”（傅雷，2006a：652—653，589）。傅雷的选材标准和翻译计划，反映出他是一位非常严肃和极其负责任的译者，同时也反映出他对文化产品的精神作用有着甚为清醒的意识。

傅雷翻译作品的过程，简单地说，就是动笔之前的细细研究、动笔之中的苦苦推敲与动笔之后的精益求精。这种前期的研究活动既包括对原作的深入阅读，“不精读四五遍决不动笔”，也包括对原作涉及的专门知识的自我补课和向专家咨询。如译《赛查·皮罗多盛衰记》之前，傅雷就说：“这一本真是好书，……因里头涉及十九世纪法国的破产法和破产程序，……明年动手以前，要好好下一番功夫呢！”（傅雷，2006a：589）而这功夫一下就是两年！《幻灭》三部曲揭露了报界的黑暗，巴尔扎克在作品中把“藏在报纸专栏背后或报馆地下室里的忌才之徒”揪上了前台。为了译好《幻灭》，傅雷曾请求好友——当时《万象》期刊的主编柯灵，“帮他搜集一些旧上海小报界的行话和口语”；并对傅聪说，此书“内容复杂，非细细研究不能动笔”（傅雷，2006a：293）。傅雷曾在致函人民文学出版社时庄重指出：“假如认为翻译可以无须准备酝酿，那是把翻译活动的实质看得太简单了。”（傅雷，1998a：618）对待翻译，傅雷总是反复地琢磨，倾心倾力，兢兢业业。他曾告诉友人：“无奈一本书上了手，简直寝食不安，有时连打中觉也在梦中推敲字句”（傅雷，2006a：574）；

---

1 金圣华：《心如水晶一般透明——傅敏心中的傅雷（傅敏访问记）》，载金圣华编《傅雷与他的世界》，北京：生活·读书·新知三联书店，1996年，第77页。

始终在“过与不及”之间思索沉吟，寻求译文的韵味与原文的贴切与和谐，“尽量尝试译得忠于原文，而又不失艺术性”（傅雷，2006a：692）。初稿完成之后，他还要“一改再改三改四改”：“《高老头》正在重改，改得体无完肤，与重译差不多”（1951年）；“我修改巴尔扎克初译稿，改得很苦，比第一遍更费功夫”（1957年）；甚至“改稿誊清后（即第三稿）还得改一次”（1963年）（傅雷，2006a：578，196，384）。正是因为这样不辞辛劳，一遍又一遍“改得很苦”，傅雷的译文才能把原作中的神韵与中文的地道漂亮地相结合，进而呈现在读者面前。

柯灵曾经做过这样的描述，可以算作对傅雷整个翻译过程的概述：“傅雷译书的惯例，首先是再三精读原作，吃透原作的精神和全部细节。不理解的地方，查书，找内行研究，写信向国外专家求教。准备成熟，才开始落笔。初稿译成，至少再大改两次，然后誊清付排。亲自看校样，边校边改，直至清样，还有改动。译文要求做到既符合原著风格，又有精纯透明的民族气派。”[1]

二、执着的翻译精神

研读傅译巴尔扎克，至少可以带给我们两点启示：其一，1958年4月30日至1961年9月30日，傅雷被错划为右派，对一个秉性刚烈的人来说，所受的精神打击之沉重超过常人。然而，祸不单行，刚刚译成的《赛查·皮罗多盛衰记》也因这一问题被出版社束之高阁。但是，就是在这样的打击之下，傅雷依然凭借自己对翻译事业一贯的坚贞、执着和强烈的使命意识，译出了巴尔扎克的《搅水女人》、《都尔的本堂神甫》和《比哀兰德》以及丹纳的《艺术哲学》，共计70万字。在那段艰难的时期，傅雷在致友人的书信中谈道：“只有耐性埋头尽我的本分，在我的岗位上干些小小的工作，也许一时对国计民生毫无补益，可能将来还能给人一点儿帮助。”（傅雷，2006a：679）通过这些文字，我们看到了一代翻译巨匠在个人蒙冤患难之际，依然怀有的一颗云水襟怀的“赤子之心”。傅雷在《独一无二的艺术家莫扎特》一文里，评说莫扎特“是不声不响地忍受鞭挞，只凭着坚定的信仰，像殉道的使徒一般唱着温馨甘美的乐句安慰自

1　柯灵：《怀傅雷》，载金圣华主编《江声浩荡话傅雷》，北京：当代世界出版社，2006年，第3页。

己，安慰别人”（傅雷，2006b：661），而这又何尝不是逆境中他自己的真实写照呢？正是在逆境中，方显出一代巨匠的精神本色和人格境界。

其二，大凡有知识的读者提起巴尔扎克，都会想到傅雷，正因为有傅雷精彩传神的译笔，巴尔扎克的《人间喜剧》才能够一部一部成功地在中国“上演”。如果对傅雷翻译巴尔扎克作品的成功原因进行研究，我们当然会想到傅雷深厚的文学修养、过硬的语言能力、丰富的实践经验以及翻译过程中所表现出来的认真和执着求“真”的精神。但此处，我们不拟就上述因素进行分析，而是想谈一谈或许还未引起我们足够重视的另外一个方面。

翻译文学作品与一般的文学作品一样，它的成功既是文学以内的因素使然，也必然牵涉到文学以外的因素。一个社会阅历不广、人生经验不丰的人写不出好作品；同样，一个对人生缺乏丰富的经验、敏锐的观察、细腻的体味和深刻的思考的译者，也拿不出好的译品。傅雷对文学的外部因素一向非常重视，并且早就把它作为“经验”告诉了我们：“文学的对象既然以人为主，人生经验不丰富，就不能充分体会一部作品的妙处。而人情世故是没有具体知识可学的。所以我们除了专业修养，广泛涉猎以外，还得训练我们观察、感受、想象的能力；平时要深入生活，了解人，关心人，关心一切。”（傅雷，2006b：193）多年后，他在致罗新璋的信函中，再次强调：“无敏感之心灵，无热烈之同情，无适当之鉴赏能力，无相当之社会经验，无充分之常识（即所谓杂学），势难彻底理解原作，即或理解，亦未必能深切领悟。”（傅雷，2006a：719）

巴尔扎克的《人间喜剧》广泛描绘了19世纪上半叶法国的社会生活，出场人物达两千多人，是一套无所不包的“社会研究”总集，恩格斯说它“汇集了法国社会的全部历史”（傅雷，2006b：228），因而需要译者对社会和人生拥有广泛和深刻的见识。在移译巴尔扎克作品的过程中，傅雷充分认识到：“凡是他（巴尔扎克）无情地暴露现实的地方，常常会在字里行间或是按语里面，一针见血，挖到资本主义社会的病根，而且比任何作家都挖得深，挖得透”；他确是“观察人性的专家，兼分析社会的史家”，“一个天才的社会解剖家”（傅雷，2006b：228，218，229）。假如傅雷没有对社会和人生长期的关注和深刻的思考，他对《人间喜剧》的作者巴尔扎克绝不会有如此认识。而正是因为傅雷对文学以外的诸多因素都有着广泛深刻的认知，他才能够对创作出法国社会巨型壁画的巴尔扎克理解得深，领悟得透，才能够“亦步亦趋地跟在伟大的作家后面，把他的心曲诉说给读者听”（傅雷，2006b：193），才能够通过原著呈现的艺术视界，窥探作者的创作意图，与其进行超越时空的沟通，在译文里再创原作者心中的艺术视界。傅雷在重译《高老头》后致友人的信中说：“我的经验，译巴尔扎克虽不注意原作风格，结果仍与巴尔扎克面目相去不远。只要笔锋常带情感，文章有气势，就可说尽了一大半巴氏的文体能事。”（傅雷，2006a：582）傅译巴尔扎克成功的因素是多重的，但不可否认，假如译者对人生与社会大课堂了解甚少，是不可能“深刻地理解，体会与感受原作”的，从而也就不可能准确地抓住这套包罗万象的著作中的种种韵味。正如马尔戈在《翻译而不叛逆》一书的开篇所言：“若想翻译一个文本，首先要做的显然是，去很好地理解文本。而这不仅意味着要有很高的外语水平，还意味着要掌握原语文化形形色色的面貌（如历史的、地理的、知识的等），因为这个文本就深深地扎根在它的文化中。”[1]

所以，文学的成功不仅在于文学的内在维面，还在于文学的外在维面。然而遗憾的是，能够深刻意识到这一点的译者并不多。傅雷在翻译巴尔扎克作品上所取得的成功，向我们显示出文学外在维面的重要性。“功夫在诗外”，是之谓。

三、“神似”的翻译追求

在傅译巴氏作品中，公认精彩传神的译作，应首推《高老头》；而在译界，提起《高老头》，我们免不了要想到那著名的《重译本序》中所标举的“神似”观：“以效果而论，翻译应当像临画一样，所求的不在形似而在神似。”以上傅雷想要给我们指出的神似与形似的关系，应该是神似首位、形似次之。即，（一）形神兼备是最理想的存在方式，如罗新璋所释，“神似形似，浑然一致，是为胜境”[2]；（二）在“形”与“神”发生龃龉不能并列的情况下，“重神似不重形似”，因为“形”的目的就是要“传

1　Jean-Claude Margot, *Traduire sans Trahir: La théorie de la traduction et son application aux textes bibliques* (Lausanne: Editions l'Age d'Homme, 1979), p. 29.

2　罗新璋：《我国自成体系的翻译理论》，载罗新璋编《翻译论集》，北京：商务印书馆，1984年，第11页。

神达意”；（三）“取貌遗神”会导致“生机灭绝”，“意趣索然”（傅雷，2006b：551），故有形无神，译犹未译。无论从文学翻译的实践活动来看，还是从翻译文学的最后结果来看，“神似”观都有着极其重要的价值。傅雷研究专家罗新璋指出：“傅雷从临画的方法推导出翻译的原理，而以传神立论，高屋建瓴，把翻译从字句的推敲提到艺术的锤炼”，在文学翻译界，“自雄其说”，“别树一义”，“更重要的，是傅雷把我国传统美学中这个重要论点，引入翻译理论，把翻译提高到美学范畴和艺术领域。传神说的提法，标志着几十年来我国翻译事业的巨大进步，翻译思想的深入发展”[1]。曾任香港大学亚洲研究中心院士、香港翻译学会会长的刘靖之认为：傅雷的“神似”观“总结了从严复提出‘译事三难’以来五十年在翻译上所取得的经验，包括了较‘信达雅’和‘翻译的三重标准——忠实、通顺、美’更多的内涵，把翻译纳入了文艺美学的范畴，……译文‘神似’原文便是最高的境界，是钱锺书所说的‘化’的境界”[2]。长期致力于中国译学理论发展的刘宓庆，也对傅雷的“神似”观发表过评论：傅雷“将中国传统的艺术命题移花接木于翻译理论，将译论推向新的发展阶段。‘神形’问题是中国艺术理论史上一个具有经典意义的重大命题，也是中国美学史上一个独特的美学范畴。傅雷以自己深厚的艺术素养和翻译功力推出新说，将翻译理论与美学理论结合了起来，是对严复的‘三难’之说的重要补充”[3]。我们注意到，上述三人都从“美学范畴”的理论高度，指出了“神似”观的艺术价值和它对我国传统译学理论的突破。不可否认，“神似”之说已经成为我国译学理论发展中一个里程碑式的重要标志，不仅是我国广大译学研究者长期关注探讨的话题，也是我国众多翻译实践者努力追求的艺术目标。比如郑海凌在《文学翻译学》中就对“神似”之说做出过深入剖析。

读过傅译《高老头》的每位读者，想必都会对潜逃犯伏脱冷这个人物印象深刻，尤其是他那黑道人物式的长篇大论，在抨击社会的同时，也把自己的个性神态活脱脱地表现出来。罗新璋曾在《读傅雷译品随感》中对此做过精彩评析：“巴尔扎克写对话的好手段，通过傅雷的译笔，还颇能

1　罗新璋：《我国自成体系的翻译理论》，载罗新璋编《翻译论集》，北京：商务印书馆，1984年，第10—13页。

2　刘靖之：《神似与形似》，台北：书林出版有限公司，1996年，第9—11页。

3　刘宓庆：《当代翻译理论》，北京：中国对外翻译出版公司，1999年，第203页。

使人领略得到，……伏脱冷的性格神态，通过对话，表现得活灵活现。”[1]然而，在《高老头》重译过后，傅雷对自己的“对话”翻译非但不感到满意，反而还认为是自己的“最失败处”，由此，我们也可以看出傅雷从不满足的艺术追求和精益求精的翻译作风。

傅雷的“神似”观既是针对文学翻译动态过程提出的主张，也是赋予文学翻译静态结果——翻译文学的一项审美标准。它为我们在翻译实践活动中把握翻译质量、制定翻译策略提供了重要参照，也为我们认识文学活动的本质、领悟艺术的真谛带来难能可贵的启迪。可以说，它的价值既在翻译学上，也在文艺学上。傅雷曾经说过：“要把原作神味与中文的流利漂亮结合，绝不是一蹴即成的事。”（傅雷，2006a：579）有研究者认为，这是傅雷长期从事文学翻译实践的亲身体会，也是他对翻译文学实质问题的清醒认识，“原作的神韵和译文的地道漂亮二者的整合，既是文学翻译必须关注的要点，也是翻译文学绕不开的话题”[2]。的确，文学翻译中的一大难点，从外译中看，就在于“原作神味”与“中文的流利漂亮”的整合，而中国优秀的翻译文学如傅译《高老头》《欧也妮·葛朗台》的流传，离不开的正是翻译家对此二者的有机整合。

四、本节结语

傅雷在《翻译经验点滴》中这样说过：“文学家是解剖社会的医生，挖掘灵魂的探险家，悲天悯人的宗教家，……要做他的代言人，也得像宗教家一般的虔诚，像科学家一般的精密，像革命志士一般的刻苦顽强。”（傅雷，2006b：193）巴尔扎克正是一位解剖法国社会的高明医生，一位对人的灵魂“挖得深、挖得透”的探险家，他用“极朴素而极深刻的手段”写出了法国19世纪上半叶里的“人情世故和社会的真实”，“凭着犀利的目光”分析了人的“动物因素”和“社会因素”（傅雷，2006b：227，233—235）。傅雷用一部部“比原作容易读”（傅雷，2006a：582）的巴氏译著，向我们精彩地再现了作者替一个时代、一个民族留下的完整的风俗史，同时也通过他的译著向我们证明，他确乎是巴尔扎克在

1　罗新璋：《代序——读傅雷译品随感》，载傅敏编《傅雷谈翻译》，北京：当代世界出版社，2005年，第4页。

2　宋学智：《翻译文学经典的影响与接受》，上海：上海译文出版社，2006年，第181页。

中国的代言人。傅译巴尔扎克取得的成功启示我们，优秀的翻译文学作品的生成，与译者的主体意识（如严肃认真的选材和坚定强烈的使命意识）、价值判断（如对超越文学本体视野的关注）、审美追求（如“神似”说的标举）以及翻译实践过程中译者执着求“真”的精神与姿态，都是密切关联的。

第二节　傅译风格的启示

翻译以信为本，几乎已成定论。信内容，无可争议；信形式，似难顾全；信风格，则众说纷纭。傅雷一生译著宏富，译文自成一家，但就其译文风格而论，则褒贬不一。有人认为傅雷“尤以译文传神取胜”，读他的译品，“有时甚至产生傅译要胜于原文的感觉”；也有人认为“读傅氏的译品，往往使人闻到一种油腔滑调的气味，读起来不费劲，但像读本国小说，总觉得这里面短了一些东西，原因就在于他‘要求将原作（连同思想、感情、气氛、情调等等）化为我有’，化的结果，原作者不见了，读者看到的是貌似而神离的译者在说话，所以失望了”。虽然贬之以“油腔滑调”或褒之以“胜于原文”，但在傅雷翻译风格确确实实存在着这一点上，大家的意见是一致的。问题的焦点在于：傅雷自成一家的翻译风格，究竟是再现了还是损害了原作的风格？与此同时，这种自成一家的翻译风格，究竟可以给文学翻译带来怎样的思考与启示呢？

一、译作风格与原作风格的关系论

译文风格的得失，应该用什么标准来衡量呢？西方著名翻译理论家奈达认为，“所谓翻译，是指从语义到语体的译语中用最切近而又最自然的对等语再现原语信息”[1]。我国翻译界的老前辈钱锺书先生提出:“文学翻译的最高标准是‘化’。把作品从一国文字转变成另一国文字，既能不因语文习惯的差异而露出生硬牵强的痕迹，又能完全保存原有的风味，那就算得入于‘化境’。”钱锺书先生所说的“风味”无疑包含风格，他和奈达的主张是一致而又十分明确的：要求取得译作与原作风格的一致。倘若遵循

1　谭载喜编著《新编奈达论翻译》，北京：中国对外翻译出版公司，1999 年，第 11 页。

福楼拜所言，“风格就是生命。这是思想的血液”，那么，再现了原作的风格，即保存了原作的生命；反之，无异于断了其生命之源——血液。再现原作风格的重要性，由此可见一斑。某些翻译作品的不成功或者失败，大都因为未能再现原作的风格，或损害或歪曲了原作的风格。西方著名翻译批评家阿诺德曾十分严肃地批评了荷马的两部史诗《伊利亚特》和《奥德赛》的几种译文，他指出：“在节奏上荷马是轻快的；在文字和风格上荷马是清晰的；在意义上荷马总是单纯的；在做法上荷马是庄严的。考珀把他翻糟了，因为在节奏上他是迟钝的，在风格上是雕琢的；蒲柏把他翻糟了，因为在风格和文字上他是矫揉造作的……”[1]可见，一部翻译作品的成功与否，很大程度上取决于是否正确再现了原作的风格。

（一）译作是对原作风格的正确再现

原作风格必须再现，首先，这是由翻译的性质所决定的；其次，风格是人们辨认并区别作家、诗人的艺术个性的标记，再现了原作风格，原作者的艺术个性才能跃然纸上，而损害了原作风格，则原作者的艺术个性就无法得到真实反映。同时，原作风格不仅必须再现，而且也并不是不可能再现的。

风格可以再现，这是因为风格具有客观可感性。大致说来，构成一部作品风格的因素可以归为两类：主观因素和客观因素。所谓主观因素，即作家作用于作品的思想、性情、气质等，比如刘勰在《文心雕龙》之《体性篇》里所说的“才”与“气”，以及作家的文化修养、社会地位、职业、交际的主观动机与意图、年龄与性别等等。所谓客观因素，一指时代、社会、题材、体裁对风格的内在要求；二指作家思想的直接承担者——语言——在使用中作用于风格的诸方面，尤其是作家独特的遣词造句方式。无论是构成风格的主观因素还是客观因素，都是极为具体实在、可感可辨的。正因为如此，我们才能够说“巴尔扎克健拔雄快，梅里美俊爽简括，罗曼·罗兰朴质流动”。风格是可感、可辨的，但这并不意味着它就是易感、易辨的。再现原作风格，首先必须基于对原作风格的正确体会，一个译者倘若不能以较为敏捷锋锐的艺术感受力去辨识、品评、体会、理

1　转引自刘重德编著《翻译漫谈》，西安：陕西人民出版社，1984 年，第 26 页。

解原作的风格，那么纵然他有超人的语言表达能力，也难以正确再现原作风格。翁显良先生所批评的那种导致“形象畸变”的翻译失误，在很大程度上就是因为译者草率下笔，未能正确体会、辨识原作的风格所致。在体会原著方面，傅雷先生不失为众人楷模。他说：“任何作品，不精读四五遍决不动笔，是为译事基本法门。第一要求将原作（连同思想、感情、气氛、情调等等）化为我有，方能谈到移译。”这里，傅雷先生所谈到的“化为我有”，基点是理解，即全身心地体会原著、暂时忘记自己的思想与情感，凝神于原著、以求彻底理解原著，仿佛成了原著的作者，以至原著的一切“化为我有”。从这一点看，傅雷先生的观点具有启迪性。但是，翻译具有特殊性，译者在理解原作的思想、风格时必然受到自己的思想、文化修养、艺术感受力以及审美情趣的影响。我们所要求的，是在理解原作风格时应力戒将自己的思想、感情或情调强加于原作，进而在翻译时掺进较多的主观成分，以至于“感到有必要改进原文，修正原文中显而易见的错误或选用自己所喜爱的词语”，这样一来，虽然文笔流畅，无半点翻译味，却在某种程度上改变了原文的信息与风格，甚至可能损害原文。曹禺的《日出》一剧中，八奶奶说过这么一句话：“我悲剧，我痛苦……”“我悲剧”显然文理不通，作者的本意正是通过这种文理不通的时髦用语，以毕显八奶奶追求时髦、附庸风雅、浅薄无知的形象。倘若哪位好心的外国译者未能探出其中奥妙，一心想发挥译文优势，修正这一显而易见的“错误”，如此一来，岂不辜负了原作者的良苦用心？

风格可以再现，还因为世界上的各种语言都具有丰富的表达手段，“具有同等表达力”，译者可用一定的语言手段表现与原作近似的语言风格。打开中外的修辞手册，只要稍微留心比较一下，我们就会发现，中外的修辞手段以及各种修辞手段所产生的修辞效果是何等的相似。法国著名语言学家马迪纳（Martinet）认为，翻译是一种语言接触行动。语言的接触发生于译者的翻译活动之时。简单地说，翻译就是用一种语言去传达另一种语言所表达的内容。因此，在这一语言接触的活动当中，能否选用恰当的语言形式与手段再现原作高度统一的思想美与艺术美（形式美），再现原作所反映的作家的艺术个性与特征，是衡量一部译著成功与否的重要标准之一。必须承认，每种语言都具有独特的构词能力、语序、遣词造句方式、话语标记以及各种特殊的语言形式。但是，语言之间的同往往大于异，语言间绝对分离的情况比较罕见。并且，翻译工作者的任务之一，就是分析比较两种语言的特殊表达手段，从而进行艰苦、创造性的移植工作，取人之长、补己之短。有学者认为，既然翻译过程中接触到的是两种不同的语言系统或者说信息代码系统，那么只要理解了原文的意思，用甲语言译出即可，无须多考虑乙语言的形式。殊不知，一种思想固然可用不同的语言形式表达，但是在具体的语言环境中，总是只有一种语言形式的表达效果最好。比如法语中的“Il a failli tomber”，如果没有具体的语言环境，译成“他险些摔倒”或“他险些没摔倒”，“他差点跌倒”或“几乎没跌倒”，都未尝不可，然而，在一定的语境下，如果考虑到说话人的年龄、职业以及原文的文体风格等，上述四种译文就未必都行得通了。又如，法语中“si”一词，可以译成“倘若”，但若不分场合地一律译作“倘若”，却也不一定合适。以下，我们来看傅译《高老头》和《高龙巴》中的几个句子：

例 1：倘若对你有些作用的话，你可以想到保卫你的好天使在念着你。

例 2：倘若警察碰到你，问你上哪儿去，你……

例 3：倘若我是个流氓，是个小人，是个骗子，那只要张开褡裢，洋钱就会像潮水般地滚进来。

例 4：倘若你马上要做工很好的漂亮衬衫，我们得立刻赶做……

如果没有上下文，则译文无任何不妥。而一旦考虑到说话人或者对话者的地位、年龄等因素，译文立刻就显得不那么十全十美了。例 1 出自贵族小姐丽第亚之口，用“倘若”十分贴切；例 2 是退役中尉奥索对一个只有十来岁的穷人丫头契里娜说的话，用“倘若”似乎没有考虑到谈话对象；例 3 出自大盗勃朗陶拉岂之口，他虽然受过高等教育，但入“绿林”之后，因受环境影响，语言已经变得十分粗俗，所以“倘若”二字改译为“要是”更妥；例 4 是一位毫无文化修养的乡姑写给哥哥拉斯蒂涅信中的话，以“倘若”两字开头，显得不太协调。实际上，傅雷有时候喜欢选用自己惯用或者喜欢的词语，“倘若”一词就是一例，如果由于译者在遣词造句上的某种偏好，而忽视了再现原文语言与语体风格的译者职责，就不能不说是一种遗憾了。

众所周知，一部文学作品所要表现的，不仅有思想美，更有艺术美，而艺术美的表现恰恰与作家语言手段的运用息息相关。文学是语言的艺术，文学作品的思想美、艺术美要靠语言来表现，刘勰所说的“情动而言形”就是这个意思。翻译一部作品，如果过分强调两种语言系统的差异，而忽视了原作的语言风格，那又何谈再现原作的风格呢？

（二）译作是对原作风格的忠实再现

翻译是一项双语的交换活动，原作风格的再现取决于译者对它的体会程度，以及译者个人的语言表现能力。因此，翻译作品不可避免地会带上译者本人的影子，即人们通常所说的译者风格。又因为每个译者的思想情趣、文化素养、语言能力等存在差异，特别是对翻译的性质和任务的认识有所不同，译文的风格也必然迥异。所以，傅雷才能在其漫长的翻译生涯中，形成独树一帜的翻译风格，而但凡读过傅雷译作的读者，都能够或多或少地感受到他的这种风格。傅雷一生译作甚丰，翻译过法国作家伏尔泰、巴尔扎克、梅里美、罗曼·罗兰、莫罗阿等的文学著作。傅译“固然对名家的特色和韵味有相当体现，拿《老实人》的译文和《约翰·克利斯朵夫》一比，就能看出文风上的差异，但贯穿于这些译作的，不免有一种傅雷风格”[1]。那么，何为傅雷风格？按照傅雷自己的说法，就是“将原作（连同思想、感情、气氛、情调等等）化为我有”；在文字上，“译文必须为纯粹之中文，无生硬拗口之病”；译笔“行文流畅、用字丰富、色彩变化”。他认为，“译书的标准应当是这样：假使原作者是精通中国语文的，译本就是他使用中文完成的创造”。这样一来，他“以原作者自任，遣词造句”带上了自己的烙印。大凡读过傅译的人，几乎都能体会到傅译行文的简短、轻快；用词的丰富、多彩，多用四字结构，节奏感强。无论是梅里美的《高龙巴》，还是巴尔扎克的《高老头》，抑或莫罗阿的《人生五大问题》，这种语言风格始终贯穿于其译作之中。例如：

> 高龙巴带着央求的神气对哥哥瞟了一眼。奈维尔小姐早听人说过高斯的妇女能即席赋诗，渴想领教一下。便再三要求高龙巴略施小

1　罗新璋：《读傅雷译品随感》，载罗新璋编《翻译论集》，北京：商务印书馆，1984年，第992页。

计，献献本领。奥索后悔不该想起了妹妹的诗才，便竭力解释，说高斯的巴拉太枯索无味，不值一听；并且念过了但丁的名作再念高斯的诗歌，等于丢本乡的脸；但这些话反而使奈维尔小姐更心痒难熬，非听不可……（傅译《高龙巴》）

一般人就是从这一类的交易开始，终于廉耻荡然，而今日社会上也相习成风，恬不为怪，方正清白，意志坚强，嫉恶如仇，认为稍出常规便是罪大恶极的人物，在现代比任何时代都寥落了。（傅译《高老头》）

在外人看来，这些都很冠冕堂皇，颇为得体。但洛茜娜只觉此种保护人的口吻难以忍受。她知道他写这封信时一定自以为慈祥温厚，宽大为怀，柔肠侠骨，更有古骑士风。（傅译《人生五大问题》）

上述寥寥几个译例，虽然不能全面反映出傅雷的翻译风格，但是纯粹的中文——流畅的行文，轻快的四字结构，丰富的用词，多变的色彩，由此却可见出一斑。译文节奏明朗，飘逸、清奇的风格读来鲜明可辨，令人赞叹不已。然而，赞叹之余，我们也不免产生疑问：巴尔扎克、梅里美、莫罗阿的语言风格，竟是这般惊人的相似？这里姑且不提20世纪的莫罗阿，单就19世纪的巴尔扎克和梅里美两人而言，虽然他们都是现实主义作家，但是艺术风格迥然相异。梅里美是一个高明的故事讲述者，他的叙述和描写既不铺张，也不繁杂，整个作品呈现出明快流畅的特点；巴尔扎克则行文如长河滔滔、气势浩瀚，不时闪现出瑰丽奇伟的灿烂色彩。梅里美的“明快流畅”与巴尔扎克的“气势浩瀚”，不同的语言风格和他们大相径庭的遣词造句方式不无关系。也就是说，巴尔扎克和梅里美的语言风格（文学风格极为重要的组成部分）取决于他们各自的语言表达手段。就句式而论，巴尔扎克喜用复句、长句，大有一“句”而不可收之势，显示出其浩瀚健拔的情韵、气势；梅里美句短字简，溢出简明质朴的风味。考察上述译例，傅雷对梅里美的风格体现得较为成功，相比之下，巴尔扎克的气势传达则可进一步加强。傅雷译过巴尔扎克的许多作品，这些译作保持了原作用字丰富、多彩的特点，但原作的长句却几乎都通过一定的技巧被转化成了短句。那么，是不是保留了原作的长句，就势必产生“生硬拗口”之嫌呢？傅雷说过，老舍是国内“采用西洋长句而仍不失为中文的唯一作家”，言下之意，如果老舍先生精通法语，由他执笔翻译巴氏作品，说不定他会以长句译长句，从而更好地再现出巴氏的语言风格。

当今翻译界，似乎有一股不好的风气，过分强调了原文与译文文字词类的不同，句法构造的不同，文法习惯的不同，修辞手段的不同，总之就是两种文字形式的不同，并就此认为，难以也无须顾全所有。于是，许多译者倾向于赋予译文一种优美、多彩的母语形式，而很少或者根本没有考虑到用力钻研外语的形式结构与美学结构，更不用说有意识地通过创造性地运用外语的某些要素来丰富本族语言。事实上，无论中文西文，相同的语言手段往往可以产生相似的修辞风格。以句法结构为例，长句表缜密，短句显轻快，在这一点上中文西文如出一辙。再如修辞格中的比喻，汉语和法语中都有明喻、暗喻，二者格式相同，且暗喻产生的意境都要比明喻更深远。《高龙巴》第三章，一位把舵的水手在静寂的夜晚，唱起一首情绪昂烈的歌：

Il est le faucon ami de l'aigle
Miel des sables pour ses amis,
Pour ses ennemis la mer en courroux.

法文连用三个暗喻，把一位勇士喻为鸷鸟，对友亲，对敌恨，且句式整齐，意义深远。著名诗人兼翻译家戴望舒先生将其译作：

他是苍鹰的朋友巨鸷，
对朋友他是沙漠中的蜜，
对敌人他是暴怒的海。

比较傅雷的翻译：

他是鸷鸟，老鹰的伴侣，
对于朋友，他甘美如蜜，
对于敌人，他却是狂怒的海洋。

简单的三句歌词，两位译者的译文竟迥然相异。既然可以用暗喻译暗喻，并且暗喻更能够引起读者的联想，那么傅雷为什么会用不免落入俗套的“甘美如蜜”来表达呢？此处，就传达原文的形式、结构美以及意境美而论，戴先生的译文似乎更加可取。就原则而言，在传达了原作内容的前提下，如果能够吸收原作的表达形式，就应当尽量吸收，绝不能只顾内容而忽略掉形式，因为风格是思想内容与艺术形式高度统一的产物。如果忽视了形式（不管有意无意），不尽力去传达原文的形式美，则会造成风格再现的不完全。但若我们再进一步追问，“沙漠中的蜜”会在读者脑中产生何种反应？是干渴还是甜蜜？我们也许可以理解傅雷的良苦用心，风格的统一与再现不应该仅仅体现在修辞层面，更应该考虑到认知和心理的层面。

译者固然有其自身风格，但再现原作风格，就应以原作的标准为标准。陈西滢先生早就提出应“把轻灵的归还它的轻灵，活泼的归还它的活泼，滑稽的归还它的滑稽，伟大的归还它的伟大”[1]。西方现代派的作品并不流畅，用“流畅”的行文还原，岂不伤其风貌？新小说派用词并不丰富，若译文过分多彩，怎能完全保存其风味？一个优秀的译者，应辨别原作者特殊的艺术个性，以及原作特殊的风格，尽量排除自己的艺术个性与风格，以更好地再现原作的风格，就像一位高明的演员，应当尽量消除自己与人物性格不相容或有差异的个性，以便更加充分地表现人物的个性。因此，若不考虑作品的特殊性，一味要求“行文流畅、用字丰富、色彩变化”，似有不可取之处，正如陈西滢先生所说：“……译者在译书之前，不应当自己先定下一个标准，不论是雅，是达，是高古，是通俗，是优美，是质朴，而得以原文的标准为标准。”[2] 对傅译风格，学界有不同认识，有学者认为傅雷的艺术个性在译作中表现得过于充分，以致部分地遮掩了原作风格。实际上，傅雷对风格的传译是非常重视的，他深知其中的困难，立场也非常明确：“即使是最优秀的译文，其韵味较之原文仍不免过或不及，翻译时只能尽量缩短这个距离，过则求其勿太过，不及则求其勿过于不及。”（罗新璋，1984：559）在提倡“翻译风格各放异彩”的今天，傅雷对传达原作风格的不懈追求给了我们有益的启示：翻译以信为第一标

---

1 陈西滢：《论翻译》，载罗新璋编《翻译论集》，北京：商务印书馆，1984 年，第 407 页。
2 同上，第 402—403 页。

准，各放异彩的翻译风格必须扎根于信的土壤，再现风格的最低标准是，译作风格不能有损于原作风格；最高标准则是钱锺书先生提出的译作必须“完全保存原有的风味”[1]。

二、傅译风格论——追求译作与原作风格的和谐统一

风格是文学作品艺术风貌的高级反映，代表了文学作品的高级审美追求。歌德说过：“风格，这是艺术所能企及的最高境界，艺术可以是向人类最崇高的努力相抗衡的境界”，“照我们看来，唯一重要的是给予风格这个词以最高的地位”[2]。泰特勒是西方较早明确关注翻译风格的学者，他在1790年出版的《论翻译的原则》中提出的翻译三大原则，其中就有一条谈道：“译作的风格和手法应和原作属于同一性质。”[3]傅雷在读过泰特勒的著作后曾说：“有许多，在我没有读他的书以前都早已想到而坚信的。可见只要真正下过苦功的人，眼光都差不多。”（傅雷，1998a：147）傅雷毕其一生从事文学翻译，对翻译活动中的风格问题十分重视，他在致友人的书信中谈道：“原文的风格，越到近代越要注重。像Gide[4]之流，甚至再早一点像Anatole France之流，你不在原文的风格上体会，译文一定是像淡水一样”；“如梅里曼，如莫泊桑，甚至如都德，如法朗士，都要特别注意风格”（傅雷，1998a：148，156）。傅雷对自己要求严格，他认为自己的翻译，成绩只能说“清顺”，文体、风格仍不惬意。在他看来，文学翻译如果面对的原作是一杯“清新隽永”的“新龙井”，译出来就不能变成“一杯淡而无味的清水”；“莎士比亚十四行诗集倘若一杯清水，则根本就不是莎士比亚的十四行诗”（傅雷，1998a：145，159）。他重译《约翰·克利斯朵夫》，是因为初译“风格未尽浑成”；重译《高老头》，也是因为“不满译文风格”。由此可见，他把传达原作的风格看作翻译活动中重要的艺术追求。

傅雷在1953年致宋淇的信中说过：“时下译作……欲求有风格（不管与原文的风格合不合）可说是千万不得一；至于与原文风格肖似到合乎

1　钱锺书：《林纾的翻译》，载罗新璋编《翻译论集》，北京：商务印书馆，1984年，第696页。
2　歌德等：《文学风格论》，王元化译，上海：上海译文出版社，1982年，第3—6页。
3　谭载喜：《西方翻译简史（增订版）》，北京：商务印书馆，2004年，第129页。
4　指法国作家安德烈·纪德和阿纳托尔·法朗士。——编注

艺术条件的根本没有。”（傅雷，1998a：159）傅雷的叹息可以表明，首先，傅雷对翻译文学作品有着很高的艺术眼光和鉴赏标准，借王国维之语，即达到了“独上高楼”的审美境界，所以在傅雷看来，有风格的译文寥若星辰，能“与原文风格肖似到合乎艺术条件的”，则竟告阙如。其次，傅雷对“时下译作”的两句叹息，正反映出他内心对于翻译文学所抱有的价值取向和审美追求：有风格的译作“千万不得一”，反映出他内心对有风格的译作的看重，只有有风格的译作才真正具有文学价值；译文风格“与原文风格肖似到合乎艺术条件的根本没有”，也反映出译文风格与原文风格的“肖似”与相“合”，正是他在翻译文学上的审美追求。

的确，理想的翻译文学不仅仅是译文自身独具风格，还应当是译文自身风格的前后一致、上下完整，更应当是译文风格与原文风格的浑然天成、和谐统一。如果风格对于作者来说，是怎样说的问题，那么对于译者而言，它就是怎样译的问题。当译者的诠释与作者的表达相通相合之时，翻译文学作品则最好看。罗新璋在评价傅雷的翻译观时曾经说，“神似形似，浑然一致，是为胜境”，而在此我们更想说的是，傅雷追求的译文风格与原文风格的“肖似”与相“合”，即译文风格与原文风格的浑然天成、和谐统一，正是翻译文学的审美胜境。

然而，翻译文学要达到此等的审美胜境，并不是译者抱有主观上的愿望就能实现的。译者风格与作者风格侔与不侔，是文学翻译变成真正的翻译文学的一个重要条件。因而寻找适合于自己风格的作者，便成为译者的首要任务。如果译者找到了一个知己，真的有“他乡遇故知”的感受，那么，文学翻译成为真正的翻译文学，译作具有原作的文学魅力和艺术感染力，便多了一个前在的保证。也正因为如此，傅雷才十分注重原作的选择，他说：“选择原作好比交朋友：有的人始终与我格格不入，那就不必勉强；有的人与我一见如故，甚至相见恨晚。”（傅雷，1998c：228）翻译外国文学，译者最好是去找那些“一见如故”“相见恨晚”的作者。

然而，问题并非如此简单，要找到一个真正的“朋友”亦非易事，因为“即使对一见如故的朋友，也非一朝一夕所能真切了解，……了解对方固然难，了解自己也不容易”。面对能否真的“适应”原作的迷惘，傅雷凭着他的翻译经验，给我们做出了指点：“测验‘适应’与否的第一个尺度，是对原作是否热爱，因为感情与了解是互为因果的；第二个尺度是我们的艺术眼光，没有相当的识见，很可能自以为适应，而实际只是一厢情愿。”（傅雷，1998c：228—229）也就是说，首先，检验译者的风格与作者的风格是否相投，这可以译者是否“热爱”原作为根据，因为译者的“热爱”表明原作的风格是译者所认同的，不但认同并且欣赏，不但欣赏甚至陶醉。在这种情形下，原作的风格不是能直接迎合译者的审美期待，就是能激活译者身上所蛰伏的审美快感。于是，译者在阅读原作的过程中，就能更多地获得作者创作时的感受，与作者的心灵对话，碰撞出灿烂的火花，产生可以与原作风格相媲美的美妙文字。傅雷在致罗新璋的信函中建议，“最好选个人最喜欢”的原作，“一则气质相投，容易有驾轻就熟之感”，即译者选择了与自己个性相投的作者，就可以用自己的风格更好地彰显出作者的风格，达到成功传达原作风格的效果；“二则既深爱好，领悟自可深入一层”（罗新璋，1984：695），而领悟越深，译者才越能够与作者心心相印，越能够走进作者的艺术世界，体味到作者独特的风格，触及作品的艺术真谛。

第二个尺度，是“我们的艺术眼光”。一方面，译者对原作不仅要有一般感觉上的享受，更要有心灵深处的共鸣与精神层面的交流。即，“要以艺术修养为根本”，要有“敏感之心灵”“热烈之同情”“适当之鉴赏能力”。风格，可以感知、可以体认、可以品鉴，译者对作者风格领悟得多与少、深与浅，既取决于译者的艺术修养，更取决于译者的心灵，因为一切优秀的艺术品都是经由作者的心灵而诞生的，心灵的表现需要心灵去感应；另一方面，还要有“相当之社会经验”“充分之常识（即所谓杂学）”，这其中自然包括了对外国社会文化的了解与认识。正如马尔戈在《翻译而不叛逆》一书开篇所言：“若想翻译一个文本，首先要做的显然是，去很好地理解文本。而这不仅意味着要有很高的外语水平，还意味着要掌握原语文化形形色色的面貌（如历史的、地理的、知识的等），因为这个文本就深深地扎根在它的文化中。”[1] 从跨文化的视角看，这里涉及的是风格的民族性和地域性。而上述这些，又都是需要译者长期接受熏陶或长期积累的问题。由此可见，翻译文学欲求译文风

1 Jean-Claude Margot, *Traduire sans Trahir: La théorie de la traduction et son application aux textes bibliques* (Lausanne: Editions l'Age d'Homme, 1979), p. 3.

格与原文风格的浑然统一，不是说到就能做到的。而也正是因为如此，它才成为翻译文学的审美胜境。

在傅雷翻译的外国作家中，符合其“一见如故”的作家，属于其“热爱”的原作的，应当是罗曼·罗兰和他的巨著《约翰·克利斯朵夫》。当傅雷说，他和罗兰两人的“个人气质相近”，当我们引用法国文学家布封的名言“风格即人”的时候，想必已不用再来论证傅译《约翰·克利斯朵夫》与罗曼·罗兰原作之间风格的相侔与谐调，因为二者不但有着可以比肩的深厚的文学修养和不凡的艺术造诣，有着高尚的人格力量和独立不羁的精神追求，还有着两颗神通共鸣、契合无间的心灵。

而在傅雷翻译的外国作家中，符合其“相见恨晚”的作家，需要译者具有“艺术眼光”和“相当之社会经验”的作品的，应当是巴尔扎克与其浩瀚的《人间喜剧》。当傅雷说：“我的经验，译巴尔扎克虽不注意原作风格，结果仍与巴尔扎克面目相去不远。只要笔锋常带情感，文章有气势，就可说尽了一大半巴氏的文体能事。”（傅雷，1998a：156）我们就应当承认，傅雷是巴尔扎克在中国的代言人，因为他对巴氏风格的传达无疑是成功的。对于上述两位法国文学巨匠，可以说，傅雷做到了名著名译。

然而，傅雷翻译的外国作家远不止此二人，比如还有伏尔泰、梅里美。这些作家的风格不尽相同，甚至相距甚远，但傅雷的传译仍然是成功的，对此我们又作何解释？我们对翻译文学的审美胜境即“译文风格与原文风格的浑然一致、和谐统一”的认识，又有什么需要补充说明的呢？

以伏尔泰为例，傅雷在翻译《老实人》前后说：“这几日开始看服尔德的作品，他的故事性不强，全靠文章的若有若无的讽喻。我看了真是栗栗危惧，觉得没能力表达出来。那种风格最好要必姨、钱伯母那一套。我的文字太死板，太‘实’，不够俏皮，不够轻灵”；“人民文学社要我译服尔德，看来看去，觉得风格难以传达，畏缩得很”；“我译的服尔德到昨夜终算译完，寄到北京去。从初译以后，至寄出为止，已改过六道，仍嫌不够古雅，十八世纪风格传达不出”（傅雷，1998a：331，337，347）。以上是从傅雷三次写给傅聪的信件中引录出来的，每一次，傅雷都提到了“风格”，可见他对《老实人》作品风格的重视。那么，傅雷在传达《老实人》作品的风格上面是否成功呢？首先，傅雷研究专家罗新璋对傅雷的译文做过如下评论：傅雷“在译文上也力求能传达作家的艺术个性。服尔德的机警尖刻，巴尔扎克的健拔雄快，梅里美的俊爽简括，罗曼·罗兰的朴质流动，在原文上色彩鲜明，各具面貌，译文固然对各家的特色和韵味有相当体现，拿《老实人》的译文和《约翰·克利斯朵夫》一比，就能看出文风上的差异”[1]。其次，风格具有个人性和时代性。傅雷对伏尔泰的《老实人》不但领略到风格的个人性，如“句句辛辣、字字尖刻、笔致清淡、干净素雅”（傅雷，1998c：224），也鉴别出了它的时代性，即 18 世纪“古朴”“古雅”的风格（傅雷，1998c：165，347），并在移译的过程中，力求译文风格与原文风格的和谐统一，把风格的传达视为“达意”之上的又一目标。最后，我们再引傅雷 1963 年致函罗新璋时说的话进一步说明：“拙译服尔德，……原文修辞造句最讲究，译者当时亦煞费苦心，或可对足下略有帮助。”（傅雷，1998a：292）显然，如果傅雷对其译作不满意，是不会把它推荐给虚心求教的罗新璋的。那么，我们也就有了这样一个问题：傅雷对不同风格作家的成功传译说明了什么？布封曾经说过，“一个大作家绝不能只有一颗印章”，这话同样启示了我们：像傅雷这样的大译家，绝对不止拥有一颗印章。

三、傅译风格的当下意义

我们在探讨傅雷的翻译思想和翻译实践的过程中所得出的结论，应当能够给我们正在从事的翻译理论研究和翻译实践活动带来积极的意义和建设性的启示。所以，我们有必要就这个问题在理论的层面上和实践的层面上做进一步思考。

就理论层面而言，过去我们总以为：风格是一个译者走向成熟或达到成熟的标志，一个译者具有自己的风格既有弊也有利，弊处在于它缩小了译者选材的范围，利处在于它有助于译者更深刻地领悟和更恰当地表达与译者风格相同或相似的作品。上述认识无疑是正确的，因为风格是一种个性化很强的艺术特色，即使身处同一时代、同一民族，不同的作者或译者也会因为文学修养的不同、个性发展的不同、审美情趣的不同而形成不

---

1 罗新璋：《代序——读傅雷译品随感》，载傅敏编《傅雷谈翻译》，北京：当代世界出版社，2005 年，第 5 页。

同的风格，更不用说从跨文化的视角看，译者与作者因地域不同、民族不同、文化熏陶不同、语文习惯不同而形成的不同风格。但是，这种认识仅仅代表了我们认识的一个方面，无法解释傅雷对于不同风格作家的成功传达（尽管傅雷风格贯穿于其不同的译作中）。他过于注重译作个性化的一面、独特性的一面，疏于对与其对立的共同性与普遍性的一面加以关注，而“人类各民族在微观上思维的差异性、逻辑的特有性、精神的多样性和意识的独立性，并不能否认人类各民族在宏观上思维的相似性、逻辑的普遍性、精神的相通性和意识的共同性”[1]。东方人与西方人虽然相距遥远，但因为“有着都是人这一共同点以及这一共同点所包含的生理和心理的类似性”[2]，而彼此可以沟通。就此而论，傅雷的成功正在于，他敏锐地意识到了个性与共性、独特性与普遍性的对立统一，并积极地在二者之间寻求联通。他说：“一切伟大的艺术家必然兼有独特的个性与普遍的人间性。我们只要发掘自己心中的人间性，就找到了与艺术家沟通的桥梁。再若能细心揣摩，把他独特的个性也体味出来，那就能把一件艺术品整个儿了解了”；“为学最重要的是‘通’，通才能不拘泥，不迂腐，不酸，不八股；……‘通’才能成为‘大’，不大不博，便有坐井观天的危险”（傅雷，1998a：421，367）。从傅雷的认识中，我们可以得到这样的启示：首先，要跳出“个性”的视野，不局限于“个性”，并在“个性”与“共性”之间、“独特性”与“普遍性”之间相互参悟，悟通二者的关节与内在联系，然后，再从“普遍的人间性”出发，体味作家“独特的个性”，这正是傅雷传达不同风格原作也能取得成功的奥秘。

从实践层面来说，研究傅雷不是为了证明傅雷是现代以来无人可以超越的翻译巨匠，也不是为了证明其皇皇译著构成了翻译文学史上无人企及的一座座丰碑；而主要是为了探寻其登上翻译文学艺术高峰的路径，考察促使其成为伟大译家的一步一步的实实在在的脚印与我们每一位普通的翻译实践者之间的距离，由此思考在我们自己具体的翻译活动中，是否也能够迈得出那样的脚步。以傅译《老实人》为例，首先，当译者与作者“双方的精神距离并不很明显，我的风格能否适应原作的风格，一时也摸不

1　宋学智、许钧：《从文化观看文学翻译的指导原则——“取长补短”浅论》，《江苏社会科学》2003 年第 6 期。

2　许钧、袁筱一等编著《当代法国翻译理论》，南京：南京大学出版社，1998 年，第 47 页。

清”时，只有“试过方知”。但傅雷并非率尔操觚，而是经过一年的考虑，“试译了万把字，才通知出版社”（傅雷，1998c：227—228）的。其次，在翻译过程中，傅雷因怕自己“拖泥带水的笔调还是译不好”而“栗栗危惧”，想象得出，他一定是像鲁迅所说的那样“冷汗不离身”；“原文修辞造句最讲究”，傅雷移译也“煞费苦心”，不断调整自己；并且做到了“凝神壹志”，全身心地投入，否则他就不会说：“译完了服尔德，休息几天，身心都很疲倦。”（傅雷，1998a：165，350）再次，对初稿一再修改，进行“格外加工”，初译“至寄出为止，已改过六道”；“《老实人》的译文前后改过八道”，这是傅雷一贯的翻译作风，尽可能地追求完美，追求原文风格最精当的传达方式。考察下来，上述步骤都是我们完全可以去做甚至可以做到的。同时，还有一点不容忽视，翻译的过程是译者用心感受、用心领会原作的过程，而不单单是靠思维解决字符转换的问题。傅雷“一边译一边感情冲动得很”，说明他是用“心”用“情”去感受原作、领会原作、化解原作的。

此外，还有两点需要说明：首先，文学语言的审美具有不确定性，文艺风格的概念具有模糊性，二者会导致同一原作的不同译本呈现出不尽相同的风格，加之不同的译者在进出原作这座艺术迷宫的过程中，都会留下自己的个性化标记（不管情愿不情愿），这些客观的因素使得我们探讨翻译风格时，应当以相对论为前提，在方法论上重视对比。衡量译文风格的得失，可以在比较中见分晓，可以取一部原著的多个译本进行风格传达优劣的比较，比如傅雷和其他译家笔下的罗曼·罗兰，也可以取一个译者笔下多个不同风格作家的译品对风格传达的结果进行比较，比如傅雷笔下的罗曼·罗兰、巴尔扎克和伏尔泰。其次，风格虽然是作者也是译者成熟的一种标志，但艺术上的成熟绝不等于艺术上的炉火纯青、登峰造极。风格的形成不是艺术家的最高追求，风格的最高境界是无风格。作家应当追求这样的境界，译者更应当追求这样的境界，因为译者只有无风格，才能更好地传达作者的风格。但是，这种“无风格”是经过了风格的浸淫和洗礼后的“无风格”，而不是从头开始就对风格既无所知也无体认的无风格。这样的要求很高，但把它确立为译者的艺术境界并不违背艺术的本质。傅雷一直有着很高的艺术眼光，也一直有着从不满足的艺术追求，所以他的风格观以及有关的翻译实践活动才值得今天的我们认真学习探讨。

第三节　傅译的文化意义

叶兆言曾就文学翻译家与世界文学二者之间的关系，做过以下描述："对于大多数读者来说，没有了翻译家，世界文学将是一段十足的空话。没有翻译家，即使我们像伟大的歌德那样，信心百倍地宣布世界文学的时代已经到来，语言障碍的高山挡在面前，我们还是看不到山那边的无限风光。"[1]不可否认，即使有了翻译家，我们目力所及的山那边的风光依然有限；但是，翻译家在促进世界文学交流、增进世界文明的相互理解方面，其地位与作用毋庸置疑。所以，从文化史的意义出发，翻译家是人类文明史上的民族英雄，就此而论，傅雷无疑就是这样的一位英雄人物。他不仅用自己的译笔使中国读者领略到异彩纷呈的"山那边的无限风光"，而且傅译文学经典为中国语文的建设以及中国现当代文学的创作提供了诸多思路与灵感。因此，无论站在文化交流还是文化构建的角度，傅译作品都理应获得读者的尊敬与尊重。

一、傅译的文化史意义

对于傅雷的翻译成就，资深出版人李景端称其为"现代文学翻译史的一座丰碑"[2]；叶兆言认为，"傅雷的远去意味着一个文学时代的结束"[3]；而柳鸣九更是指出，"在一两个世纪以内完全没有可能再产生出傅雷那样卓绝的翻译大师了，也许在未来相当长的一个历史阶段里，傅雷所创造的翻译业绩将会像米洛的维纳斯那样成为不可逾越的极品"[4]。具体到傅译作品，有学者称，"我们折服于译者理解的准确和表达的精当，有时我们觉得自己不是在读一部翻译小说，而是一位中国作家在为我们讲述一个法国故事"[5]；翻译家罗新璋则在多个场合指出，傅雷的某些最有光彩的译作，有

1　叶兆言：《怀念傅雷先生》，《中国翻译》2008 年第 4 期，第 24 页。
2　李景端：《文学翻译史的一座里程碑》，《中国翻译》2008 年第 4 期，第 26 页。
3　同 1，第 26 页。
4　柳鸣九：《纪念翻译巨匠傅雷》，《中国翻译》2008 年第 4 期，第 21 页。
5　施康强：《文学翻译：后傅雷时代》，《文汇报》2006 年 10 月 16 日。

时甚至让人“产生傅译要胜于原文的感觉”[1]。

傅译作品之所以能获得如此众多的褒奖，大致说来，主要是因为其在文本选择、语言运用以及语体选择上，均顺应了当时主流诗学的审美取向和目标读者对于外国语文的审美期待。当然，就翻译活动而言，除了自觉的主体性选择以外，译者在翻译的过程之中，同时会被动地受制于“他们所生活的时代，他们努力协调的文学传统以及他们置身其间的两种语言的特征”[2]。于是，傅雷在翻译过程中，适时地为其文本制定了“本土化”（即所谓“归化”）的语言策略。一方面，傅雷试图通过这样的翻译理念，实现所谓“理想的译文仿佛是原作者的中文写作”的翻译理想；另一方面，这种迁就目标读者的阅读习惯以及审美期待的做法，自然会为其作品赢得广泛的读者群；此外，傅译中大量“批判现实主义”文学文本的出现，更是译者充分考虑到当时主流诗学和主流意识形态的结果。可以说，傅译在各个方面都顺应和暗合了当时的“目标文本的某种模式或者某种正确性言说”[3]，所以，它能得到社会的“承认乃至称颂”[4]。而也正是因为傅译顺应了当时中国文学多元系统中主流的正确性言说，当时的主流诗学以及包括主流意识形态在内的各种赞助人体系，才会乐于接受并且认同傅雷的译作和其语言风格。笔者认为，上述各方面，恰恰应当是傅译给予我们在翻译学意义上的思考。

无可否认，傅译留给了中国知识界太多难以抹去的文化记忆，傅雷也因此而成为中国翻译文学史上具有里程碑意义的一位文学翻译家。首先，傅雷倾其一生专事法国文学翻译，并且在有限的生命旅程里，为中国读者奉献出三十四部法国文学的翻译精品；其次，傅雷提出的“神似论”翻译美学，被中国现当代的文学译者视为文学翻译的金科玉律，同时翻译学研究者也视其为中国“自成体系的翻译理论”中的重要一环；再次，傅雷经典译作之洋洋大观，带给知识界的思考与启示至今都难以估量，许多中国

1　罗新璋：《代序——读傅雷译品随感》，载傅敏编《傅雷谈翻译》，北京：当代世界出版社，2005 年，第 4 页。

2　Andre Lefevere, *Translating Literature: Practice and Theory in a Comparative Literature Context* (New York: The Modern Language Association of America, 1992), p. 6.

3　Theo Hermans, “Translational Norms and Correct Translations,” in *Translation Studies: The State of the Art*, eds Kitty M. van Leuven-Zwart & Ton Naaijkens (Atlanta: Rodopi, 1991), p. 165.

4　同上。

现当代的知名翻译家与文学家，都曾在不同场合分别坦言他们是傅雷或者傅译的“私淑弟子”。由此可见，傅雷及其译作的影响何等巨大。阅读傅雷，体验傅译的文化与艺术魅力，将有助于我们在文化史的意义上，更充分地理解文学翻译的实质与功用，进而更好地理解翻译行为的原初意义。

可以说，从文化史和文明史的角度来看，傅译带给我们的启示正在于，翻译作品只有考虑到译文的可读性以及译入语文化的可接受性，才可能在最大程度上获得目标读者的认同，从而才有希望实现翻译活动所承载的文化意义与文化交流的功能。由此反观当下中国知识界热议的“中国文学走出去”战略，笔者认为，中国译界或许应当借鉴傅译经验，在翻译策略上采用“归化式”译法，首先让文学译本走进目标读者的审美世界与关注视野，进而使目标读者了解源语文化语境下的文化常规与思维模式，在心理接受与认同的大前提下，最后再来探讨，如何采用“原汁原味”的本土文化改造与影响对方文学创作模式等文化战略问题。试想，如果文学译本采用虽然忠实但拒绝流畅的“抵抗式”翻译策略，势必会影响到译本在目标读者中的流通与接受，更遑论扩大其社会及文化影响。如此一来的结果，或许正如叶兆言所言，读者根本无法领略到“山那边的无限风光”；那么，旨在实现文化间相互理解与良性互动的翻译行为的本意和初衷，也就变得更加遥不可及了。

二、傅译的公共意识与人文情怀

今天的读者在阅读傅译作品时，无不惊叹于傅雷在进行文本选择时的那种自觉的忧国忧民意识，以及在文本处理时的那种纯粹的至真至美的追求。其实，这也恰恰说明，作为译者的傅雷不仅拥有翻译家的社会良心，而且拥有艺术家的人文情怀。“赤子之心和人文情怀是傅雷的人生境界与艺术境界的叠合”[1]，事实上，正是这种纯真的“赤子之心”和超凡的“人文情怀”，铸成了那些极富魅力的感人的文字，促使傅译至今还能赢得“许多心灵的朋友”，与他们“相接相契相抱”。

1942 年重译的《贝多芬传》，充分诠释了傅雷的“赤子之心”与“人文情怀”。他在《译者序言》中说：“现在阴霾遮蔽了整个天空，我们比任

1　许钧：《赤子之心，人文情怀——傅雷永远活着》，《中国翻译》2008 年第 4 期，第 20 页。

何时都更需要精神的支持，比任何时都更需要坚忍、奋斗、敢于向神明挑战的大勇主义。……由于这个动机，我重译了本书。”（傅雷，2008a：5）对于时局的殷殷关注，对于国人的谆谆劝导，以及对于“大勇主义”的切切呼唤，上述一段话真实地折射出翻译家傅雷的赤子之心与公共意识。同时在译作之外，傅雷还附加了一篇《贝多芬的作品及其精神》的专论，全面地阐释了他对于贝多芬的“理解的同情”。例如在分析贝多芬《第九交响曲》中的欢乐颂歌时，傅雷认为，它“从痛苦与斗争中解放了人，扩大了人。解放与扩大的结果，人与神明迫近，与神明合一。……人已超临了世界，跳出了万劫，生命已经告终，同时已经不朽！这才是欢乐，才是贝多芬式的欢乐！”（傅雷，2008a：95）这种对于“人”与“生命”的礼赞与讴歌，表面谈的是艺术与人生，实则代表着一位拥有拳拳爱国之心的人文主义战士，在阴霾沉沉的天空下，向青年们发出的激荡人心的战斗号角。从此我们不难发现，贯穿傅译作品的精神脉络，正是这种“赤子之心”与“人文情怀”。

同时，我们注意到，几乎所有的傅译作品都拥有一定形式的翻译副文本，比如译者弁言、译者献辞、内容介绍、文艺评论等。其中的译者意图相当明显：作为一名人文知识分子，翻译家不能泯灭社会良心与社会责任；而作为翻译家，其译作与翻译副文本却不能不关注本土读者的可接受性。事实上，正是这些副文本形式，充分彰显了傅译作品的独特魅力与不朽的时代意义。它们的存在，一方面让读者见证了傅雷对于翻译事业的至诚热爱，另一方面也折射出傅译作品对于祖国的前途与命运，尤其是对于青年成长的担忧与关注。傅雷充分利用了这些副文本形式，在其译作中的文学人物与中国青年的健康成长之间，建立起了各类沟通与交流的有效渠道，进而通过这种潜在的方式为混沌、蒙昧的青年指明了前进方向。除了今天众所周知的《傅雷家书》这一典型实例之外，傅雷也曾在多种场合表达过他对于青年的情感凝视。

1941 年，傅雷在《约翰·克利斯朵夫》的《译者弁言》中谈道：“青年成长的途程就是一段混沌、暧昧、矛盾、骚乱的历史。顽强的意志，簇新的天才，被更趋顽强的和年代久远的传统与民族性拘囚在樊笼里。它得和社会奋斗，和过去的历史奋斗，更得和人类固有的种种根性奋斗。一个人唯有在这场艰苦的战争中得胜，才能打破青年期的难关而踏上成人的大道。”（傅雷，1957：1）这里，傅雷试图传达与张扬的“奋斗”与“顽强不屈”的“大勇精神”，对于身陷各类社会“樊笼”的青年而言，无疑是一种巨大的精神支持。而在1942年《贝多芬传》的《译者序》中，傅雷更是现身说法，以自己的个人经验为例，为青年读者的成长指点迷津：“疗治我青年时世纪病的是贝多芬，扶植我在人生中的战斗意志的是贝多芬，在我灵智的成长中给我大影响的是贝多芬，多少次的颠扑曾由他搀扶，多少的创伤曾经由他抚慰，——且不说引我进音乐王国的这件次要的恩泽。除了把我所受的恩泽转赠给比我年轻的一代之外，我不知道还有什么方法可以偿还我对贝多芬，和对他伟大的传记家罗曼·罗兰所负的债务。表示感激的最好的方式，是施予。”（傅雷，2008a：6）上述序言抒发与描述的，显然是一位越挫越勇的“斗士”形象，傅雷希望凭借这样的言说，引导青年阅读罗曼·罗兰笔下不屈的英雄人物。因此，评价傅译，决不能忽视各类副文本的文化价值，其中所倡导和彰显的正面与积极的情感，对于青年读者、对于关心国家命运的人们而言，无疑都是一种极大的精神动力。这种真切的情感，从小处说，是译者个人品格的自然投射；而往大处说，就是译者对于中国未来命运的深度关切。所以，多年来傅译作品才会不断地赢得不同年龄段读者的尊重与喜爱。

由此而论，傅雷不仅仅是一位卓越的文学译者，他还是一位杰出的人文主义者。阅读傅雷译作更深层的意义，还在于认识他的社会责任与人文关怀。如果说，傅译作品本身所带给我们的，是翻译学意义上的思考，那么各种形式的副文本（包括内容介绍、译者献辞、译者弁言等）给予我们的，则是人文主义与社会文化意义上的启示。即，译者只有胸怀天下、心系读者，才会为读者所缅怀，其译作也才可能成就真正的翻译文学经典。难怪叶兆言会感叹：“不止一个人翻译过巴尔扎克的作品，然而傅雷的译本最为我们熟悉，最容易被大家接受，是众所周知的共认品牌。”[1]

三、傅译与中国语文建设及中国现当代文学创作

关于翻译对汉语的影响，王克非教授认为：“翻译是在语言的平台上

1 叶兆言：《怀念傅雷先生》，《中国翻译》2008年第4期，第24页。

进行，大量的翻译必然带来对语言的冲击和改造。”[1] 实际上，翻译文学必然会对中国原创文学产生意义深远的影响，尤其是被视为翻译文学经典的译作。一方面，这些译自异域的经典译作会从词汇、句法以及语体等多方面为本土文学创作提供新鲜的可资借鉴的语言元素，从而部分地改写本土语言（书面语和口语）的表现模式；同时，它们的经典性会为本土文学创作群体提供文学范本，从而直接影响到文学创作的叙事模式与语汇的选择等文学图景的构建。另一方面，这些经典译作中所揭示的人生哲理以及渗透其间的精神力量，滋养着译入语国家的文学读者与创作群体的心智，从而启发他们的文化人格的建构与探索；而译作中焦点人物所折射出的个人魅力与时代精神，还有可能成为后来作家进行文学创作的主体精神。

关于傅译与现当代文学发展的关系，叶兆言有过这样的论述：

> 描述中国现代文学的发展，不但要研究作家原创的作品，还要研究翻译文学的语言。现代汉语的发展壮大，文学语言的日趋成熟，是由这两种力量同时推动的。而傅雷恰恰是翻译文学领域中最突出的一位，他不仅向我们贩卖和推销了外国文学，还把第一流的汉语范本展现在了读者面前，直接影响了很多有志于从事文学创作的人。[2]

1963 年，傅雷在致罗新璋的信函里，谈到自己对译文文字及译语风格的总的要求：“重神似不重形似；译文必须为纯粹之中文，无生硬拗口之病；又须能朗朗上口，求音节和谐；至节奏与 tempo，当然以原作为依归。”（傅敏，2005：270）无论语言还是节奏，傅雷都始终坚持以“中庸”“和谐”为翻译标准。实际上，傅雷对于文学作品的赏析，也正是秉承了这样的文学标准。例如，评价白居易《琵琶行》的诗歌成就时，傅雷说：“全诗写得如此婉转细腻，却仍不失其雍容华贵，没有半点纤巧之病！（细腻与纤巧大不同。）明明是悲剧，而写得不过分的哭哭啼啼，多么中庸有度，这是浪漫底克兼有古典美的绝妙典型。”（傅雷，2006a：

1 王克非：《近代翻译对汉语的影响》，《外语教学与研究》2002 年第 6 期，第 458 页。
2 叶兆言：《怀念傅雷先生》，《中国翻译》2008 年第 4 期，第 24 页。

41）有论者甚至称傅雷的这种“中庸有度”的审美理想为一种“半古典半浪漫”[1]的审美情怀。事实上，由于傅雷对于希腊古典主义精神的热爱，以及他在批判欧洲学院派艺术过程中所形成的艺术观点和审美理想，傅雷一直将“中庸有度”作为自己文学翻译的审美追求；而且，在翻译过程中，他始终将“行文流畅、用字丰富、色彩变化”作为自己的目标（傅敏，2005：56）。

对于音节、节奏、语汇以及风格的看重与强调，促使傅雷在整个的翻译过程以及后期的修订中殚精竭虑地精益求精，以致“数年来不独脑力衰退，视神经亦感疲劳过度”（傅雷，2005：56）。然而，正是他这样的不懈坚持与真诚付出，使我们在阅读蔚为大观的傅译作品时，才得以体验到“中庸有度”“行云流水”的译文风格。有学者更是将这样的风格誉为“傅雷体华文风格”。叶兆言本人就曾坦承，“譬如我，就是傅雷译本的坚定拥护者和受惠者，他译文中特有的那种节奏，那种语感，那种遣词造句的风格，都曾经深深地影响过我”[2]；他甚至称，“很长时间内，我一直是把傅雷译本当作自己的语文教材，傅雷实际上就是我的语文老师”。而翻译家施康强也承认：“我们这一代的法国文学翻译家（年龄约从五十岁到七十岁）或多或少都是傅雷的私淑弟子。”而正是这种“中庸有度”的审美理想，使傅译能够赢得各个层次读者的审美认同。以傅雷生活的那个时期的文学气候与文学风尚来看，不少文学青年正是接受并受惠于傅译作品，才走上了自己的文学翻译和文学创作道路的。

因此，傅译在文化规范的构建方面同样意义重大。具体而言，首先，傅雷对于语言风格的论述，对于文学青年认识母语及母语文化，同时对于后来的翻译家以及文学创作者，都具有极大的启发意义。傅雷在1957年发表的《翻译经验点滴》一文中指出：“规范化是文艺的大敌。我们有时需要用文言，但文言在译文中是否水乳交融便是问题；我重译《克利斯朵夫》的动机，除了改正错误，主要是因为初译本运用文言的方式，使译文的风格驳杂不纯。”（傅雷，2002a卷17：226）这里，傅雷提到了文学翻译与文学创作中的一对悖论：规范化与多样性。傅雷以方言为例：“方

1　刘凌：《傅雷的审美理想》，《齐鲁学刊》1990年第5期，第82页。
2　叶兆言：《怀念傅雷先生》，《中国翻译》2008年第4期，第24页。

言有时也得用，但太浓厚的中国地方色彩会妨碍原作的地方色彩。纯粹用普通话吧，淡而无味，生趣索然，不能作为艺术工具。”（傅雷，2002a 卷 17：226）表面上，傅雷谈的是翻译问题，但其中的原则与方法对于文学创作无疑也是适用的。很显然，译者或者说是作者，在语言运用方面，必须谨慎把握“规范统一”与“灵活多样”之间的文学张力，否则就会出现“驳杂不纯”的弊端。傅雷甚至在文中还为此提出自己的建议：“多读中国的古典作品，熟悉各地的方言……至于形成和谐完整的风格，更有赖于长期的艺术熏陶。”（傅雷，2002a 卷 17：226）这些论述与意见，对于翻译实践以及文学创作，毫无疑问，具有方法论的意义。

此外，傅雷在句法结构方面的论述，对于中国语文在句法领域的探索颇有借鉴意义。1951 年在致宋淇的信中，傅雷对于保留原文句法与保持中文特点的问题，做过一番精彩论述：“在最大限度内我们是要保持原文句法的。但无论如何，要叫人觉得尽管句法新奇而仍不失为中文。这一点当然不是容易做得到的，而且要译者的 taste 极高，才有这种判断力。”（傅雷，2002a 卷 20：153）由此可见，傅雷主张译者在翻译过程中应同时兼顾中西两种语言各自的特点，既能保存外文的“形”，同时又不失中文的“神”。所以说，有人以为傅译只重神似而不重形似，其实是对傅雷和傅译的一种误读。而最值得一提的，是傅雷还因此论及中文句法改革的问题。他指出：“我以上的主张不光是为传达原作的神韵，而是为创造中国语言，加多句法变化等等，必要在这一方面去试验。”（傅雷，2002a 卷 20：153）傅雷从自己的翻译工作入手，谈到中西两种语言的差异，甚至论及中国语文的建设等诸多问题。事实上，傅译在句法方面的尝试颇多，以《约翰·克利斯朵夫》中的一句话为例：

> 他那时紧张的程度，竟会把那职员当胸扎上一刀，倘使那倒霉蛋过来打开他车厢的话。（傅雷，1983 卷 8：339）

上述句法显然保留有法文的结构与表达特点，而“……的程度”“倘使”等语汇无疑也受到法文构词法的影响。傅译的这种句法试验，对于中国语文的建设以及中国文学创作群体的启示和影响是不言而喻的；同样的表达方式与句法结构在后来的中国作家的文学创作中并不鲜见，例如傅雷所推重的作家老舍即是这种句法试验的先行者与实践者。

其次，傅雷对于文言与白话的论述，在很大程度上影响到当时读者对于中国语文的认知，同时也在很大程度上影响到当时文学创作群体对于语体的选择。同样是在致宋淇的这封信中，傅雷对当时还不够成熟的“白话文”有如下的一番论述：“白话文跟外国语文，在丰富、变化上面差得太远，文言在这一点上比白话就占便宜。”（傅雷，2002a 卷 20：152）因此，处于当时文学转型期的译者以及作家，都对此感到无所适从。傅译的早期作品也多为文白夹杂的“混合体”。傅雷对此的解释是：“白话文却是刚刚从民间搬来的，一无规则，二无体制，各人摸索各人的，结果就要乱搞。同时我们不能拿任何一种方言作为白话文的骨干。我们现在所用的，即是一种非南非北、亦南亦北的杂种语言。凡是南北语言中的特点统统要拿掉，所剩的仅仅是一些轮廓，只能达意，不能传情。故生动、灵秀、隽永等等，一概谈不上。”（傅雷，2002a 卷 20：152）对照当时的实际情况，白话文的运用确实还处在一种摸索和草创阶段。不过，傅雷后来认为，如果要避免这些不利影响，同时要求内容生动的话，“非杂糅各地方言（当然不能太土）不可，问题在于如何调和，使风格不至于破碎”（傅雷，2002a 卷 20：159）。这种语言的“调和论”与傅译风格的“中庸和谐说”一道，共同构筑起傅译作品的语言观。而它们对于中国语文的建设以及中国现当代文学的创作，意义都非同凡响。

再次，傅译作品中鲜活的人物形象，在激发文学创作者的创作灵感和写作模式时发挥的作用，不容小觑。有关傅译作品中人物形象对于中国现当代文学创作群体的影响，有学者曾经就傅译《约翰·克利斯朵夫》中主人公直视人生的“大勇者精神”进行过考证，并发现中国新文学史上那些主体意识强烈、个性鲜明的作家如鲁迅、巴金、胡风、路翎、萧军、白桦等人，都从约翰·克利斯朵夫身上汲取了充分的创作灵感，而且这些作家所创作的文学人物也都不约而同地烙上了傅译约翰·克利斯朵夫的“英雄主义”的印迹，从而成为日后一些青年读者的“不可分离”的“知己”与“伴侣”[1]。傅雷本人在 1940 年撰写的《译者弁言》中也说：“比‘超人’更富于人间性、世界性、永久性的新英雄克利斯朵夫，应当是人类以更大的

1　钱林森：《傅雷翻译文学经典与中国现代作家》，《中华读书报》2009 年 7 月 1 日第 20 版。

苦难、更深的磨炼去追求的典型。"（傅雷，1957：7）作者和译者共同塑造的这一"新英雄"形象，对于当时的文学读者和文学创作群体的心理暗示以及创作灵感而言，都极具典型性。换言之，傅雷从译语文本到翻译副文本，都力图为读者塑造一位在逆境中不断前行的大众英雄形象。这样的英雄对于当时的文学青年以及苦闷彷徨的读者而言，可谓是不可或缺的精神领袖；而青年们以及整个社会所呼唤的这种"新英雄"形象，自然也就开始流露于文学创作者们的笔端。这一切，又都源自傅译的昭示与影响。

四、本节结语

王克非在考察了文艺复兴时期欧洲各国的翻译名家及其代表译作之后，对于这些翻译家的翻译风格及其译作之文化史意义，有过这样的总结：1）主要是意译，译家充分运用自己对语言的掌握能力；2）讲究风格，甚至多为自己的风格，因其独特而能在母语文学上自立一帜；3）通过翻译借鉴和模仿，丰富和发展自己祖国的语言，以至译文成为译入语文学语言之榜样；4）译作无论从题材、结构或形式上都给同时代作家以很大的影响。[1] 上述结论，对于傅雷及其译作同样成立。傅译自成一体的傅雷体华文风格和傅译副文本所折射出的良苦用心，留给中国翻译界与翻译研究界、中国语文建设以及中国现当代文学创作群体的借鉴意义与心灵鼓舞，无疑都是深远的。

事实上，对傅译作品及其副文本的考察，首先，有助于我们从文化意义上认识文学翻译的实质与作用；其次，这样的考察有助于认识傅译文学经典对于本土文学创作甚至是译入语主流文学规范的影响；再者，研究者还可以从 20 世纪中法文学现状以及两国读者的阅读喜好这一角度，评价傅译对于推动法国文学在中国的传播与接受方面所做出的杰出贡献，从而充分认识到傅译的社会文化价值。此外，通过研究，我们可以进一步了解中法两国文学之间的交流状况并认识其意义；同时，也可以总结法国文学在中国译介的成绩与不足，有助于改善以后的文学翻译工作，使中外文化交流朝着健康的方向发展。并且，借助 20 世纪法国翻译文学这面明镜，或许还可以为我们进一步认识本国文学的地位与发展历史提供一点借鉴与

1 王克非编著《翻译文化史论》，上海：上海外语教育出版社，1998 年，第 276 页。

帮助。

第四节　傅雷的当下意义

热情、认真、执着、理想，是傅雷精神的主要内涵。当下重提傅雷精神，一方面是为了强调，它是傅雷成为文学翻译领域一代巨匠的不容忽视的条件之一；另一方面，更因为它是医治今天翻译界盛行的浮躁之风的对症良药。

一、傅雷的精神内涵及其当下意义

（一）认真的傅雷

一部优秀的外国文学作品，如何才能变成一部优秀的翻译文学作品，傅雷的翻译实践活动让我们尤其注意到以下几点：首先，傅雷对一部外国作品的选择是慎重的，不唯作者之大名是瞻，而是根据自己的能力、情趣与理解去选择适合自己翻译且有价值的作品。他说："译书要认清自己的所短所长……得弄清楚自己最适宜于哪一派：……每一派中又是哪几个作家？同一作家又是哪几部作品？"（罗新璋，1984：626）他既是这么认为的，同时也是这么去做的。例如，《红与黑》在我国是深受读者欢迎的法国文学作品，但傅雷却并没有以其畅销作为自己的选择标准："史当达，我还是二十年前念过几本，似乎没有多大缘分。人民文学出版社也提议要我译《红与黑》，一时不想接受。"（傅雷，1998a：162）而对于中国读者普遍比较喜爱的另一位作家莫泊桑，傅雷虽然觉得自己"还能胜任"，也仅仅是准备挑选他的一些短篇，因为"最近看了莫泊桑两个长篇，觉得不对劲，而且也不合时代需要"（傅雷，1998a：165）。其次，傅雷下笔之前必定是经过认真准备的，决不率尔操觚。他强调指出，"事先熟读原著，不厌求详，尤为要著"（罗新璋，1984：695），并认为，"假如认为翻译可以无须准备酝酿，那是把翻译劳动的实质看得太简单了"（傅雷，1998a：209）。再次，在具体动笔的过程中：（一）傅雷对文字总是从艺术的高度再三推敲、百般锤炼，因为文学是语言的艺术，文学翻译也是语言的艺术，所以"文字问题基本也是个艺术眼光的问题”（罗新璋，1984：628）。文学翻译能否传达原作的“神韵”，最终还要落实到字句上，而要做到字字精当，句句传神，决不是信手可以拈来的，而是“煞费苦心”的结果。由此，傅雷说：“琢磨文字的那部分工作尤其使我长年感到苦闷”（罗新璋，1984：627），“无奈一本书上了手，简直寝食不安，有时连打中觉也在梦中推敲字句”（罗新璋，1984：545）。（二）傅雷作为一代翻译巨匠，其翻译速度并不是我们想象中的那般快。傅雷在《致林以亮论翻译书》中谈到，翻译三十万字的《贝姨》花了七个半月，前后总要八个半月。林按：“以傅雷的经验和修养，每日平均也只不过译一千二百到一千五百字，可见翻译是快不来的。”[1]（三）翻译文学精品是一遍一遍修改出来的，绝非一蹴而就。正如傅雷所说：“《高老头》正在重改，改得体无完肤，……重译之后早已誊好，而在重读一遍时又要大改特改”（傅雷，1998a：150—151）；《贝姨》虽“改好誊好”了，但“文字也得作一次最后的润色”（罗新璋，1984：545）；“《老实人》的译文前后改过八道”（罗新璋，1984：626）。可见，“翻译工作要做好，必须一改再改三改四改”（傅雷，1998a：603）。最后，傅雷将定稿交付出版社，才算完成了翻译中的所有环节。而“定稿”不时也会引起“风波”，出版社的不少编审都领教过傅雷的“脾气”。金圣华就曾说，傅雷“当年翻译法国文豪的名著如《高老头》《约翰·克利斯朵夫》时，宁愿精益求精，一译再译，把自己的文稿修改得体无完肤，可是一经定稿，就不许编者妄自改动一字一句了”[2]。这正从侧面说明，傅雷译文中的每一字每一句，都经过了他的仔细斟酌、再三推敲，已是他认为最贴切、最适宜的选择，没有哪位编者会比他考虑得更深刻、更全面、更周到。

由此，傅雷“过于认真与做一事就负起责任来的脾气”（傅雷，1998a：253）可见一斑。傅雷在1954年时曾经指出：“时下的译者十分之九点九是十弃行，学书不成，学剑不成，无路可走才走上了翻译的路。本身原没有文艺的素质、素养；对内容只懂些皮毛，对文字只懂得表面，between lines 的全摸不到。这不但国内为然，世界各国都是如此。单以

1　傅雷：《致林以亮论翻译书》，载罗新璋编《翻译论集》，北京：商务印书馆，1984年，第545页。
2　金圣华：《译注〈傅雷家书〉的一些体会》，载傅雷《傅雷文集·书信卷》（上下），傅敏编，合肥：安徽文艺出版社，1998年，第655页。

克利斯朵夫与巴尔扎克，与服尔德几种英译本而论，差的地方简直令人出惊，态度之马虎亦是出人意外。”（傅雷，1998a：167）不论国外情况，这段话至少反映出两个问题：一是译者的文学艺术修养不够，这是能力或者水平的问题；二是译者出人意外的马虎，这是态度的问题。而正是由于以上两点，才导致了“对内容只懂些皮毛，对文字只懂得表面，between lines 的全摸不到”的现象。这种现象，我们可以用一个字概括：“浮”。1962 年，傅雷在谈到“慢就是快”的治学之路时说：“根基打不好，一切都筑在沙上，永久爬不上去。我觉得这一点特别值得我们深思。倘若一开始就猛冲，只求速成，临了非但一无结果，还造成不踏实的坏风气。德国人要不在整个十九世纪的前半期埋头苦干，在每一项学问中用死功夫，哪会在十九世纪末一直到今天，能在科学、考据、文学各方面放异彩？”（傅雷，1998a：579）这里，傅雷给我们指出了治学中出现的另一种坏现象，即，急于求成乃至急功近利的危险现象，如果仍然用一个字概括，那就是“躁”。联系翻译，他就是要告诫我们：搞文学翻译要“甘心情愿地多做几年学徒”（罗新璋，1984：629），“创作、绘画、弹琴，可能有一鸣惊人的天才，翻译则不大可能”（傅雷，1998a：159），“功夫用得不够，没吃足苦头决不能有好成绩！”（傅雷，1998a：360）。然而遗憾的是，四五十年前，傅雷已然指出的“浮”与“躁”的译风和学风，在今天却变得更为普遍和严重。

与此同时，傅雷是怎样评价自己的译作的呢？以《约翰·克利斯朵夫》为例，他认为自己的译作“在品质上，在劳动强度与所费的时间上，在艺术成就上”，是完全可以，也经得住与英译、德译、俄译等大多数译作进行比较的（傅雷，1998a：208）。所谓“劳动强度”，指傅雷翻译《约翰·克利斯朵夫》过程中所下的功夫，所花的力气，以及对字里行间的深入研究；而“所费的时间”，无疑指其在译作上所投入的时间、所花费的心血，是“一般的译作”无法相比的，它不是一部急于求成出来的译作。傅译《约翰·克利斯朵夫》之所以在品质上、艺术上有很高的成就和价值，正是因为傅雷付出了相当的“劳动强度”和相当的时间。最终他的译作才会满足“读者的需要”（傅雷，1998a：209）。傅雷翻译《约翰·克利斯朵夫》和一系列法国文学作品时，所表现出来的认真踏实的工作作风，与当今普遍流行的浮躁译风恰恰构成了鲜明对比。

（二）热情的傅雷

除了“认真”，傅雷对艺术、文学翻译还表现出极大的热情，“近乎狂热”（傅雷，1998a：575）。傅雷从不否认自己性格中有“热烈”的一面，认为自己是“有热情”的人，而且是“热情强”（傅雷，1998a：575）的人。在傅聪眼里，父亲“充满了热情”；罗新璋也说过，傅雷对文学翻译工作“极端热诚”。在一篇纪念莫扎特诞辰两百周年的文章中，傅雷写道，莫扎特“以不断的创造征服不断的苦难，以永远乐观的心情应付残酷的现实……他的永远乐观，始终积极的精神，对我们是个极大的鼓励”（傅雷，1998b：298—299）。而这段话，也正是傅雷 20 世纪三四十年代在黑暗岁月中翻译《约翰·克利斯朵夫》的最真实写照。“热情”不但是傅雷以乐观心情应付残酷现实的手段，也是他“以光明消灭黑暗的具体实践”（傅雷，1998b：298）。正因为傅雷用火热的感情深入作品，用燃烧的激情融化作品，“一边译一边感情冲动得很”（傅雷，1998a：360），他才能译出对中国读者具有如此感染力和穿透力的《约翰·克利斯朵夫》，才能把一部外国文学作品原有的艺术魅力最充分、最得当、最精彩地表现出来。

（三）执着的傅雷

激情（热情）与严肃（认真），是傅雷形象的主要表征。正因为有燃烧的激情（热情）作为动力，有严肃（认真）的作风作为约束，傅雷在追求艺术理想的过程中，在文学翻译“求真”的历程中，才能够表现出另一种精神姿态：进取、执着。《傅雷传》的作者金梅说过：傅雷的一流译品，与他在法语、文学及整个学识上的高深造诣，与他严肃认真的治学态度和从不满足的进取精神有关。[1] 的确，在傅雷眼中，艺术的境界是无穷的，而他对于艺术又是那么狂热，所以，尽管他有着极高的文艺修养和丰富的翻译经验，在我们眼里已是当之无愧的艺术大师和翻译巨匠，但他仍然苛求自己，认为自己的译文“成绩只能说‘清顺’”（罗新璋，1984：545），“句子的转弯抹角太生硬，色彩单调，说理强而描绘弱”（傅雷，1998a：

1 金梅：《傅雷传》，长沙：湖南文艺出版社，1997 年，第 227 页。

608)。他“对自己的译文从未满意”(罗新璋，1984：694)，总是给自己提出更高的要求。他总是不断地注意到自己可能有的不足和局限，以使自己一直处于不断的进取和追求之中，在文学翻译的动态活动里，追求“行文流畅、用字丰富、色彩变化”的“预定目标”(罗新璋，1984：694)；在文学翻译的静态结果上，追求“神似”的效果和风格的“浑成”。“永远不完全所以才是真完全”[1]，这是傅聪针对父亲的艺术追求活动最好的表述与领悟。

这种不断进取的姿态，恰恰体现出傅雷对于艺术的执着。热情与执着在傅雷身上相互结合，所以傅聪说，父亲“文章的每一字每一句都充满了热情，很执着”(转引自傅雷，1998a：575)；傅雷也自认为“狂热”与“执着”是他性格的一个方面(傅雷，1998a：619)，并且“执着的时候非常执着”(傅雷，1998a：575)。正因为傅雷“执着真理”(傅雷，1998a：576)，他才能在文学翻译实践那绝非一帆风顺的“求真”历程中，明知“艺术的境界无穷，个人的才能有限”(罗新璋，1984：559)，明知绝对的忠实达不到，依然始终保持“知其不可为而为之的精神”(傅雷，1998a：598)，“对自己的工作还是一个劲儿死干”(傅雷，1998a：597)，以求自己的艺术水平再上一层楼，以求自己的译品与原作最大可能地达到浑然一致、和谐统一。

热情(激情)、认真(严肃)、执着(进取)，构成了傅雷精神的主要内涵。但是，如果我们仅仅看到傅雷高超的文学艺术修养，显然不够，因为，文艺修养只是一个译者应该具有的文学翻译的基本功，它最终从属于一种客观的条件；而精神的东西则是一种主观姿态，若没有这种主观姿态，客观条件再好，也很难保证事业有成。傅雷之所以能成为当代最伟大的翻译家，不仅仅是因为他卓越的文艺才华，更是因为他具有热情、认真、执着的主观姿态与精神品格。然而，纵观今天的翻译界，“译风的普遍浮躁”，“译书质量的普遍粗糙”，已经成为译事昌盛背后潜藏着的一大危机；不但“译者水平太差”，工作态度也差，“没有明白就翻译”[2]。所以，对于今天的翻译界乃至整个学术界而言，我们所缺少

1　傅聪：《傅聪写给父母亲的一封家书》，载傅雷《傅雷文集·书信卷》(上下)，傅敏编，合肥：安徽文艺出版社，1998 年，第 649 页。
2　许钧：《翻译的危机与批评的缺席》，《新华文摘》2005 年第 22 期，第 129—130 页。

的正是这样的傅雷精神；唯有傅雷精神，才是医治我们浮躁弊病的一剂良药。

（四）理想的傅雷

然而，傅雷缘何会对文学艺术如此热情、如此认真，又如此执着？深入探究，我们发现在傅雷的精神品格之后，拥有一个“赤子之心”的宏大背景；背景之上，我们看到了傅雷对艺术“热烈的”“如火如荼的”爱，对艺术理想境界“高尚的”“忘我的”追求，以及对文学翻译的情有独钟。傅雷说：“由于我热爱文艺，视文艺工作为崇高神圣的事业，不但把损害艺术品看作像歪曲真理一样严重，并且介绍一件艺术品不能还它一件艺术品，就觉得不能容忍，所以态度不知不觉地变得特别郑重。”（罗新璋，1984：625）由此，我们既可以体悟到傅雷对待文学艺术“热情”乃至“激情”的原因，也可以感受到他对待文艺工作和翻译事业“认真”甚至是“严肃”的态度。而这一切，又都因了傅雷对于文学艺术的“热爱”。有了这般的“热爱”，他才会在追求艺术理想境界的过程中，那么地执着与进取。傅雷曾坦言：“我自信对艺术的热爱与执着，在整个中国也不是很多人有的。”（傅雷，1998a：581）而“感情与了解互为因果”（罗新璋，1984：627），所以，对文学作品爱之愈切，领悟愈深；而领悟愈深，译者与作者愈能发生思想的接合和心灵深处的共鸣，译者也就愈能传达出作品的“神韵”。此外，傅雷对于文艺的热爱也是“真诚”和“洁白”的，他认为：一个艺术家要“始终抱着崇高的理想。忠于自己的艺术”（傅雷，1998a：263）；“大多数从事艺术的人，缺少真诚”，然而，“真诚是第一把艺术的钥匙”（傅雷，1998a：421）。

那么，傅雷为什么会对艺术产生如此这般的热爱呢？凝视那个“赤子之心”的宏大背景，我们会逐渐发现一个冰清玉洁的人生境界，崇高得让人越看越感自惭形秽。而这一境界，与罗曼·罗兰的启示不无关系。

1934 年 3 月，傅雷致函罗曼·罗兰，讨教“英雄主义”。罗兰在 6 月的复函中回答：“夫吾人所处之时代乃一切民众遭受磨炼与战斗之时代也；为骄傲为荣誉而成为伟大，未足也；必当为公众服务而成为伟大。最伟大之领袖必为一民族乃至全人类之忠仆……吾人在艺术与行动上所应唤醒者，盖亦此崇高之社会意义与深刻之人道观念耳。”[1]这里，罗曼·罗兰正是在告诫傅雷，“为公众服务”，“为一民族乃至全人类之忠仆”，才是真正的“伟大”或英雄；作为一个艺术家，应当把“为公众服务”和“为一民族乃至全人类之忠仆”作为自己应当唤醒、应当追求的“崇高之社会意义与深刻之人道观念”。罗曼·罗兰的话对傅雷日后人生观的形成无疑有着推助作用，因为傅雷后来也正像罗曼·罗兰所劝告的那样，“洁身自好之士唯有隐遁于深邃之思想境域中”[2],以文学翻译事业推动社会的进步、服务于民众，以文学翻译事业把人生的境界和艺术的境界叠合在“赤子之心”的宏大背景之上。傅雷曾经说过，“人的伟大是在于帮助别人，受教育的目的是培养和积累更大的力量去帮助别人，而绝不是盲目的自我扩张”(傅雷，1998a：538)。从中，我们既可以体悟到罗曼·罗兰给予傅雷的启示，也可以感受到东、西两位大家人生观的息息相通。“为人类共同的事业——文明，出一份力，尽一份责任”(傅雷，1998a：263)，话虽然出自傅雷之口，却也道出了罗曼·罗兰的人生信念。

用文学翻译服务社会，振兴民族，给予他人精神上的慰藉和帮助，以大德无名、大勇无功的姿态为社会的文明默默奉献一生，恪尽职责，这就是傅雷的人生理想、生命追求，也即罗曼·罗兰所说的“为公众服务”而成为的“伟大”。我们景仰这种崇高的人生境界、这种“秉德无私”的道德高峰，正如景仰“在我之上的星空和居我心中的道德法则”[3]；景仰之后，在我们那久已尘封的心田，想必也一定会产生久违的精神触动与强烈震撼。

在翻译的新世纪，我们依然呼唤傅雷精神。而在傅雷的精神品格中，还有“理想”二字。正因为傅雷的理想是对其人生理想和艺术理想的融合，他对文学艺术才会那般的热情乃至激情，那般的严肃认真，那般的执着进取，他才会拥有一颗超凡脱俗的“赤子之心”“伟大的心”，这颗心充满了对艺术的“近乎狂热”的爱与对民众的“大慈大悲”的情感，披肝沥胆地为我们捧出了纯真：“忠于自己的艺术”；为读者大众之忠仆。

1　罗曼·罗兰：《罗曼·罗兰致译者书》，载傅雷译《傅译传记五种》，北京：生活·读书·新知三联书店，1996年，第397页。

2　同上，第399页。

3　康德：《实践理性批判》，韩水法译，北京：商务印书馆，2003年，第177页。

二、傅雷的翻译活动及其当下意义

通过之前的所有论述，我们在此就傅雷的翻译活动——译前的文本选择与准备、译中的文本再创造、译后的传播与接受三个阶段，做一个总结[1]；与此同时，探讨其翻译活动之当下意义。

（一）翻译文本的选择与准备

从文本的选择与准备阶段看，傅雷的翻译活动有三点值得我们关注：

第一，选择原作坚持有所不为。傅雷说过："选择原作好比交朋友：有的人始终与我格格不入，那就不必勉强；有的人与我一见如故，甚至相见恨晚……倘若明知原作者的气质与我的各走极端，那倒好办，不译就是了。"（傅雷，2006b：191—192）在给罗新璋的信中，傅雷也曾建议，"最好选个人最喜欢"的原作，这样"一则气质相投，容易有驾轻就熟之感"；"二则既深爱好，领悟自可深入一层"（傅雷，2006a：718）。选择与自己个性相投的作者，译者才可以用自己的风格更好地彰显作者的风格，达到成功传达原作风格的效果；译者的领悟越深，就越能够与作者心心相印，也才越能够走进作者的艺术世界，体味到其独特的风格，触及其作品的艺术生命。傅雷的翻译选择告诉我们，选取适于自己的作者，放弃不适于自己的作者，是译作取得成功的关键性要素之一。

第二，坚持选择的目光与翻译的目的相统一。傅雷非常注重原作本身的精神和价值，并且选择原作的动机纯正、目的明确。移译外国作品，用傅雷自己的话说，"岂止贩卖智识而已"，他更希望传递的是西方进步的人文精神和优秀的文化遗产。他在20世纪三四十年代选择罗曼·罗兰，移译《约翰·克利斯朵夫》，是希望传递西方"一个时代的'精神的遗嘱'"（傅雷，2006b：603）；移译《巨人三传》，希望"挽救一个萎靡而自私的民族"（傅雷，2002a卷11：3），给当时中国黑暗的社会"打开窗子"，让民众也"呼吸一下英雄们的气息"；后期选取巴尔扎克，他只是从包含了九十四部作品的庞大的《人间喜剧》里，挑选出那些"比较适合吾国读者的巴尔扎克的最优秀作品"，要"把顶好的译过来"（傅雷，2006a：

1　本节为总结性陈述，许多例证在前文已涉及，故此处不再一一赘述。

652，589），作为西方社会制度的一面面镜子，一幅幅“触目惊心的大壁画”。

第三，下笔之前认真准备，决不率尔操觚。傅雷认为，“事先熟读原著，不厌求详，尤为要著”，因为只有“将原作（连同思想、感情、气氛、情调等等）化为我有，方能谈到移译”，而“假如认为翻译可以无须准备酝酿，那是把翻译劳动的实质看得太简单了”（傅雷，2006a：719，579，618）。

对比傅雷，今天在我们选择原作的过程中，无疑存在不少问题：有些译者，不问原作是否适于自己，只要有市场，就敢为。殊不知，只有有所不为，才能更好地有所为。另有一些译者，没有把原作的精神和价值与自己的翻译动机和翻译目的很好地相结合，甚至认为，现在谁还考虑这样的问题呢？而事实上，翻译成大器者，必然离不开选择的目光与翻译的目的的和谐统一。还有一些译者，翻译之前不精读、不熟读原作就率尔操觚，并且这样的“勇夫”在今天的翻译界并不在少数。

（二）翻译文本的再创造

从文本再创造的阶段看，傅雷的翻译过程中也有几点值得我们注意：

第一，傅雷对于文字总是从艺术的高度再三推敲、百般锤炼。严复说过“一名之立，旬月踟蹰”；傅雷也有过类似的感慨：“琢磨文字的那部分工作尤其使我长年感到苦闷”（傅雷，2006b：192—193），“无奈一本书上了手，简直寝食不安，有时连打中觉也在梦中推敲字句”（傅雷，2006a：574）。

第二，傅雷作为一位成就卓著的翻译家，其翻译速度却并非如同驾轻就熟般快。傅雷认为：“创作、绘画、弹琴，可能有一鸣惊人的天才，翻译则不大可能”（傅雷，2006a：585），“功夫用得不够，没吃足苦头决不能有好成绩！”（傅雷，2006b：73）。即是说，翻译必须尊重规律，不可急于求成。

第三，翻译文学精品是一遍一遍修改出来的，绝非一蹴而就。例如，《约翰·克利斯朵夫》解放前就翻译出版了，解放后又重译出版；《高老头》重译过两次，一次比一次精彩。《约翰·克利斯朵夫》和《高老头》重译之后，译文风格更加浑然天成。

上述环节或者说步骤，反映出傅雷一贯的翻译作风——尽可能地追求完美、追求原文风格的精妙传达。而对于我们今天的翻译工作者而言，重要的则是，上述我们能不能做到？有没有做到？老老实实地转译了吗？认认真真地推敲了吗？反反复复地修改了吗？事实上，以上三点，只是从通常意义上认识一位翻译名家的过程。然而，傅雷却非一般意义上的翻译名家，他是一位旷世的译坛巨匠，可以与之比肩的翻译家实在是少之又少，他的翻译活动的影响力、艺术力和生命力，都超过了一般意义上的翻译名家。所以，我们需要进一步认识傅雷，寻找其获得巨大成就的深层原因；探索中，我们逐渐发现：

首先，名译背后，潜藏着翻译家傅雷严肃的态度和负责的精神，主要表现为其对“真”的坚守。一是他从事艺术的态度“真”，他深谙艺术的真谛，偏爱真诚的人，总是向真诚的人敞开大门；二是他在实践的过程中追求“真”，为了求“真”而“隐遁于精神境域”，甘于赤子的孤独和寂寞，凝神一志，潜心移译，其求“真”的深入，与那种“对内容只懂些皮毛，对文字只懂得表面，between lines 的全摸不到”（傅雷，2006a：157，464，590）的不求甚解的浮躁译风，形成鲜明对比。这种求“真”的执着，对于不惜牺牲翻译质量也要抢占翻译市场的急于求成、急功近利的浮躁译风，不失为最有力的回应。

其次，名译背后，潜藏着翻译家傅雷热烈的情感甚至是火热的激情。文学作品之所以能感染读者，不仅在于其“真”，还在于其“情”。作者在创作过程中不投入情感，就不能有效地打动读者，同样，译者在理解与表达的翻译过程中不投入情感，也不会有效地征服译语读者。傅雷曾经叮嘱傅聪：“光有理性而没有感情，固然不能表达音乐；有了一般的感情而不是那种火热的……感情，还是要流于庸俗。”（傅雷，2006a：157）套用在我们的翻译实践中就是：光有好的水平而没有感情的投入，不可能有好的翻译；但仅仅投入一般的感情，也只能得到一般的译品。所以，翻译要想出成绩，还需要热烈的感情深入作品才行[1]。正因为傅雷翻译罗曼·罗兰时“一边译一边感情冲动得很”（傅雷，2006a：73），《约翰·克利斯朵

1 宋学智：《翻译文学经典的影响与接受》，上海：上海译文出版社，2006 年，第 50 页。

夫》才能让今天的读者仍然“见识到文学中的巨大激情，震动人心”[1]。

再次，名译背后，潜藏着翻译家傅雷的一颗“心”。黑格尔说过：“在艺术里，感性的东西是经过心灵化了，……只有通过心灵而且由心灵的创造活动产生出来，艺术作品才成其为艺术作品。”[2]文学翻译活动不单单是靠译者的大脑和思维去解决语际符号转换的问题，还需要译者的匠心，因为文学语言不但是艺术化的语言，还是心灵化的语言，不经过心灵的语言很难触动读者的心灵。从作者来说，文学是心灵的倾诉和呼喊，而从读者来说，文学是心灵的聆听和回应。由此，作为一名译者，就要认清自己在原作者和译语读者间所起到的作用。只有与作者进行跨越时空的心灵交流乃至灵魂碰撞，用心感受原作、领会原作，才可能创造出译者与作者视界融合的美妙意境，最终产生能够赢得“许多心灵的朋友”的翻译经典。

由此而论，译者的双语水平、文学修养乃至翻译技巧，都只是形成优秀翻译文学作品的必要条件，并不构成充分条件，它们只是译者应当具有的基本素质；而翻译主体的自觉意识，比如严肃求真的姿态、热烈的情感以及心灵的倾注，同样不可或缺。当浮躁的心态和急躁的心情已然成为当今译界的一种集体潜意识的时候，傅雷的主体性自觉意识尤其显得弥足珍贵。正因为傅雷在翻译实践的过程中，一能执着于“真”，倾心倾力，从不苟且；二能用“情”深入作品，用热情融化作品；三能用“心”感应作品，用心灵与作者沟通，他笔下的译作才更具有艺术的感染力、穿透力乃至超越时空的生命力。

（三）翻译文本的传播与接受

从译本的传播与接受看，傅译作品受到我国读者普遍和持久的青睐。以《约翰·克利斯朵夫》为例，1993 年柳鸣九曾经谈道：“在中国，凡是有文化教养的人，对《约翰·克利斯朵夫》这部作品，几乎无人不晓，其中相当大一部分人还是这部作品热烈的赞美者、崇拜者。”[3]傅译《约翰·克利斯朵夫》在我国广大读者尤其是知识分子中所产生的影响，从其普遍性、深刻性和持久性上来说，超过其他的外国文学译品。从 1937 年

1　金圣华：《主编序言》，载金圣华主编《江声浩荡话傅雷》，北京：当代世界出版社，第 2 页。
2　转引自朱光潜：《朱光潜全集》（第十三卷），合肥：安徽教育出版社，1996 年，第 47 页。
3　柳鸣九：《傅雷翻译业绩的启示》，《粤海风》2007 年第 4 期，第 36—37 页。

傅雷的第一个译本问世，《约翰·克利斯朵夫》就迎来了一批又一批忠实的读者，影响了一代又一代积极进取的人们。进入21世纪，我们仍然能够感受到，从这部翻译文学经典中所发出的、自始至终回荡于读者心海的强音："罗曼·罗兰的四大本《约翰·克利斯朵夫》是一部令人难忘的著作，二十多年前我曾阅读过，但许多情节都淡忘了。可书中开头的'江声浩荡'四个字仍镌刻在心中。这四个字有一种气势，有一种排山倒海的力量，正好和书中的气势相吻合。……它像铀矿一样释放出巨大的能量，对阅读者的心灵产生巨大的冲击。"[1] 可以说，"江声浩荡"已经成为傅译《约翰·克利斯朵夫》的一个重要符号，它穿越了历史与永恒，浓缩了洋洋百万余言所表现的激情与活力、气势与气度、精神与灵魂、艺术与风骚。

《约翰·克利斯朵夫》在读者心中是一棵生命的常青树，它在我国传播、影响的主要脉络是我国翻译文学史上的一道壮丽景观。然而，证明傅译《约翰·克利斯朵夫》是一部能广泛地、强烈地、深远地震撼中国读者灵魂的翻译文学经典，并非此书的目的。这里，我们理应通过考察翻译文学在译入语国度的影响与接受情况，回归翻译研究本体，更好地掌握、了解翻译文学所特有的现象和品质，认识翻译文学的独立价值，从而进一步认识翻译活动的本质，从更高层面上揭示翻译家以及翻译作品获得成功的内在原因，在更高层面上认识翻译家的核心原则、核心思想、核心动力。一路探索之中我们又发现，促使傅雷登上翻译文学高峰的因素，至少有如下两点：

第一，"先为人，次为艺术家，再为音乐家，终为钢琴家"（傅雷，2006a：252）。这是傅雷给予傅聪的谆谆教诲，也暗示出翻译家傅雷成功的一个原因。治学之前先要做人，人做好了才能踏上治学的正道。傅雷优美的译品中正融合了其优秀的人品，这也是他的作品之所以能够感染读者、抓住读者的一个重要原因。艺术家、音乐家、钢琴家，三者呈现出由大到小的关系：艺术是个大范围，音乐是其中的小范围，钢琴是小范围里的小圈圈。一个钢琴家不但要对钢琴演奏颇有造诣，还要上升到较大的"音乐"范围去思考，不仅如此，还应继续上升到更大的"艺术"范围去领悟。只有在本专业所在的尽可能大的范围内进行思考、领悟，才能不迷

1　郜耕：《一句话的经典》，《东方文化周刊》2001年第37期，第53页。

失方向，把握艺术之道，逼近艺术的真谛，成为一名真正成功的钢琴家。傅雷用其一生坚守着这样的信条。一方面，他有着热烈宽广的艺术情怀，多艺兼通，美术和音乐的造诣尤其深厚；另一方面，傅雷深受中国传统文学的熏陶，对中国历代文学作品及作家独具史识和灼见。实践证明，傅雷的绘画和音乐的鉴赏修养给他的文学翻译活动明显地带来了积极有益的影响，比如“神似”观的标举和成功实践，比如《约翰·克利斯朵夫》作品中音乐感的成功再现等等。傅雷精深的文学修养，更是他能够不拘于纯翻译的专业技巧范围把握文艺真谛，取得文学翻译成就的一个关键。由于能够提升视野，摆脱局限，在更大的知识范围内进行思考，甚至在相邻的门类中触类旁通，在普遍的艺术性与独特的艺术性之间相互参悟，傅雷的艺术实践能够把握艺术活动的本质，符合艺术发展的规律，指向艺术的真谛和奥秘，因而他的翻译语言艺术韵味更浓，翻译作品更能留住读者，翻译成就也就更高。所以说，傅雷对艺术（如美术与音乐）和文学的热爱，不仅仅出自他个人的喜好、生活的品位和精神的寄托，应当说，还是他选择了文学翻译生涯后主观上的一种自觉追求，这种自觉追求也许正是遵循了一条类似的治学路径：先为艺术家，再为文学家，终为翻译家。

第二，儒家精神和道家思想在其翻译实践中的完美结合。文学翻译实践是对原作求“真”的活动，在这一求“真”的过程中，我们不仅要看到傅雷“执着的时候非常执着”，还要看到其中透露出来的儒家精神。翻译过程中，傅雷“越是对原作体会深刻，越是欣赏原文的美妙，越觉得心长力绌，越觉得译文远远的传达不出原作的神韵。返工的次数愈来愈多，时间也花得愈来愈多，结果却总是不满意”，但他“并不因此灰心，照样‘知其不可为而为之’”（傅雷，2006a：350，394）；虽然翻译活动中的“圆满无缺”永远追求不到，但他仍然坚持着“颠扑不破地、再接再厉地向着比较圆满无缺的前途迈进”（傅雷，2006b：599）。这种“对自己译文从未满意”而“一改再改三改四改”，执着于求“真”，“一个劲儿死干”（傅雷，2006a：718，389，382）的精神姿态，正是儒家精神的现实体现，其中包括了从孔子的“知其不可而为之”到先秦儒家的最后一个代表荀子的“锲而不舍”的精神。另一方面，从审美角度出发，我们不仅要看到傅雷所追求的艺术的“浑成”，还要看到“浑成”与道家美学思想的关联。傅雷重译《约翰·克利斯朵夫》，是因为初译“风格未尽浑成”，重译

《高老头》，更是因为“作品的浑成”问题，可见，他把“浑成”视为文学翻译活动的高级审美境界。事实上，傅雷“理想的译文仿佛是原作者的中文写作”和“译文必须为纯粹之中文”的“译文标准”背后，正显出道家美学思想的浓厚影子。即便追求“神似”的艺术效果，也是希望突破“中西文字的扞格”，用“译文的流畅与完整”来兼顾“原文的意义与精神”。所以，傅雷的“译文标准”和“神似”观，都是或直接或间接地强调了译文不露翻译腔的艺术取向，都是指向“浑成”这一深层次的审美追求。所谓“浑成”，即浑然天成，就是追求译文在准确的前提下，自然流畅如行云流水。傅雷的这一审美追求正是道家思想在其美学观上的反映，其中包括了从老子的“道法自然”到庄子的“法天贵真”的美学思想。这是艺术上的一座真正的高峰，一种很难绝对达到的审美意境，但并不妨碍它成为艺术努力的方向。

傅雷在其翻译实践中，把儒家精神的执着进取与道家思想的天然之美完好地结合起来。一方面，他有着很高的艺术理想和境界，追求天然灵动与自然无伪的韵致，追求译文的尽善尽美，使其最大可能地逼“真”，最大可能地接近艺术的“浑成”；另一方面，他更加脚踏实地地努力，一步步践行实践中的具体环节，对译文字斟句酌、呕心沥血，又因为很难满意而始终向着更高的标准不懈追求、一再进取。上述两点的结合，正是傅雷能够取得令人瞩目的成就，并在一代代读者中产生广泛深刻的持久影响的重要原因。

三、本节结语

现代以降，我国的翻译家中很少有人能像傅雷一样，拥有一代又一代广大而忠实的读者，更少有人能像傅雷一样，在译界以外具有重要影响力。傅雷先生的译事活动，使他在中国现代翻译文学史上占有不可取代的地位，他的皇皇译著在我国浩瀚的译林中树立起一座座翻译文学的丰碑。面对这位译坛巨匠，一方面我们肃然起敬，一如中国法国文学研究会前会长柳鸣九先生所言：傅雷是“在中国堪称一两个世纪也难得出现一两位的翻译巨匠”，“虽然也曾遇见过挑战与叫板，但至今仍坚如磐石”[1]。另一方

1 柳鸣九：《超越荒诞——法国二十世纪文学史观》，上海：文汇出版社，2005年，第27页。

面，我们更应当认真思考，傅雷是人而非神，他不是生就的翻译巨匠，而是通过后天的努力，一步一步成长为译界巨人的。今天我们谈论傅雷、研究傅雷，还在于探寻他登上翻译文学艺术高峰的路径，跟随大师孜孜以求向上攀登的步伐，感悟先生不朽艺术生命留给我们的无穷启示。

第九章 结语

第一节　广博精深的翻译思想

一、翻译的本质——翻译即再创作

傅雷的翻译观首先体现在其对于翻译活动本质的认识上。尽管傅雷在谈论翻译的专门性文章或者提及翻译的文字当中，一直将创作与翻译分得比较清楚[1]，但是，“傅雷的翻译观，本身就含有再创作的思想。翻译不光是个运用语言的问题，也得遵循文学创作上一些普遍的规律”[2]。

首先，这一翻译即再创作的观念体现在傅雷将翻译视作一种艺术。他曾在《翻译经验点滴》一文中谈到，“热爱文艺，视文艺工作为崇高神圣的事业，不但把损害艺术品看作像歪曲真理一样，并且介绍一件艺术品不能还它一件艺术品，就觉得不能容忍，所以态度不知不觉地变得特别郑重，思想变得保守”。同时，在该篇文章中，傅雷根据自己的经验，向青

1　例如在致宋淇的书信中，傅雷曾谈到翻译中对于原文句法的处理问题，指出译者应在最大限度内保留原文句法，这样做的目的不仅是为了传达原文的风格，也是为了在汉语中创造新的句法。但他随即指出，句法创新的工作尤其应该是翻译工作者的工作。而“创作的人不能老打这种句法的主意，以致阻遏文思，变成‘见其小而遗其大’；一味地只想着文法、句法风格，决没有好的创作可能”（参见怒安，2005：30）。

2　罗新璋：《代序——读傅雷译品随感》，载怒安《傅雷谈翻译》，沈阳：辽宁教育出版社，2005 年，第 6 页。

年译者提出了翻译中应当注意的若干问题，并坦言，向青年译者们所谈到的翻译条件，自己也未能完全做到，但是“不能因为能力薄弱而降低对自己的要求。艺术的高峰是客观的存在，决不会因为我的渺小而来迁就我的”（怒安，2005：12）。可见，翻译活动在傅雷心中是一种艺术创造活动，这一活动的目标是生产出一件艺术品。对于傅雷而言，翻译艺术的高峰客观存在，而且我们也不难通过《翻译经验点滴》等文章推导出，这一艺术高峰便是创造出无限接近原作风格的理想的译作。

其次，翻译即再创作的观念也体现在傅雷对待翻译的态度上。在致宋淇的书信中，傅雷谈到自己一旦开始翻译一本书，便“寝食不安，有时连打中觉也在梦中推敲字句”（怒安，2005：25—26），这种“一名之立，旬月踟蹰”的态度，比起创作者反复“推敲”词句的态度，可谓有过之而无不及。从整个翻译过程来看，从译前一遍一遍地阅读原作，做到心中有数，到初译时的谨慎小心、唯恐误解原意，再到修改时的反复推敲、润色，孜孜不倦只求风格逼近原作，傅雷认真的态度以及全身心投入的状态，有时恐怕连原作者也难以达到。而之所以傅雷会有以上种种表现，我们认为，这同他本人从根本上将翻译视作一种再创作活动的观点紧密相关。正如傅雷本人所说，因为要以艺术的形式来介绍一件艺术品，所以“态度不知不觉地变得特别郑重，思想变得保守”。

再次，翻译即再创作的观念还体现在傅雷对译者的要求上。傅雷曾多次提及译者应具备的修养。在致宋淇的书信中，傅雷指出，“讲到一般的翻译问题，我愈来愈感觉到译者的文学天赋比什么都重要。这天赋包括很多，taste，sense 等等都在内。而这些大半是‘非学而能’的。……翻译极像音乐的 interpretation，胸中没有 Schumann 的气息，无论如何弹不好 Schumann。朋友中很多谈起来头头是道，下笔却无一是处，细拣他们的毛病，无非是了解歪曲，sense 不健全，taste 不高明”（怒安，2005：46）。一般的翻译，译者尚且需要具备文学天赋，具备良好的“sense”和“taste”，至于诗歌的翻译，那更是“非诗人决不能译诗，非与原诗人气质相近者，根本不能译那个诗人的作品”（怒安，2005：40）。从根本上说，如果翻译仅仅是一种机械的复制活动，那么只需要译者的耐心和细心，便可成功完成翻译。然而傅雷对译者文学天赋的反复强调，正说明在他心目中翻译是一种需要译者理解力、创造力和艺术品位参与其中的艺术创作活动。除了先天的能力，傅雷还强调译者后天修养的培养。在《翻译经验点滴》中，傅雷强调了译者在生活中不断丰富自身修养的重要性："文学的对象既然以人为主，人生经验不丰富，就不能充分体会一部作品的妙处。而人情世故是没有具体知识可学的。所以我们除了专业修养，广泛涉猎以外，还得训练我们观察、感受、想象的能力；平时要深入生活，了解人，关心人，关心一切，才能亦步亦趋地跟在伟大的作家后面，把他的心曲诉说给读者听。因为文学家是解剖社会的医生，挖掘灵魂的探险家，悲天悯人的宗教家，热情如沸的革命家；所以要做他的代言人，也得像宗教家一般的虔诚，像科学家一般的精密，像革命志士一般的刻苦顽强。"（怒安，2005：11—12）总的来说，"译事虽近舌人，要以艺术修养为根本：无敏感之心灵，无热烈之同情，无适当之鉴赏能力，无相当之社会经验，无充分之常识（即所谓杂学），势难彻底理解原作，即或理解，亦未必能深切领悟"（怒安，2005：86）。

二、翻译的标准——追求"神似"

傅雷的翻译观也体现在其对于翻译标准的认识上。在《〈高老头〉重译本序》中，傅雷有过一段很著名的言论："以效果而论，翻译应当像临画一样，所求的不在形似而在神似。"（怒安，2005：1）"神似"一词由此成为傅雷翻译思想的代名词，并被罗新璋誉为中国传统翻译理论体系"案本——求信——神似——化境"中一个重要的环节或阶段。然而，对于何为"形似"，何为"神似"，傅雷并没有直接做出解释。但正如本书的前述论证——傅雷本人也说"翻译应当像临画一样"——傅雷的翻译观深受其艺术观的影响。在与人同观黄宾虹山水画后写下的《观画答客问》中，傅雷对绘画中的"形似"与"神似"做了如下注解："山水乃图自然之性，非剽窃其形。画不写万物之貌，乃传其内涵之神。若以形似为贵：则名山大川，观览不遑；真本具在，何劳图写？摄影而外，兼有电影；非唯巨纤无遗，抑且连绵不断；以言逼真，至此而极；更何贵乎丹青点染？"（傅雷，2002c：216）形似即是描摹事物的外貌，神似即是传达事物的内涵。如果丹青注重的是形似，那么它不但及不上真本，甚至及不上能够如实再现真本形貌的摄影和电影艺术。只有注重神似，"师法造化之真义"，"览宇宙之宝藏，穷天地之常理，窥自然之和谐，悟万物之生机"

（傅雷，2002c：217），丹青才能真正成为一种艺术。再来看与临画相似的翻译，在翻译中，原作即是真本，形似是照搬原作的语言外形，神似则是传达原作的内涵。这个内涵，在各种谈论翻译的文字中，傅雷也使用了“精”“精神”“韵味”“神韵”“风格”“神气”或者“between lines”等词加以替代或说明[1]，与梅肖尼克所说的作品的“价值”与“意蕴”已经十分接近。

对于译作如何传达原作的“神”，傅雷也有自己一贯的见解。在写与罗新璋的信中，傅雷提到：“愚对译事看法实甚简单：重神似不重形似；译文必须为纯粹之中文，无生硬拗口之病；又须能朗朗上口，求音节和谐；至节奏与tempo，当然以原作为归依。尊札所称‘傅译’，似可成为一宗一派，愧不敢当。以行文流畅，用字丰富，色彩变化而论，自问与预定目标相距尚远。”（怒安，2005：85）我们认为，这段文字实际可视为傅雷对于“神似”论的补充说明，遵守“纯粹之中文”、“音节和谐”、忠实于原作“节奏”等几条标准，都是为了译作最大限度地“神似”原作。

首先，通顺达意的中文是译文“传神”的前提。傅雷曾多次提到译文“行文流畅”的重要性，例如在《〈高老头〉重译本序》中，傅雷指出：“各国的翻译文字，虽优劣不一，但从无法文式的英国译本，也没有英文式的法国译本。假如破坏本国文字的结构与特性，就能传达异国文字的特性而获致原作的精神，那么翻译真是太容易了。”（怒安，2005：1—2）在致宋淇的信中，傅雷也指出：“我并不说原文的句法可以绝对不管……但无论如何，要叫人觉得尽管句法新奇而仍不失为中文。”（怒安，2005：30）在傅雷看来，破坏本国文字的结构与特性，生硬地“将目的语读者搬移至出发语文本前”，只会令译作的意义晦涩难解、形象模糊，令原作的美感尽失，连达意的要求都达不到，更不必谈“传神”。因此，傅雷提出“不妨假定理想的译文仿佛是原作者的中文写作。那么原文的意义与精神，

1　例如在《〈高老头〉重译本序》一文中，有“假如破坏本国文字的结构与特性，就能传达异国文字的特性而获致原作的精神，那么翻译真是太容易了”；“以甲国文字传达乙国文字所包含的那些特点，必须像伯乐相马，要‘得其精而忘其粗，在其内而忘其外’。而即使是最优秀的译文，其韵味较之原文仍不免过或不及”。而在《翻译经验点滴》中，傅雷也指出翻译时“要不在精神上彻底融化，光是硬生生地照字面搬过来，不但原文完全丧失了美感，连意义都晦涩难懂，叫读者莫名其妙。这不过是求其达意，还没有谈到风格呢”。在致宋淇的书信中，提到短句不易处理，如果传达不好，就会使“上下文的神气全走掉了”；勉励宋淇在翻译时“第一要精读熟读原文，把原文的意义、神韵全部抓住了，才能放大胆子”；又批评“时下的译者……对内容只懂些皮毛，对文字只懂些表面，**between lines** 的全摸不到”。——粗体为笔者所加

译文的流畅与完整，都可以兼筹并顾，不至于再有以辞害意，或以意害辞的弊病了”（怒安，2005：2—3）。不可否认，即使原作者有用另一种语言写作的能力，由于语言扎根于文化，因此，他用另一种语言写出的“译作”也不可能完全等同于“原作”，但是，“理想的译文仿佛是原作者的中文写作”与其说是一种可以企及的标准，毋宁说是傅雷用朴素的话语表达了一个在今日看来也没有过时的观点，即，翻译不是机械的拼凑，而是一项“写作”活动，原作是原语文化中独立、完整的作品，那么译作也应当是译语文化中独立、完整的作品。当然，要做到译文是纯粹之中文，同时又不致“流利而失之于太自由”，则需要译者多方面的努力。例如动笔翻译之前需要反复阅读、体会原作[1]，翻译过程中不能过于依赖字典，要敢于抛开原作句法的桎梏，寻找合适的传译方法[2]，等等。

其次，对于原作节奏特点的尊重和再现，是实现译作“神似”原作的关键。在文学作品的诸多层次中，傅雷尤其看重作品的节奏，将其视作体现原作风格的重要因素。而这一点也在很大程度上受到其文艺观的影响。傅雷眼中的“节奏”，不仅仅是狭义的诗歌的“节奏”，即诗歌的平仄、押韵、停顿等特征，而且涉及整个作品结构的组织安排、叙述口吻的轻重缓急等。相比之下，提出“翻译诗学”观的梅肖尼克不仅将节奏视作“对言语活动——指索绪尔意义上的言语——的组织，它同时体现了话语的特殊性、主体性、历史性和它的系统性”[3]，还将节奏视作最能体现文本价值的因素，并由此断言“翻译的伦理学和诗学成为同一种研究，即对节奏的研究”[4]。由此观之，傅雷虽然没有形成明确的翻译节奏观，但其观点同梅肖尼克的节奏观有诸多相似之处，并且比后者提出的年代早了近半个世纪。

1　在《翻译经验点滴》中，傅雷特别强调对原作的反复阅读和深入理解之于忠实传达原作的重要性：“想译一部喜欢的作品要读到四遍五遍，才能把情节、故事，记得烂熟，分析彻底，人物历历如在目前，隐藏在字里行间的微言大义也能慢慢咂摸出来。但做了这些功夫是不是翻译的条件就具备了呢？不。因为翻译作品不仅仅在于了解与体会，还需要进一步把我所了解的，体会的，又忠实又动人地表达出来。”（参见怒安，2005：8）

2　在写给宋淇的信中，傅雷建议其在翻译时不要太依赖字典意义，应在领悟原文意义后选择合适的词来翻译：“处处假定你是原作者，用中文写作，则某种意义当用何种词汇。以此为原作，我敢保险译文必有百分之七十以上的成功。”（参见怒安，2005：38）又鼓励其在翻译时可以考虑丢开原作句法，并举了波特莱（即波德莱尔）译亚仑·坡（即爱伦·坡）小说的例子：“亚仑·坡的小说，句子不算不长。波特莱译本，的确精彩，可是长句句法全照法文，纯粹的法文（当然，波特莱的法文是极讲究的），决不迁就英文，他就是想尽方法，把原作意义曲曲折折地传达出来，绝对不在字面上或句子结构上费心。”（同上：33）

3　曹丹红：《西方诗学视野中的节奏与翻译》，《中国翻译》2010 年第 4 期，第 53 页。

4　同上，第 55 页。

傅雷虽然并没有系统谈论如何体会与再现原作节奏的理论文字，但长期的翻译实践令他积累了一些实用却不乏深度的体悟，其中尤其是对原作句法的忠实再现，因为他认为传达原作句法与忠实于原作节奏，进而再现原作神韵有密切的关系。在1954年11月17日午的家书中，傅雷曾对傅聪谈到为一位朋友校阅译文的事，指出这位朋友平日文学修养很好，却因为翻译经验不够，结果“根本体会不到原作的风格、节奏。原文中的短句子，和一个一个的形容词，都译成长句，拼在一起，那就走了样，失了原文的神韵”（傅雷，2008b：51）。在致宋淇的书信中，傅雷也说“风格的传达，除了句法以外，就没有别的方法可以传达”（怒安，2005：30）。傅雷也有其他有关句法的看法——例如在《〈高老头〉重译本序》中，傅雷明确指出，“译本与原作，文字既不侔，规则又大异。……中西文字的扞格远过于此，要求传神达意，铢两悉称，自非死抓字典，按照原文句法拼凑堆砌所能济事”（怒安，2005：1）；而在与宋淇谈到翻译实践时，也指出译者通常“胆子太小，迁就原文字面、原文句法的时候太多”（怒安，2005：29）。如果对照这几处文字，我们或许会对傅雷思想的前后不一致性产生疑惑。但我们也认为，应当对以上几处“句法”做不同理解，即，将第二、三处的“句法”理解为不同语言特点形成的民族的遣词造句习惯，将第一处“句法”理解为作家遣词造句的风格。如此一来，傅雷翻译观的前后一致性就会跃然纸上——翻译活动应尽可能摆脱语言的束缚，但要在最大限度之内保留原作的神韵。

最后，音节和谐、用字丰富、色彩变化是译作“传神”的重要因素。傅雷在翻译实践中，往往以上述几个标准衡量自己的译作。例如，在1963年3月17日写给傅聪的家书中，傅雷提到近来对自己的翻译“改来改去还是不满意（线条太硬，棱角凸出，色彩太单调等）”（傅雷，2008b：234—235）。这几个特征实际上已涉及译作本身的品质。一方面，从傅雷对文学作品本质特征的认识来看，这几个特征是构成作品“美”的重要技巧；另一方面，这几个特征仍旧反映出音乐、美术方面的修养对傅雷的深刻影响。所以，傅雷对上述几个特征的强调并不是偶然的，音节和谐、用字丰富、色彩变化等特征在傅雷看来最能体现文章的风格，而他很看重译文的风格，认为“译文本身既无风格，当然谈不上传达原作的风格”（怒安，2005：39）。

对译文上述三个特征的强调，同时也对傅雷的翻译实践产生了一定影响。例如他很讲究用词的不重复。在致宋淇的信中，傅雷曾提到："……中文中同音字太多，倘使一句中有'这个'两字，隔一二字马上有'个别'二字，两个'个'的音不说念起来难听，就是眼睛看了也讨厌。因为中文是单音字，一句中所有的单字都在音量上占同等地位。不比外国文凡是 the，that，都是短促的音，法文的 ce，cet，更其短促。在一句中，article 与 noun 在音量上相差很多，因此宾主分明。一到中文便不然，这又是一个轻重不易安排的症结。"（怒安，2005：27）尽量避免同一个词在同一处的多次重复，尽量避免使用同音异义词，这些翻译策略使得傅雷的译文在音律、字形上都充满了变化，增强了译文本身的文学性。

此外，为了增加译文语言的丰富性和色彩变化，以更好地传达原作的精神，傅雷也很注意译语的语体特征，多次就译者应采用文言还是白话，普通话还是方言的问题发表自己的看法。由于时代和个人修养的关系，傅雷有着深厚的国学功底，他认为文言比白话文更丰富多变，更能准确地传达出原作的意义，但如用文言来翻译，"文言在译文中是否水乳交融便是问题"（怒安，2005：11），处理不当便会令译文变得半文不白；而白话文在当时还没有得到充分发展，本身还没有形成严格的体系和规则，大家在实践之中摸索，导致白话文往往带有浓厚的地方和个人色彩，用傅雷的话说便是："现在大家用的文字上的口语都是南腔北调，到了翻译，更变得非驴非马，或是呆板得要死。原作的精神一点都传达不出。"（怒安，2005：33）至于用普通话或方言来进行翻译，也各自有一些缺陷，傅雷认为普通话是失去地方特色的方言，没有了地方特色，方言也就失去了"生命与灵魂"，变得"淡而无味，生趣索然，不能作为艺术工具"（怒安，2005：11），甚至指出"我觉得译文风格的搞不好，主要原因是我们的语言是'假'语言"（怒安，2005：28—29）。而用纯粹的方言来翻译，"太浓厚的中国地方色彩会妨碍原作的地方特色"（怒安，2005：11）[1]。这些思考一方面反映了傅雷做事态度严谨、力求完美的作风，另一方面也向翻译实践者和研究者提

1　在《论张爱玲的小说》一文中，傅雷也间接地表达出不宜使用纯粹的方言来进行翻译的观点。傅雷曾如是批评张爱玲小说《连环套》中的外国人形象："她的人物不是外国人，便是广东人。即使地方色彩在用语上无法积极地标识出来，至少也不该把纯粹《金瓶梅》《红楼梦》的用语，硬嵌入西方人和广东人嘴里。这种错乱得可笑的化装，真乃不可思议。"（傅雷，2002c：174）

出了一个需要思考的翻译问题，即如何选择一种合适的语体进行翻译。

译文需是纯粹之中文，需音节和谐、用字丰富、色彩多变，需以原作的节奏为归依，这些都是傅雷心目中的翻译标准，也是傅雷在各种论翻译的文字中明确提出过的。而事实上，上述文字也反映出另一个傅雷本人虽未直接提及，但仍不乏重要性的翻译观：文学翻译作品应该是一个和谐、统一的作品。在《翻译经验点滴》中，傅雷曾说："琢磨文字的那部分工作尤其使我长年感到苦闷。……原文的风格不论怎么样，总是统一的，完整的；译文当然不能支离破碎。……我重译《克利斯朵夫》的动机，除了改正错误，主要是因为初译本运用文言的方式，使译文的风格驳杂不纯。……多读中国的古典作品，熟悉各地的方言，急切之间也未必能收效，而且只能对译文的语汇与句法有所帮助；至于形成和谐完整的风格，更有赖于长期的艺术熏陶。"（怒安，2005：10—11）从这段话中，我们可以看到，傅雷认为，如果原文的风格是统一的、完整的，那么译文的风格也自然应当是统一的、完整的。

通过前面八章的论述以及本章此处的总结，我们认为，傅雷的翻译思想，实际上可以被称作一种朴素的翻译观。称其"朴素"，是因为傅雷本人从来没有提出过要创立一种独特的翻译理论体系，而这种几乎是"自发"的翻译观的形成，首先源自傅雷本人所受的教育。傅雷拥有深厚的国学修养，而中国的传统文学和可以说属于传统文学一部分的传统文艺批评理论，都有着"诗化"的倾向，因此可以说，傅雷的研究方法和思维习惯，深受中国传统文化"诗化"特征的影响。另一方面，这种"自发"的翻译观，也同傅雷深厚的文艺修养密不可分。正如有学者所指出的那样，"诗人译诗，译诗为诗"[1]，傅雷本身兼具艺术家和文学家的气质，他对翻译的思考往往带着艺术家、文学家的"诗性"眼光，而他的翻译活动也仿佛是文学家的创作活动。

第二节　深刻恒久的翻译影响

"纯真得像孩子，虔诚得像教徒，比象牙还缺少杂质"，这正是傅雷一

1　参见海岸：《诗人译诗　译诗为诗》，《中国翻译》2005 年第 6 期，第 27—30 页。

生的真实写照，他把“全部的爱都注入洁白的事业，像大海把全部爱情都注入白帆”。洁白的事业、洁白的心灵、洁白的精神铸就了历史长河中一座洁白的丰碑。先生已经离去近六十载，但是先生的精神却影响着一代又一代的中国人。傅雷先生教育其子傅聪说，先为人，次为艺术家，再为音乐家，终为钢琴家（傅雷，2006a：252）；复旦大学教授陈思和先生认为我们对傅雷先生的认识应该是：先为人，次为知识分子，再为艺术家，终为翻译家[1]。作为中国“现代文学翻译史的又一座里程碑”[2]，傅雷先生的影响与其“翻译家”的身份有着最本质的关系，作为一位伟大的翻译家，其翻译作品、翻译思想、翻译精神，也将随着时代的发展而越来越具有启示意义。

翻译家是“神的口谕”的传达者，是与普罗米修斯一般的窃火者，将异国的文化、思想窃来，开启本国人民的视野与心灵，他们不仅是文化的使者，更是思想的使者。傅雷将毕生的精力投入到外国文学名著——尤其是法国文学名著的翻译当中，使法国文学史中重要的作家为中国人所知，比如罗曼·罗兰、巴尔扎克、伏尔泰、梅里美等，传播了西方的艺术观，开阔了国人的文学艺术视野，更激发了国人的精神。傅雷先生是“五四时代”的人物，他继承并且发扬了“五四精神”，将中国传统的人文思想与西方的民主科学思想相结合，最终又将这些思想统统融入自己的译笔当中，为中国文化创造了珍贵的精神财富。柳鸣九先生认为，“傅雷的翻译，于他本人，是值得自豪的一己业绩成就，于社会，是值得传承的一笔文化财富，于译界，是值得弘扬的一种经验”[3]。

一、影响的层面

翻译活动的直接成果就是将外国优秀的作品、先进的思想介绍给本国人民，尤其是在特定的历史环境中，某些特定作品的翻译将对国人的思想产生重大影响，有利于激发国人的心灵，甚至推动社会改革的发展；同时，翻译活动作为一种语言与文字的转换工作，也必然与一国的语言文字紧密相连，甚至会影响到一国语言文字的发展，进而影响到一国文学的发

1 陈思和：《傅雷的精神遗产》，《中国翻译》2008 年第 4 期，第 23 页。
2 李景端：《文学翻译史的一座里程碑》，同上，第 26 页。
3 柳鸣九：《纪念翻译巨匠傅雷》，同上，第 21—22 页。

展，而一个优秀的翻译者的翻译思想对于整个翻译理论、翻译实践的发展也具有启示意义；最后，翻译作为一项文化交流活动，对于国与国之间文化的交流与发展具有推动作用。傅雷先生作为中国现代文学史上具有里程碑意义的翻译家，其卷帙浩繁的译作在中国社会历史的诸多方面，都产生了重要而深刻的影响。

（一）文化的传播与国人的精神

傅雷的翻译影响，首先体现在其译作对于国人精神的激发以及心灵的启迪之上。依据国情，傅雷有意识地选择翻译了符合国人之需的优秀文学作品，试图通过文学的精神力量，改变民族的命运乃至国家的命运。傅雷的翻译建立在理性思考的基础之上，他“作为一个热诚的爱国者，有意识地把自己的译事与国家的命运结合起来，试图用作品来鼓舞广大青年勇敢面对苦难并奋起抗争”[1]。《夏洛外传》《巨人三传》《约翰·克利斯朵夫》等译作的诞生，都是因为傅雷对于国家、对于人民怀着深深的忧虑，他希望借助翻译这些充满力量的作品，鼓舞国人的精神。而文学的力量恰恰正在于这一精神上的伟力。一部《约翰·克利斯朵夫》影响了整整一代中国人，给予当时身处黑暗之中的中国青年以无比的勇气与希望。无论是作家、普通的知识分子抑或艺术工作者，都从克利斯朵夫这个英勇的人物形象身上获得了无穷的精神力量，而这一充满力量的英雄形象与傅雷传神、流畅的翻译紧密相关，可以说，没有傅雷，也就没有克利斯朵夫在中国的如此影响。对此，作家黄宗英曾经回忆：

> 我永远记得一九四一年，傅雷以动情而精妙的译笔，将罗曼·罗兰的《约翰·克利斯朵夫》四册出齐，从此“燃烧的荆棘”伴着国恨家愁身世悲凉十六七岁的我有勇气活下来；更不用说他倾注品格魂魄洋洋五百万字斟句酌的译著对中国文艺界和年轻一代的影响了。[2]

傅雷通过约翰·克利斯朵夫对当时的中国青年发出了真诚的精神呼

1 王秉钦、王颉：《二十世纪中国翻译思想史》，天津：南开大学出版社，2009 年，第 270 页。
2 转引自国家图书馆古籍馆编《洁白的丰碑——傅雷百年诞辰纪念》，北京：北京图书馆出版社，2008 年，第 264 页。

唤，试图以此唤醒沉睡的中华民族，挽救祖国的命运。这部译著像一缕温暖的阳光，透过沉重的阴霾，照进了无数青年的心中，成为一个时代的记忆。中国著名的文学评论家、思想家王元化先生在其《思辨录》中，也曾专门提到傅译《约翰·克利斯朵夫》对他的影响：

我相信，克利斯朵夫不但给予了我一个人对于生活的信心，别的青年人得到他那巨人似的手臂的援助，才不致沉沦下去的一定还有很多。凡读了这本书的人就永远不能把克利斯朵夫的影子从心里抹去。当你在真诚与虚伪之间动摇的时候，当你对人生、对艺术的信仰的火焰快要熄灭的时候，当你四面碰壁、心灰意懒、预备向世俗的谎言妥协的时候，你就会自然而然地想到克利斯朵夫，他的影子在你心里也就显得更光辉、更清楚、更生动。[1]

然而，受到过约翰·克利斯朵夫影响的又岂止王先生一人？经历过风雨时代的中国人，能够从傅雷译笔下的克利斯朵夫身上获得力量，而现代人，同样也能够从其富有神韵、充满力量的文字中获得心灵的震撼。邰耕的《一句话的经典》中有过这样一段话：

罗曼·罗兰的四大本《约翰·克利斯朵夫》是一部令人难忘的著作，二十多年前我曾阅读过，但许多情节都淡忘了。可书中开头的“江声浩荡”四个字仍镌刻在心中。这四个字有一种气势，有一种排山倒海的力量，正好和书中的气势相吻合。[2]

这种文字的力量，不仅得益于傅雷深厚的艺术修养、文化积淀，更得益于其伟大的人文情怀。他是一位翻译家，更是一位思想家，他用心、更用情翻译，同时又将自己的思想融入译作之中；正是由于傅雷自身正直、高尚的精神品格，才使得傅译作品有着如此激昂的精神力量。其译作的影响，不仅仅涵盖了当时的文人、青年，同样也经受了时间的考验，辐射到

1 王元化：《思辨录》，上海：上海古籍出版社，2004 年，第 458—459 页。
2 邰耕：《一句话的经典》，《东方文化周刊》2001 年第 37 期。

今天的中国青年。2006年第三届“新纪元全球华文青年文学奖”散文组冠军获得者鲍尔金娜，曾经提到傅译《约翰·克利斯朵夫》对她的深刻影响：

> 但当我历经几个月时间，磕磕绊绊不屈不挠地读完这部对于初中生来说许多篇章过于深沉晦涩的大部头之后，还是被深深深深地震撼了。之所以用了四个“深”，实在是想表达出当年的震撼有多强烈。现在回忆起来，自己那涨得通红的流泪的脸还是清晰可见。在它之前，从未有一部书或一篇文章如此撼动我的心灵。[1]

由此可见，傅译作品早已突破了时代的局限，在岁月的流逝中带给中国人越来越多的启示与鼓舞，而这，也正是傅雷翻译艺术的永恒体现之一。除去文学作品，傅雷同样翻译过不少艺术作品，其中丹纳的《艺术哲学》一书，对于西方艺术哲学史在中国的传播影响极大，成为中国人研读西方艺术与文学的必备教材。可以说，傅雷的翻译不仅影响了一代青年，更为中国的法国文学研究做出了重要贡献，推动着中法文学之间的交流与对话。

（二）语言文字与作家、翻译家

傅雷的翻译影响，还体现在其译作对于之后的翻译家以及中国的翻译文学和翻译史书写的重要影响当中。柳鸣九曾经指出，“傅雷先生的翻译业绩昭示着翻译工作的一条正道，也验证了译事中的一条至理，那就是文学翻译必须是有文学性、有艺术性的再创造，译文本身就必须是文学作品，本身就必须具有文学性、艺术性”[2]。傅译著作成为中国译界备受推崇的典范，形成了“傅雷体华文语言”“傅雷风格”，在文学语言与艺术风格上具有独特的价值。傅雷追求“纯粹之中文”，他在将外国语言艺术转化为中国语言艺术的同时，摆脱了翻译的匠气而具有了创造者的灵气，其译作独特的文学性与艺术性，成为中国翻译文学中一抹绚烂的色彩。关于此

1　鲍尔金娜：《用野猫一样漆黑发亮的眼睛注视人间》，沈阳：春风文艺出版社，2008年，第107页。
2　柳鸣九：《傅雷翻译业绩的启示》，《粤海风》2007年第4期，第36页。

点，翻译家施康强在《文学翻译：后傅雷时代》一文中是这样讲的：

> 我们这一代的法国文学翻译家（年龄约从五十岁到七十岁）或多或少都是傅雷的私淑弟子。我们最早接触的法国文学作品是傅译巴尔扎克。后来学了法文，对翻译有兴趣，对照原文精读的往往是一部傅译。我们折服于译者理解的准确和表达的精当，有时我们觉得自己不是在读一部翻译小说，而是一位中国作家在为我们讲述一个法国故事。傅雷不仅提倡，也确实达到了“化境”。他的译文完全可以看作汉语文学遗产的一个组成部分。[1]

作为“汉语文学遗产的一个组成部分”，这正是傅雷翻译的文学价值的体现，也是其影响之深远的体现。傅译《高老头》是中学生必读的世界名著，其中的段落被中学语文教材所采用；在诸多重要的汉语字典、词典中，傅雷的翻译作品也成为引用的例句。“傅雷风格”的译文，对于诸多中国现当代作家的写作，均有着深远影响。傅译《约翰·克利斯朵夫》成为中国翻译文学的经典，不少中国作家都不止一次地提到过它，例如巴金、胡风、路翎、萧军、白桦等，他们“不仅把它视为生存哲理加以崇奉，而且把它作为看待人生、探索人生的一种准则，助成了一代求索者的现实主义风格和文化人格建构，对中国新文学发展产生巨大影响”[2]。著名作家路翎曾提到《约翰·克利斯朵夫》对于其代表作《财主底儿女们》的影响，这种影响与傅雷的翻译有着直接的关系。一国文学的发展，不仅与本国作家创作的文学有关，而且还与翻译文学的语言有关，现代汉语的发展也与这两种力量相关。傅雷“恰恰是翻译文学领域中最突出的一位，他不仅向我们贩卖和推销了外国文学，还把第一流的汉语范本展现在了读者面前，直接影响了很多有志于从事文学创作的人”[3]。著名作家叶兆言在傅雷先生百年诞辰之际专门著文纪念，并且称傅雷为自己的恩师：

> 王小波曾说过王道乾先生是他文学上的恩师，对于傅雷，我也

1　施康强：《文学翻译：后傅雷时代》，《文汇报》2006年10月16日。
2　钱林森：《傅雷翻译文学经典与中国现代作家》，《中华读书报》2009年7月1日第20版。
3　叶兆言：《怀念傅雷先生》，《中国翻译》2008年第4期，第25页。

> 可以毫不掩饰地说同样的话。在不同的场合，我不止一次讲过巴尔扎克对自己的影响，我的一本专谈外国小说的书就叫《想起了老巴尔扎克》。其实，说到巴尔扎克的影响，还不如直截了当说傅雷的培养更好，很长时间内，我一直是把傅雷译本当作自己的语文教材，傅雷实际上就是我的语文老师。[1]

傅雷的翻译影响，经历了从译著对读者的精神影响到翻译行为本身对译界的影响两个阶段，施康强在论述傅雷的翻译影响时曾说："《约翰·克利斯朵夫》对三十年代和四十年代中国青年知识分子的思想产生过巨大的影响，五十年代傅译巴尔扎克小说的影响更多停留在文学普及、翻译理论和翻译技巧的层面。"[2] 从译作思想的影响到翻译技巧、翻译精神的影响，傅雷的翻译及其翻译精神为越来越多的人所熟悉。众所周知，傅雷在《〈高老头〉重译本序》中提出，"以效果而论，翻译应当像临画一样，所求的不在形似而在神似"（傅雷，2006b：215），从而把中国传统美学中的"神似"论引入翻译领域，把翻译提高到美学的范畴和艺术的领域，进而丰富了中国的传统译论。王秉钦认为，新中国成立之后，富有影响的译论包括茅盾的"艺术创造性翻译论"、傅雷的"重神似不重形似论"、钱锺书的"化境论"以及焦菊隐的"整体论"，这四种理论"将过去单纯语言学化的传统翻译标准，引进文艺学和美学领域，提出了文艺学和美学的要求。这是对中国传统翻译思想的丰富和发展"[3]。傅雷的翻译观影响了众多的翻译者，法语翻译家柳鸣九先生认为，在所有的翻译家当中，傅雷"拥有的读者群数量最大，他的翻译经验也深得译界有识之士的赞赏与信从，今天傅雷所开辟的翻译道路上，已经形成了前者呼后者应的盛况，傅雷翻译的传统后继有人"[4]。而在众多的后继者中，受傅雷影响最深的，非中国著名法语文学翻译家罗新璋先生莫属。20 世纪 60 年代，罗新璋曾把傅雷的译文与法文原文逐段对照抄写，以研究傅雷翻译的特点与翻译思想，并从中得到了颇多的教益与启发。罗新璋既是翻译家又是翻译理论研究者，

1　叶兆言：《怀念傅雷先生》，《中国翻译》2008 年第 4 期，第 25 页。
2　施康强：《文学翻译：后傅雷时代》，《文汇报》2006 年 10 月 16 日。
3　王秉钦、王颉：《二十世纪中国翻译思想史》，天津：南开大学出版社，2009 年，第 234 页。
4　柳鸣九：《傅雷翻译业绩的启示》，《粤海风》2007 年第 4 期，第 37 页。

其翻译的《红与黑》被公认为重译外国文学名著的优秀作品，而他本人则明确表示，“我今天能翻译，能悟出点翻译之道，是得益于傅雷”，“如果说我师承谁，那就是傅雷”。[1] 可以说，罗新璋从傅雷的翻译中所学到的，不仅仅是具体的翻译技巧，更是一种翻译的美学，并且他将这种翻译美学移入中国的翻译思想史当中，从而在《我国自成体系的翻译理论》一文中，提出了中国传统翻译理论的发展脉络，即案本——求信——神似——化境，而傅雷先生的“神似”论即是这一历史发展中的重要一环，并且引发了之后中国译界对于中国传统翻译理论的深刻思考。

（三）文化传承与交流

翻译的最终目的在于文化的沟通与交流。新中国成立之初，国内文化界偏重俄语文学的翻译，而傅雷却将法国文学引入国内，从而在一定程度上促进了文化的多元发展。在其短暂的一生中，傅雷翻译了大量的法国经典作品，对于法国文学、文化在中国的传播、发展，具有不可估量的影响。这种影响，超越了当时的历史环境下挽救国家命运的意图，也超越了在当时传播法国文学与文化的意图。可以说，傅雷的翻译业绩为中法文化的交流积淀了良好的基础，更为今天中法两国文化的交流与对话创造了有利条件。法国外交部和法国驻华使馆于 1991 年设立了“傅雷出版资助计划”，这一计划旨在通过资助译者、出版社、书店和图书馆的方式，促进法国与中国的文化交流。就图书出版而言，法国外交部已在七十多个国家设立了相关的资助出版计划，如在俄罗斯的“普希金计划”，在西班牙的“塞万提斯计划”，以及在印度的“泰戈尔计划”等，而在中国，该计划以翻译家的名字而不是以作家的名字命名，从中可见，傅雷在中法文化交流上的意义非同寻常。迄今为止，这一计划已经资助出版的图书近千种，内容包括社科人文类、文学类、艺术类、少儿类、工具书类等，获得资助的出版社多达六十多家，同时这一计划也把培养青年翻译人才作为其重要的任务与目标。“傅雷计划”的设立，一方面得益于傅雷本身的法国文学翻译成就，另一方面也更得益于傅雷对法国文化在中国的传播所做的巨大贡

1　转引自黄珺亮：《他山之石，可以攻玉——高慧勤、罗新璋采访录》，《国外外语教学》2004 年第 4 期，第 63 页。

献。而该项计划对于中国翻译事业的巨大影响，恐怕也是傅雷自己都未曾料想到的。2009年，法国驻华大使馆又设立了“傅雷翻译出版奖”，旨在奖励中国年度翻译和出版的最优秀的法语图书。这些举措都极大地推动了中国翻译事业的发展，越来越多优秀的法语作品被介绍到中国，为中国人所知，同时也培养了一大批优秀的翻译工作者，这有利于中法文化的长期交流与发展。因了傅雷的功绩，中国的翻译事业获得了巨大的发展机会，中法两国的文化交流也越来越深入，时间证明了傅雷的翻译及其精神价值。傅雷的翻译影响，已然超越了文字与文学的范畴，上升到文化思想的高度。“傅雷精神”的内涵，不仅对于翻译工作者、文学研究者具有深刻的启示意义，而且对于每一个活着的普通人，都具有深度影响。唯有抱着“我不入地狱谁入地狱”的精神，才能挽救一个萎靡而自私的民族——傅雷这种自觉与自悟，是任何时代里，每一个中国人都应当具有的觉悟；“傅雷精神”，不仅仅在于对文字工作者——作家、翻译者、编辑、文艺评论者的深远影响，更在于对每一个活着的人、活着的中国人，尤其是当代知识分子的影响——将个人的命运与民族的苦难紧密联系在一起，正直、执着地生活、工作！

二、影响的途径与价值

时间流逝，沧桑巨变，有些东西并未被时光的洪流冲走，反而随着时光的流逝而更加明亮，傅雷的翻译正是这样一种在时间面前越来越熠熠发光的瑰宝。一方面，傅雷的译著不断再版，成为中国翻译文学的经典。安徽文艺出版社、人民文学出版社、辽宁教育出版社等众多中国优秀的出版社，都曾出版过傅雷的优秀译著，其中的《高老头》《欧也妮·葛朗台》《约翰·克利斯朵夫》等作品不断再版，成为青少年必读的外国名著，也成为中国翻译文学的经典之作。这些译作的不断再版说明，傅雷拥有众多的读者，而随着时代的发展，傅译依然拥有巨大的艺术魅力与精神力量，感染着一代又一代的读者。傅译的魅力与力量，通过不断再版的译作传承下去，并将不断地发扬光大。另一方面，越来越多的学者开始关注傅雷及其翻译，发掘傅雷的翻译对于中国社会与历史的巨大影响，以及对于中国文学和翻译的重要价值，与此相关的著作与论文也不断涌现。例如，香港中文大学教授金圣华女士为傅译研究的专家，她系统地研究了傅译巴尔扎克作品的艺术风格及美学价值；南京师范大学法语系的宋学智教授，也撰写了一系列的文章论述傅雷的翻译思想、翻译精神、翻译价值等等。此外，还有诸多翻译研究者对傅雷的翻译思想做了多方面的考察与研究，包括从理论与实践两个方面揭示傅雷翻译的意义。这些著作、论文对于傅雷翻译思想的传播具有直接的作用。同时，一系列以傅雷为名而开展的活动，比如“傅雷计划”“傅雷翻译出版奖”“傅雷图书数据库”等继续着先生未竟的事业，在推动法国文学与文化在中国的传播、培养优秀的翻译人才、促进中国的法国文学研究的同时，也弘扬了傅雷精神，扩大了傅雷的影响。借助这些活动，更多的人开始阅读傅雷、了解傅雷、熟悉傅雷。中国文化界同样借助傅雷的诞辰纪念日等，开展了一系列的纪念活动，不仅为了缅怀逝去的灵魂，更是为了弘扬逝者高尚的精神与伟大的品格。2006年9月，在傅雷的故乡，上海市南汇区政府、南汇区文广局以及南汇区博物馆，举办了纪念傅雷逝世四十周年系列活动。2008年是傅雷的百年诞辰，中国学界举办了诸多的纪念活动。“洁白的丰碑——纪念傅雷百年诞辰展览”先后在北京、上海、南京、武汉、大连等城市拉开帷幕；南京大学与江苏作家协会、中国翻译协会联合主办了傅雷诞辰百年纪念暨“傅雷与翻译”国际学术研讨会，来自法国、英国、比利时、美国、日本、德国、澳大利亚、新加坡等国以及中国的一百八十余名文学界、翻译界和文化界的代表参加了此次会议，从学术和文化交流的角度，对傅雷翻译进行了全面研讨。通过各种各样的活动，傅雷的翻译为越来越多的人所了解，傅雷的形象越来越深入人心，傅雷的精神也影响了越来越多的中国人。

傅雷的翻译对于中国社会、中国文化具有重要的影响，这些影响至今依然存在，而纵观这些影响，不难发现傅雷翻译的价值，这种价值建立在其翻译影响的基础之上，同时也经受住了历史的检验，涉及社会、文化和历史等诸多方面。

（一）社会价值

翻译活动之所以存在，是因为讲不同语言的民族需要交流，这种交流所形成的关系具有社会性，而这一社会性又决定了翻译的社会价值，即，对于社会交流与发展的推动作用。傅雷怀着知识分子的社会良心，以文学翻译服务民众，推进了社会文明的同时，也实现了自己的社会价值，对当时中国的民族精神和国人思维具有重要影响。傅雷作为“五四精神”的继承者，始终以开启民众之心、激发民众之情为自己的社会责任，在风雨飘摇的时代，他选择翻译的《夏洛外传》《巨人三传》《约翰·克利斯朵夫》《幸福之路》《文明》等，全部都建基于对民族命运的深切忧虑之上，他希望通过翻译这些著作，将激情与光明带给国人。20 世纪 30 年代初，面对国内黑暗、混乱的局势，傅雷有感于国人“顾精神平稳由之失却，非溺于激情而懵懵懂懂，即陷于麻痹而无所作为”，于是翻译了罗曼·罗兰的《巨人三传》，其中的《贝多芬传》尤其让傅雷心灵震撼，“顿获新生之力”，所以，他翻译这些著作，正是为了能够对陷于苦闷之中的年轻朋友有所助益，从中吸取与黑暗社会抗争的勇气和信心。而借《约翰·克利斯朵夫》的序言，傅雷也清楚地表达出自己的翻译意愿：“在此大难未已的混乱时代，但愿克利斯朵夫成为一个坚强而忠实的朋友”，“成为一个良伴和向导”，“使大家心中都有一股生与爱的欢乐，使大家不顾一切地去生活，去爱！”（傅雷，1982 卷 7：9）。通过翻译，将伟人的精神力量传达给中国民众，拓展中国人民的精神视野，启迪民心民智，这对于当时中国社会的发展有着莫大的影响，对于当时苦闷的中国青年有着莫大的激励，其社会价值不言自明。

（二）文化价值

翻译活动的目的在于促进人与人之间的沟通，这种沟通主要涉及精神与文化层面上的沟通，所以翻译是人类精神文化中最重要的活动之一，而傅译的文化价值与这种“跨文化性”息息相关。翻译是沟通两种语言、两种文化的桥梁，为交流打开大门，最终实现人与人心灵的沟通。阿弗雷德·波拉德在论述《圣经》翻译的重要性时，说过一段极为诗意又极为深刻的话：“翻译如同打开窗户，让阳光照射进来；翻译如同砸碎硬壳，让我们享用果仁；翻译如同拉开帷幕，让我们能窥见最神圣的殿堂；翻译如同揭开井盖，让我们能汲取甘泉。”[1] 傅雷的翻译正是如此，他不仅为国人带来了物质之果实，还带来了精神之光芒。傅雷毕生翻译了约三十三部文学名著，各种中译本累计发行近千万册。“就介绍法国文学来讲，翻译数

1　转引自廖七一等编著《当代英国翻译理论》，武汉：湖北教育出版社，2001 年，第 1 页。

量之多，译文特色之鲜明，译作影响之大，至今无人能出其右。”[1]傅雷对于法国文学、文化在中国的传播有着不可估量的作用，他使得原作者作品的生命在新的时空中得到延续和拓展，罗曼·罗兰与巴尔扎克在中国的巨大影响，很大程度上得益于傅雷的精妙翻译。新中国成立之初，国内翻译出版的大多为苏俄文学作品，“傅译法国文学作品的出现使得中国的读者在单调的文学图书市场中难得闻到了一点多元文化的气息，或多或少接受到了世界优秀文化的熏陶”[2]。傅译的文化价值尤其体现在，它们是结合了中国传统思想与西方美学思想的产物；傅雷始终以沟通东西方文化为己任，并且始终站在人类文化的高度思考东西方文化问题，主张以“化”和“通”的方式融合东西方文化，由此创造一种新的文化，这种思考具有重要的时代意义。傅雷具有深厚的传统文化积淀以及中国古典文艺美学的思想素养，同时又对西方文化拥有深入、细致的认识，在两者基础上形成了“中庸有度”的审美思想；傅雷最崇尚的是希腊的古典主义精神和中国两晋六朝时代风流旖旎的文采，两者结合则是其“理想的艺术”——“理想的艺术总是如行云流水一般自然，即使是慷慨激昂也像夏日的疾风猛雨，好像是天地中必然有的也是势所必然的境界。一露出雕琢和斧凿的痕迹，就变为庸俗的工艺品而不是出于肺腑，发自内心的艺术了”（傅雷，2006a：248）。傅雷将古希腊精神与中国传统美学相结合，融入自己的翻译当中，创造了“中庸有度”“行云流水”“自然而不事雕琢”的译文，这样的译文必然具有重大的文化价值。而傅雷将中国传统美学与西方美学相结合的方式，也从一个侧面给我们提供了跨文化交流的典范。在经济、政治、文化全球化的今天，跨文化交流不是完全抛弃中国的传统文化、全盘吸收西方文化，而是既要保持中华民族传统文化的灵魂，又要吸取西方文化的精华，将二者结合在一起，以创造出与时代相适应的独特的中国新文化。这也正是傅译最闪亮的部分，是傅译给予今天的我们最大的启示。

（三）历史价值

傅雷的翻译在中国翻译史中是一座里程碑，不仅与时代紧密相连，对

---

1 李景端：《文学翻译史的一座里程碑》，《中国翻译》2008 年第 4 期，第 26 页。
2 同上。

于翻译事业的现在与未来都具有启示意义。法国著名作家斯塔尔夫人在论“翻译的精神”时说，“人所能为文学做出的最大贡献就是把人类精神的杰作从一种语言传到另一种语言”。傅雷的“翻译精神”是与他的“艺术精神”“人格精神”交相统一的。傅雷对于文学翻译以及艺术的孜孜探求，与高度的时代责任感相融，铸就了其洁白的精神，更为我们留下了一笔宝贵的精神遗产。一个译者究竟应该以何为重、译什么、怎么译，这些问题傅雷均已给予了我们最好的答案，从文本的选择到文本的再创造，包括翻译的态度与精神，当中傅雷的“真”与“情”是现代翻译工作者最值得学习与借鉴的地方。热情、认真、执着、理想是傅雷精神的内涵，也是治疗当今译界普遍流行的浮躁之风的对症良药。傅雷的翻译精神已经上升为一种艺术的精神，其传神的译作中融合的是他伟大的人格力量，他宽广的艺术情怀、深厚的传统文学积淀都根植于其求真求实的人格精神当中，而这种精神对于我们每一个活着的人，都是一种激励，也促使我们思考。傅雷的翻译不仅具有文字与文学的价值，更具有深厚的文化思想价值。仅仅从翻译与艺术的角度评价傅雷，显然是不够的，因为傅雷不仅仅是一位翻译家，他更是一位思想家；正如哲学家郑涌所言，“傅雷是现代中国一位很重要的思想家”，他传播的是思想的圣火，是“思想圣火传递者永远的榜样”。[1] 傅雷生前好友、北京大学的张芝联教授则认为，傅雷不仅是位文艺家、翻译家，还是位政治家、知识分子和心理学家。傅雷的翻译是与其知识分子的精神、文艺家的追求以及思想家的胸怀相统一的。傅雷翻译的价值通过历史文化的空间保存下来并将不断地发扬光大，同时也必将随着社会历史的发展而不断得到丰富与拓展。

傅雷先生一生所追求的，是艺术与人生的最高境界，而“傅雷的境界高耸云端，任何乌云都遮挡不住傅雷的高大身躯；任何谎言都抹煞不了傅雷高贵的精神”[2]。傅雷的翻译在时代的潮流中愈久弥新，给普通读者带来心灵上的冲击，为翻译工作者带来深刻的思考，为文化工作者带来思想的启发，为中法文化的交流与发展创造出无穷动力。“不懂得珍惜水晶心，

1　郑涌：《傅雷仍在震撼、颠倒我们》，《上海文学》2010 年第 1 期，第 102 页。
2　同上，第 106 页。

那是真正的不幸。”而所幸的是，历史正在慢慢荡涤掉尘埃，一切开始变得清晰起来，洁白复归了。“傅雷仍在震撼着我们，甚至还在‘颠倒’我们。”[1] 洁白的丰碑矗立在风雨中，直到永远！

先生走了，走得坦荡，走得勇敢，走得悲壮。

先生依然活着，并将永远地活在我们每个人心上。

1 郑湧：《傅雷仍在震撼、颠倒我们》，《上海文学》2010 年第 1 期，第 106 页。

参考文献

一、傅雷著译

傅雷:《译者弁言》,载罗曼·罗兰《约翰·克利斯朵夫》,傅雷译,北京:人民文学出版社,1957年。

傅雷:《〈夏倍上校〉〈奥诺丽纳〉和〈禁治产〉内容介绍》,载傅雷译《傅雷译文集》(第一卷),合肥:安徽人民出版社,1981年。

傅雷:《〈欧也妮·葛朗台〉内容介绍》,载傅雷译《傅雷译文集》(第二卷),合肥:安徽人民出版社,1982年。

傅雷:《〈于絮尔·弥罗埃〉内容介绍》,载傅雷译《傅雷译文集》(第二卷),合肥:安徽人民出版社,1982年。

傅雷:《〈都尔的本堂神甫〉〈比哀兰德〉译者序》,载傅雷译《傅雷译文集》(第三卷),合肥:安徽人民出版社,1982年。

傅雷:《〈搅水女人〉译者序》,载傅雷译《傅雷译文集》(第三卷),合肥:安徽人民出版社,1982年。

傅雷:《〈贝姨〉内容介绍》,载傅雷译《傅雷译文集》(第五卷),合肥:安徽人民出版社,1982年。

傅雷:《〈赛查·皮罗多盛衰记〉译者序》,载傅雷译《傅雷译文集》(第六卷),合肥:安徽人民出版社,1982年。

傅雷:《〈贝多芬传〉译者序》,载傅雷译《傅雷译文集》(第十一卷),合肥:安徽人民出版社,1983年。

傅雷:《〈嘉尔曼〉〈高龙巴〉内容介绍》,载傅雷译《傅雷译文集》(第十三卷),

合肥：安徽人民出版社，1983 年。
傅雷：《〈恋爱与牺牲〉译者序》，载傅雷译《傅雷译文集》（第十三卷），合肥：安徽人民出版社，1983 年。
傅雷：《〈夏洛外传〉译者序》，载傅雷译《傅雷译文集》（第十四卷），合肥：安徽人民出版社，1984 年。
傅雷：《〈幸福之路〉译者弁言》，载傅雷译《傅雷译文集》（第十四卷），合肥：安徽人民出版社，1984 年。
傅雷：《〈文明〉译者弁言》，载傅雷译《傅雷译文集》（第十四卷），合肥：安徽人民出版社，1984 年。
傅雷：《致林以亮论翻译书》，载罗新璋编《翻译论集》，北京：商务印书馆，1984 年。
傅雷：《〈高老头〉重译本序》，载罗新璋编《翻译论集》，北京：商务印书馆，1984 年。
傅雷：《翻译经验点滴》，载罗新璋编《翻译论集》，北京：商务印书馆，1984 年。
傅雷：《论文学翻译书》，载罗新璋编《翻译论集》，北京：商务印书馆，1984 年。
傅雷：《傅雷家书》，傅敏编，北京：生活 · 读书 · 新知三联书店，1990 年。
傅雷：《世界美术名作二十讲》，北京：生活 · 读书 · 新知三联书店，1997 年。
傅雷：《译者献辞》，载罗曼 · 罗兰《约翰 · 克利斯朵夫》（上），傅雷译，北京：人民文学出版社，1997 年。
傅雷：《译者弁言》，载罗曼 · 罗兰《约翰 · 克利斯朵夫》（上），傅雷译，北京：人民文学出版社，1997 年。
傅雷：《傅雷文集 · 书信卷》（上下），傅敏编，合肥：安徽文艺出版社，1998 年 a。
傅雷：《傅雷文集 · 艺术卷》，傅敏编，合肥：安徽文艺出版社，1998 年 b。
傅雷：《傅雷文集 · 文学卷》，傅敏编，合肥：安徽文艺出版社，1998 年 c。
傅雷著译：《傅雷全集》（第三卷），沈阳：辽宁教育出版社，2002 年 a。
傅雷：《〈夏洛外传〉译者序》，载傅雷著译《傅雷全集》（第五卷），沈阳：辽宁教育出版社，2002 年 a。
傅雷：《〈幸福之路〉译者前言》，载傅雷著译《傅雷全集》（第五卷），沈阳：辽宁教育出版社，2002 年 a。
傅雷：《〈赛查 · 皮罗多盛衰记〉译者序》，载傅雷著译《傅雷全集》（第六卷），沈阳：辽宁教育出版社，2002 年 a。
傅雷：《〈约翰 · 克利斯朵夫〉译者弁言》，载傅雷著译《傅雷全集》（第七卷），沈阳：辽宁教育出版社，2002 年 a。
傅雷：《〈贝多芬传〉译者序》，载傅雷著译《傅雷全集》（第十一卷），沈阳：辽宁教育出版社，2002 年 a。
傅雷：《我们对美苏关系的态度》，载傅雷著译《傅雷全集》（第十四卷），沈阳：辽宁教育出版社，2002 年 a。
傅雷：《傅雷自述》，载傅雷著译《傅雷全集》（第十七卷），沈阳：辽宁教育出版社，2002 年 a。
傅雷：《翻译经验点滴》，载傅雷著译《傅雷全集》（第十七卷），沈阳：辽宁教育出版社，2002 年 a。
傅雷：《致宋奇》，载傅雷著译《傅雷全集》（第二十卷），沈阳：辽宁教育出版社，2002 年 a。
傅雷：《傅雷谈美术》，傅敏编，长沙：湖南文艺出版社，2002 年 b。
傅雷：《〈贝多芬传〉译者序》，载《傅雷经典作品选：傅雷家书·与傅聪谈音乐》，北京：当代世界出版社，2002 年 c。
傅雷：《研究文学史的新趋向》，载《傅雷经典作品选：傅雷家书·与傅聪谈音乐》，北京：当代世界出版社，2002 年 c。
傅雷：《艺术与自然的关系》，载《傅雷经典作品选：傅雷家书·与傅聪谈音乐》，北京：当代世界出版社，2002 年 c。
傅雷：《评〈三里湾〉》，载《傅雷经典作品选：傅雷家书·与傅聪谈音乐》，北京：当代世界出版社，2002 年 c。
傅雷：《评〈春种秋收〉》，载《傅雷经典作品选：傅雷家书·与傅聪谈音乐》，北京：当代世界出版社，2002 年 c。
傅雷：《论张爱玲的小说》，载《傅雷经典作品选：傅雷家书·与傅聪谈音乐》，北京：当代世界出版社，2002 年 c。
傅雷：《观画答客问》，载《傅雷经典作品选：傅雷家书·与傅聪谈音乐》，北京：当代世界出版社，2002 年 c。
傅雷：《致宋奇》（一九五四年十月十日，第十一通），载《傅雷书简》，傅敏编，北京：当代世界出版社，2005 年。
傅雷：《致刘抗》（一九六一年七月三十一日晚，第十五通），载《傅雷书简》，傅敏编，北京：当代世界出版社，2005 年。
傅雷：《致罗新璋》（一九六三年一月六日，一通），载《傅雷书简》，傅敏编，北京：当代世界出版社，2005 年。
傅雷：《〈高老头〉重译本序》，载傅敏编《傅雷谈翻译》，北京：当代世界出版社，2005 年。
傅雷：《翻译经验点滴》，载傅敏编《傅雷谈翻译》，北京：当代世界出版社，2005 年。
傅雷：《致宋奇》，载傅敏编《傅雷谈翻译》，北京：当代世界出版社，2005 年。

傅雷：《对于译名统一问题的意见》，载傅敏编《傅雷谈翻译》，北京：当代世界出版社，2005 年。
傅雷：《致罗新璋》，载傅敏编《傅雷谈翻译》，北京：当代世界出版社，2005 年。
傅雷：《致罗新璋》，载怒安《傅雷谈翻译》，沈阳：辽宁教育出版社，2005 年。
傅雷：《〈高老头〉重译本序》，载怒安《傅雷谈翻译》，沈阳：辽宁教育出版社，2005 年。
傅雷：《翻译经验点滴》，载怒安《傅雷谈翻译》，沈阳：辽宁教育出版社，2005 年。
傅雷：《致宋淇》，载怒安《傅雷谈翻译》，沈阳：辽宁教育出版社，2005 年。
傅雷：《致傅聪》(1964 年 4 月 12 日)，载怒安《傅雷谈翻译》，沈阳：辽宁教育出版社，2005 年。
傅雷：《傅雷家书：一九六一年六月十四日》，载《傅雷文集 · 书信卷》，傅敏编，北京：当代世界出版社，2006 年 a。
傅雷：《〈米开朗琪罗传〉译者弁言》，载《傅雷文集 · 文艺卷》，傅敏编，北京：当代世界出版社，2006 年 b。
傅雷：《〈贝多芬传〉译者序》，载《傅雷文集 · 文艺卷》，傅敏编，北京：当代世界出版社，2006 年 b。
傅雷：《〈约翰 · 克利斯朵夫〉简介》，载《傅雷文集 · 文艺卷》，傅敏编，北京：当代世界出版社，2006 年 b。
傅雷：《〈服尔德传〉译者附识》，载《傅雷文集 · 文艺卷》，傅敏编，北京：当代世界出版社，2006 年 b。
傅雷：《〈艺术论〉译者弁言》，载《傅雷文集 · 文艺卷》，傅敏编，北京：当代世界出版社，2006 年 b。
傅雷：《〈高老头〉重译本序》，载《傅雷文集 · 文艺卷》，傅敏编，北京：当代世界出版社，2006 年 b。
傅雷：《〈人生五大问题〉译者弁言》，载《傅雷文集 · 文艺卷》，傅敏编，北京：当代世界出版社，2006 年 b。
傅雷：《〈夏洛外传〉卷头语》，载《傅雷文集 · 文艺卷》，傅敏编，北京：当代世界出版社，2006 年 b。
傅雷：《〈夏洛外传〉译者序》，载《傅雷文集 · 文艺卷》，傅敏编，北京：当代世界出版社，2006 年 b。
傅雷：《译者序》，载罗曼 · 罗兰《名人传》，傅雷译，南京：译林出版社，2008 年 a。
傅雷：《傅雷家书：精选注释本》，傅敏编注，天津：天津社会科学出版社，2008 年 b。
傅雷：《世界美术名作二十讲》，北京：生活 · 读书 · 新知三联书店，2010 年。
安德烈 · 莫罗阿：《人生五大问题 · 论婚姻》，载傅雷译《傅雷译文集》(第十三卷)，合肥：安徽人民出版社，1983年。
傅敏编：《傅雷谈翻译》，北京：当代世界出版社，2005年。
罗曼·罗兰：《〈约翰·克利斯朵夫〉原序》，载傅雷译《傅雷译文集》(第七卷)，合肥：安徽人民出版社，1983年。
罗曼·罗兰：《约翰·克利斯朵夫》(全四册)，傅雷译，合肥：安徽文艺出版社，1990年。
罗曼·罗兰：《罗曼·罗兰致译者书》，载傅雷译《傅译传记五种》，北京：生活·读书·新知三联书店，1996年。
罗曼·罗兰：《约翰·克利斯朵夫》，傅雷译，北京：人民文学出版社，1997年。
罗曼·罗兰：《〈弥盖朗琪罗传〉原序》，傅雷译，载许钧、宋学智编《走进傅雷的翻译世界：傅雷译文精选与评论》，北京：高等教育出版社，2008年。
罗素：《幸福之路》，傅雷译，天津：天津人民出版社，2007年。
怒安：《傅雷谈翻译》，沈阳：辽宁教育出版社，2005年。

二、其他主要参考文献

BALZAC, Honoré de: *Le cousin Pons*, Paris: Editions Albin Michel, 1953.
BALZAC, Honoré de: *Le Curé de Tours*, Paris: Editions Garnier, 1953.
BERMAN, Antoine: *Pour une Critique des Traductions: John Donne*, Paris: Editions Gallimard, 1995.
DESSON, Gérard: *Introduction à la poétique*, Paris: Armand Colin, 2005.
GENETTE, Gérard: *Palimpsestes*, Paris: Editions du Seuil, 1982.
GENETTE, Gérard: *Seuils*, Paris: Editions du Seuil, 1987.
HERMANS, Theo: "Translational Norms and Correct Translations," in Kitty M. van Leuven-Zwart & Ton Naaijkens (eds.): *Translation Studies: The State of the Art*. Atlanta: Rodopi, 1991.
HUNAG, Yunte: "Introduction," in *SHI: A Radical Reading of Chinese Poetry*, NY: Roof Books, 1997.
LEFEVERE, Andre: *Translating Literature: Practice and Theory in a Comparative Literature Context*, New York: The Modern Language Association of America, 1992.
MARGOT, Jean-Claude: *Traduire sans Trahir: La théorie de la traduction et son application aux textes bibliques*, Lausanne: Editions l'Age d'Homme, 1979.
MESCHONNIC, Henri: *Pour la poétique II: Epistémologie de l'écriture, poétique de la traduction*, Paris: Gallimard, 1973.
NIDA, Eugene: "Principles of Correspondence," in Venuti, Lawrence (ed.): *The Translation Studies Reader*, London & New York: Routledge, 2000.

ROLLAND, Romain: *Jean-Christophe*, Paris: Albin Michel, 1930.

TOURY, Gideon: "The Nature and Role of Norms in Translation," in Toury, Gideon: *Descriptive Translation Studies and Beyond*, Amsterdam & Philadelphia: John Benjamins Publishing Company, 1996.

VENUTI, Lawrence: *Rethinking Translation: Discourse, Subjectivity and Ideology*, London & New York: Routledge, 1992.

VENUTI, Lawrence: *The Translator's Invisibility*, London & New York: Routledge, 1995.

VOLTAIRE: *Candide*, Paris: EDDL, 1996.

艾柯：《过度阐释文本》，载柯里尼编《诠释与过度诠释》，王宇根译，北京：生活·读书·新知三联书店，1997 年。

鲍尔金娜：《用野猫一样漆黑发亮的眼睛注视人间》，沈阳：春风文艺出版社，2008 年。

编者：《出版说明》，载巴尔扎克《高老头》，傅雷译，北京：人民文学出版社，1963 年。

编者：《出版说明》，载巴尔扎克《幻灭》，傅雷译，北京：人民文学出版社，1978 年。

曹丹红：《西方诗学视野中的节奏与翻译》，《中国翻译》2010 年第 4 期。

陈思和：《傅雷的精神遗产》，《中国翻译》2008 年第 4 期。

陈伟丰：《谈傅雷的翻译》，《翻译通讯》1983 年第 5 期。

陈西滢：《论翻译》，载罗新璋编《翻译论集》，北京：商务印书馆，1984 年。

陈子善：《傅雷先生的〈法行通信〉》，载金圣华主编《江声浩荡话傅雷》，北京：当代世界出版社，2006 年。

达维德·方丹：《诗学：文学形式通论》，陈静译，天津：天津人民出版社，2003 年。

冬晓：《赤子之心——傅聪谈傅雷》，载艾雨编《与傅聪谈音乐》，北京：生活·读书·新知三联书店，1984 年。

范权威：《傅雷论张爱玲》，《大众文艺（理论）》2009 年第 8 期。

方梦之编：《译学辞典》，上海：上海外语教育出版社，2004 年。

傅聪：《傅聪写给父母亲的一封家书》，载傅雷《傅雷文集·书信卷》（上下），傅敏编，合肥：安徽人民出版社，1998 年。

歌德等：《文学风格论》，王元化译，上海：上海译文出版社，1982 年。

国家图书馆古籍馆编：《洁白的丰碑——傅雷百年诞辰纪念》，北京：北京图书馆出版社，2008 年。

郭著章主编：《翻译名家研究》，边立红等撰，武汉：湖北教育出版社，1999 年。

海岸：《诗人译诗　译诗为诗》，《中国翻译》2005 年第 6 期。

华菊勇、熊育兰：《人与命运冲突下的悲剧精神——古希腊悲剧与西方人文主义文学的悲剧精神比较》，《电影文学》2007年第12期。
黄珺亮：《他山之石，可以攻玉——高慧勤、罗新璋采访录》，《国外外语教学》2004年第4期。
黄伊梅：《希腊古典人文主义的内涵与特质》，《学术研究》2008年第12期。
金隄：《等效翻译探索》（增订版），北京：中国对外翻译出版公司，1998年。
金梅：《傅雷传》，长沙：湖南文艺出版社，1997年。
金圣华：《文学翻译的创作空间》，《翻译季刊》1995年第2期。
金圣华：《父亲是我的一面镜子——傅聪心目中的傅雷（傅聪访问记）》，载金圣华编《傅雷与他的世界》，北京：生活·读书·新知三联书店，1996年。
金圣华：《心如水晶一般透明——傅敏心中的傅雷（傅敏访问记）》，载金圣华编《傅雷与他的世界》，北京：生活·读书·新知三联书店，1996年。
金圣华编：《傅雷与他的世界》，北京：生活·读书·新知三联书店，1996年。
金圣华：《傅雷翻译巴尔扎克的心路历程》，载金圣华、黄国彬主编《因难见巧：名家翻译经验谈》，北京：中国对外翻译出版公司，1998年。
金圣华：《傅雷与巴尔扎克》，载金圣华主编《江声浩荡话傅雷》，北京：当代世界出版社，2006年。
金圣华：《译注〈傅雷家书〉的一些体会》，载傅雷《傅雷家书·书信卷》（上下），傅敏编，合肥：安徽文艺出版社，1998年。
康德：《实践理性批判》，韩水法译，北京：商务印书馆，2003年。
柯灵：《怀傅雷》，载金圣华主编《江声浩荡话傅雷》，北京：当代世界出版社，2006年。
老舍：《现代中国小说》，区鉷译，《中国现代文学研究丛刊》1986年第3期。
李景端：《文学翻译史的一座里程碑》，《中国翻译》2008年第4期。
李云雷：《听傅雷讲艺术》，西安：陕西师范大学出版社，2008年。
李震红：《“翻译过程总括模式”观照下的林译世界——以〈黑奴吁天录〉为例》，《盐城师范学院学报》2008年第6期。
廖七一等编著：《当代英国翻译理论》，武汉：湖北教育出版社，2001年。
林臻：《傅雷的艺术哲学》，载金圣华编《傅雷与他的世界》，北京：生活·读书·新知三联书店，1996年。
刘重德编著：《翻译漫谈》，西安：陕西人民出版社，1984年。
刘锋杰：《创作个性与文学转型的误读——重读傅雷〈论张爱玲的小说〉》，《文艺理论研究》2000年第4期。
刘靖之：《神似与形似》，台北：书林出版有限公司，1996年。
刘靖之：《谈音乐翻译》，载《和谐的乐声》，武汉：湖北教育出版社，2002年。

刘靖之：《〈约翰·克利斯朵夫〉里有关音乐和音乐的翻译》，载《和谐的乐声》，武汉：湖北教育出版社，2002年。
刘抗：《傅雷·傅聪》，载金圣华编《傅雷与他的世界》，北京：生活·读书·新知三联书店，1996年。
刘凌：《傅雷的审美理想》，《齐鲁学刊》1990年第5期。
刘宓庆：《当代翻译理论》，北京：中国对外翻译出版公司，1999年。
柳鸣九：《超越荒诞——法国二十世纪文学史观》，上海：文汇出版社，2005年。
柳鸣九：《傅雷翻译业绩的启示》，《粤海风》2007年第4期。
柳鸣九：《纪念翻译巨匠傅雷》，《中国翻译》2008年第4期。
楼适夷：《读家书，想傅雷》，载金圣华编《傅雷与他的世界》，北京：生活·读书·新知三联书店，1996年。
罗曼·罗兰：《约翰·克利斯朵夫》（全三册），韩沪麟译，南京：译林出版社，2000年。
罗曼·罗兰：《约翰·克里斯托夫》（上下），许渊冲译，长沙：湖南文艺出版社，2000年。
罗素：《幸福之路》，曹荣湘、倪莎译，北京：文化艺术出版社，2005年。
罗新璋：《我国自成体系的翻译理论》，载罗新璋编《翻译论集》，北京：商务印书馆，1984年。
罗新璋：《读傅雷译品随感》，载罗新璋编《翻译论集》，北京：商务印书馆，1984年。
罗新璋编：《翻译论集》，北京：商务印书馆，1984年。
罗新璋：《代序——读傅雷译品随感》，载傅敏编《傅雷谈翻译》，北京：当代世界出版社，2005年。
罗新璋：《〈罗丹艺术论〉读后记》，载金圣华主编《江声浩荡话傅雷》，北京：当代世界出版社，2006年。
马悦然：《翻译的技艺》，载罗选民主编《中华翻译文摘》（2002—2003卷），北京：清华大学出版社，2006年。
茅盾：《为发展文学翻译事业和提高翻译质量而奋斗》，载罗新璋编《翻译论集》，北京：商务印书馆，1984年。
钱林森：《傅雷翻译文学经典与中国现代作家》，《中华读书报》2009年7月1日。
钱志熙：《"诗学"一词的传统涵义、成因及其在历史上的使用情况》，《中国诗歌研究》2002年刊。
钱锺书：《林纾的翻译》，载罗新璋编《翻译论集》，北京：商务印书馆，1984年。
乔纳森·卡勒：《文学理论入门》，李平译，南京：译林出版社，2008年。
施康强：《文学翻译：后傅雷时代》，《文汇报》2006年10月16日。

施蛰存：《纪念傅雷》，载金圣华编《傅雷与他的世界》，北京：生活·读书·新知三联书店，1996年。
思果：《译道探微》，北京：中国对外翻译出版公司，2002年。
思灵：《傅雷与巴尔扎克》，载金圣华编《傅雷与他的世界》，北京：生活·读书·新知三联书店，1996年。
宋剑华：《光荣与梦想——论20世纪中国革命文学浪漫主义的表现特征》，《中州学刊》2002年第2期。
宋学智、许钧：《从文化观看文学翻译的指导原则——“取长补短”浅论》，《江苏社会科学》2003年第6期。
宋学智：《翻译文学经典的影响与接受》，上海：上海译文出版社，2006年。
宋学智、许钧：《傅雷翻译实践的成功路径及其意义》，《江苏社会科学》2009年第6期。
孙艺风：《视角·阐释·文化——文学翻译与翻译理论》，北京：清华大学出版社，2004年。
邰耕：《一句话的经典》，《东方文化周刊》2001年第37期。
谭载喜编著：《新编奈达论翻译》，北京：中国对外翻译出版公司，1999年。
谭载喜：《西方翻译简史（增订版）》，北京：商务印书馆，2004年。
特雷·伊格尔顿：《二十世纪西方文学理论》，伍晓明译，西安：陕西师范大学出版社，1986年。
屠国元、朱献珑：《译者主体性：阐释学的阐释》，《中国翻译》2003年第6期。
王秉钦、王颉：《二十世纪中国翻译思想史》，天津：南开大学出版社，2009年。
王东风：《帝国的翻译暴力与翻译的文化抵抗——韦努蒂抵抗式翻译观解读》，《中国比较文学》2007年第4期。
王宏印：《英汉翻译综合教程》，大连：辽宁师范大学出版社，2002年。
王宏印：《中国传统译论经典诠释——从道安到傅雷》，武汉：湖北教育出版社，2003年。
王克非编著：《翻译文化史论》，上海：上海外语教育出版社，1998年。
王克非：《近代翻译对汉语的影响》，《外语教学与研究》2002年第6期。
王茜：《傅雷的音乐批评》，《交响——西安音乐学院学报》2009年第1期。
王元化：《思辨录》，上海：上海古籍出版社，2004年。
西奥·赫尔曼：《翻译的再现》，载谢天振主编《翻译的理论建构与文化透视》，上海：上海外语教育出版社，2000年。
肖红、许钧：《试论傅雷的翻译观》，载金圣华主编《江声浩荡话傅雷》，北京：当代世界出版社，2006年。
谢天振、李小均：《傅雷——那远逝的雷火灵魂》，北京：文津出版社，2005年。

修文乔：《从傅译副文本看傅雷的翻译观和读者观》，《广东外语外贸大学学报》2008 年第 6 期。
许钧、袁筱一等编著：《当代法国翻译理论》，南京：南京大学出版社，1998 年。
许钧：《翻译论》，武汉：湖北教育出版社，2003 年。
许钧：《"创造性叛逆"和翻译主体性的确立》，《中国翻译》2003 年第 1 期。
许钧：《译道寻踪》，郑州：文心出版社，2005 年。
许钧：《翻译的危机与批评的缺席》，《新华文摘》2005 年第 22 期。
许钧：《阅读傅雷　理解傅雷》，《中国图书评论》2007 年第 1 期。
许钧：《赤子之心，人文情怀——傅雷永远活着》，《中国翻译》2008 年第 4 期。
许钧、宋学智编：《走进傅雷的翻译世界：傅雷译文精选与评论》，北京：高等教育出版社，2008 年。
许钧主编：《傅雷的精神世界及其时代意义——"傅雷与翻译"国际学术研讨会论文集》，上海：中西书局，2011 年。
亚里士多德：《诗学》，陈中梅译注，北京：商务印书馆，1996 年。
严绍璗：《"文化语境"与"变异体"以及文学的发生学》，载北京大学比较文学与比较文化研究所编《多边文化研究》（第一卷），北京：新世界出版社，2001 年。
杨绛：《忆傅雷》，载金圣华编《傅雷与他的世界》，北京：生活·读书·新知三联书店，1996 年。
杨联芬：《晚清至五四：中国文学现代性的发生》，北京：北京大学出版社，2003 年。
杨武能：《阐释、接受与再创造的循环——文学翻译断想之一》，载许钧编《翻译思考录》，湖北：湖北教育出版社，1998 年。
叶凯：《傅雷的最后 17 年》，北京：中国文史出版社，2005 年。
叶兆言：《怀念傅雷先生》，《中国翻译》2008 年第 4 期。
余光中：《余光中谈翻译》，北京：中国对外翻译出版公司，2007 年。
查明建、田雨：《论译者主体性——从译者文化地位的边缘化谈起》，《中国翻译》2003 年第 1 期。
郑海凌：《文学翻译学》，郑州：文心出版社，2000 年。
郑克鲁：《略论傅雷的翻译成就》，载傅敏编《傅雷谈翻译》，北京：当代世界出版社，2005 年。
郑湧：《傅雷仍在震撼、颠倒我们》，《上海文学》2010 年第 1 期。
中国翻译词典编辑委员会编：《中国翻译词典》，武汉：湖北教育出版社，1997 年。
周兆祥：《翻译与人生》，北京：中国对外翻译出版公司，1998 年。
朱光潜：《朱光潜全集》（第十三卷），合肥：安徽教育出版社，1996 年。
朱光潜：《抗战版序》，载《诗论》，北京：北京出版社，2005 年。
诸小霞：《"三个世界"语境下翻译校验客观性标准探究》，《常州大学学报》2010 年第 3 期。

附录

阅读傅雷　理解傅雷

傅雷做出了各个方面的贡献，我们今天有一次机会，进行一次座谈，在我看来这就像是一次世纪之约。一百年前的4月7日，傅雷降生在这个世界，五十八岁的时候他离开了我们。四十二年了，我们没有忘记他，反而随着时间的流逝，越来越想念他。为了纪念他，我们这几天举行了一系列的活动。前天，“洁白的丰碑——纪念傅雷百年诞辰展览”在国家图书馆隆重开展，中共中央政治局委员、国务委员刘延东，文化部部长蔡武，国家图书馆名誉馆长任继愈等一批学术界、翻译界的同仁来到这里。昨天上午，在人民大会堂，由上海市人民政府、中国作家协会和文化部举办了傅雷诞辰一百周年的纪念会。这两次活动我都参加了，我自己仿佛又经受了一次精神的洗礼。看到傅雷的画像，看到了傅雷各种各样的目光，有深沉的目光，有忧虑的目光，有愤怒的目光，也有关切的目光，我还看到他时而露出的会心的微笑。

傅雷带给我们的到底是什么呢？昨天夜里，我真的不知道为什么，竟然在梦中又与他相见了。或许是日有所思，夜有所想吧，这两天我是真正地沉浸在傅雷的世界当中了。同时，在思念当中又有几分思索。今天，我想结合自己的一些感受，谈谈傅雷，谈谈傅雷所象征的某种意义。当然这都是自己的一孔之见，权当我走近傅雷、与傅雷交流的一次约会。让我们大家一起来跟他约会。

傅雷是四十二年前走的，对我来说，傅雷首先是一个翻译家。可能很多人都这么认为，傅雷是一个翻译家。诚然，没有翻译，就没有我们所认识的傅雷，或者说，就没有我们可以借助的某种文字的世界，进入傅雷所要展现的世界。但是，真正要理解傅雷，在我看来，必须对“翻译”这两个字有所理解。只有理解了翻译，理解了翻译所代表的文化意义、思想意义，才有可能打开一条通路去理解翻译之后的傅雷。

“翻译”这两个字，我想在座的各位，包括我自己在内，可能都有不同的理解。三十多年来，我自己对“翻译”这两个字的理解，在不断地拓展，也在不断地加深。伴随着我对翻译理解程度的逐渐深入，我才慢慢地对傅雷的生命、傅雷的生命价值，有了一些新的感悟。在座各位，请您现在闭上眼睛，展开联想，谈到“翻译”这两个字，您会想到什么？如果说，经过这一个多小时的讲座，大家对“翻译”这两个字有了新的了解，那么我想大家对傅雷的生命意义也一定会有重新的认识。如果那样，我会感到非常高兴。实际上，“翻译”这个词在我看来，也是中国语汇当中非常特别的一个词。它既可以代表翻译者这样一种主体，比如傅雷，他翻译了巴尔扎克的作品；它同时又可以代表一种行动，就是刚刚我们说的翻译。此外，它还可以作为一种结果，比如说巴尔扎克的《高老头》是傅雷的翻译。也就是说，它既可以代表翻译的主体，也可以代表翻译的行动，还可以代表翻译的结果。所以，我们要去理解这个概念的时候，就不能狭义地只去理解傅雷翻译了什么。

首先，作为一个翻译家，傅雷与别的翻译家是有所不同的。而翻译主体的变化，可能导致结果上的根本变化。比如说，傅雷作为一个翻译家，他所翻译的《高老头》，与另外一个人所翻译的《高老头》，就不一样。主体一发生变化，结果就跟着发生变化。

其次，在不同的时代，所翻译的同一部作品的情形也不尽相同。各位知道，有很多书，在某一个时刻翻译，跟在另一个时刻翻译，它表达的意义是不一样的。比如说，傅雷在20世纪30年代翻译的《约翰·克利斯朵夫》，和现在另外一个人所翻译的《约翰·克利斯朵夫》，意义会一样吗？在20世纪30年代的时候，中华民族面对着沉重的灾难，这个时候整个大地笼罩在一片黑暗当中，人民渴望的是光明。而恰恰傅雷在那个时候，他有机会跟法兰西土地上的罗曼·罗兰相会，他们的精神产生了共鸣。在那个时候他翻译了《约翰·克利斯朵夫》，其意义早已超越了翻译本身。

而从翻译的结果来看，比如说一个画家画的一幅画，在座的肯定就说，啊，张大千的，跟黄宾虹的或者刘海粟的，你们可能很快就会有某种评价，与我们现在的一般的人，与一个大学刚刚毕业的学生的画作，它们之间当然是不可同日而语的。但是我们今天对于翻译的理解呢，傅雷的翻译，和一个我们目前市场上也在流传的同一部作品的翻译，它们之间的价值差别到底有多大？我们有没有进行过这样一种深刻的反思？同样的一本书，出自傅雷手下和出自他人手下的结果，那是不一样的。

所以，我认为理解翻译，就要从这个词本身出发，把它当作一个翻译主体，当作一个翻译行动，或者当作一个翻译结果来考察。我们要考察翻译，或者说考察傅雷的翻译，就必须从这一个一个环节当中去考察，并且这个不仅仅是就理论而言的。实际上，对翻译这个词，个人的理解总是不同的。

我做过一些社会调查，在南京，大概是六年多前吧，我在一个居民区里，因为我认为人类的翻译行动、翻译活动是一个广泛的活动，所以我就到这个居民区里，做了一个调查。调查的对象都是六十岁以上的老人，包括男的女的一共二十个人。我问他们，一听到“翻译”这两个字，你们立刻会想到什么。最后的结果非常有趣，也让我感觉非常羞愧。其中有六个人说，一谈到翻译，他们马上想到《小兵张嘎》里那个胖翻译官。我想也许是南京这座城市带有太多历史的记忆，日本人的大屠杀给他们造成的影响，以至于《小兵张嘎》那个胖翻译官的形象，就深深地刻在了南京人的记忆当中。

这个调查，给了我一个新的思考空间。一个译者，他做的事情总要带有某种民族性，带有一定立场、一定历史，与国家行为相伴而生。所以，翻译并不是透明的、中性的。那个胖翻译官，他已经走上了翻译的另一面，成了一个出卖民族的丑恶灵魂。但是我并没有为此而感到气馁，这只不过昭示了翻译作为一种行为，它可能会有的各种不同的表现方式。

后来在西安，我又做了类似的调查。不过这次调查没有到居民区。我遇到了宾馆的工作人员，遇到了出租车司机，还遇到大学里的老师，调查的对象差不多也有二十来人。他们的回答又让我感到非常惊喜。同样的问题，他们回答了另外一个人的名字——玄奘。

大家都知道玄奘，他是中国翻译史上一个闪光的名字。大雁塔下二十年译经，他给中国文明带来的到底是什么呢？据说，他到印度取经，历经近二十年，回来的时候，提前一天到长安。本来皇帝和文武官员是要召见他的，最后因为他来得早了，没想到万人空巷，到了长安城外，竟然像今天接待明星一般发生了踩踏事件。那么，玄奘给我们带来的，他带给我们整个中华民族的，到底是什么呢？梁启超说，如果没有佛经的翻译，中国的汉语可能要失去很多丰富的内容。中华民族就是有这么一种精神，可以向外来的世界敞开，通过翻译不断丰富自我的文化。

此外，我在南京大学每年都要开一门“翻译通论”的课，这门课面向文科生，但也有部分理科的学生选修。每年的第一节课，我总是会提一个相同的问题，请学生列举五位翻译家的名字。或许是第一次上我的课有点紧张，很多人连一位都列举不出来。我进行了五届的调查，有三个名字是经常出现的，一个是玄奘，一个是傅雷，还有一个是林纾。在大学生、硕士生的眼里，这三个人对中国的文化而言，意义非常重大。傅雷，包括玄奘以及林纾，为什么在他们离开世界这么多年以后，依然能够在中国的文化中被传承下来？

这说明一个问题，只有一个人的生命跟中华文化、中华民族的发展相结合，他所做的贡献，只有经过了时间的沉淀，才会慢慢地显示出分量，才会慢慢地在其他的名字当中，被越来越多的人记住，而且随着时间的变化，分量越来越重。

我再追问，傅雷这个名字，对于那些同学而言意味着什么？这样的调查，也进行过很多次。在各个不同的人群，各个不同的时期，回答有时却惊人地相似。很多人，特别是四十岁以上的人，许多都说自己是读着傅雷的著作长大的。老人说的时候眼睛里会闪出一束光芒，年轻人也会有某种自豪感。如今在二十来岁的人当中，也许傅雷已经不是一个标志性的符号。但是，在我们的课本里，在我们的选集当中，傅雷还是一直被完整地延续下来，而且在新的时期，在中国文化走向国际的过程当中，傅雷的名字一定会显示出它更多的价值。

刚刚我谈到翻译，就我个人而言，我对傅雷的认识与理解，也是随着时间的累积而不断加深又加深的。在 1971 年我十七岁的时候，有机会学习法语。因为学法语，自然就要对法国文学有所了解，而巴尔扎克肯定是一个跳不过去的名字。所以，慢慢到了1973年、1974年的时候，我就知道了傅雷。那时候有些老师的家里，也已经有傅雷的书，因为搞法语的老师都是忘不了傅雷的。虽然图书馆有一段时间，大概在1971年、1972年的时候，还查不到他的书，但是因为老师家里头有，所以就偷偷地拿来读。读了以后，就要去对原文，开始的时候，法文刚学，当然对不出个什么名堂，只是觉得这个中文比法文好，所以当时感觉中文的东西就是比法文的好。但是后来，特别是大学毕业之后，1976年我去法国，带了一本《高老头》。以后就一直关注翻译，再后来，在整个的阅读当中，因为脑子里有了傅雷，有了他的翻译，而且他翻译的东西在我看来比原文还要好，所以自己也就逐渐喜欢上了翻译。当时想的是，要是哪一天我有机会，也能翻译一本书，那该多幸福。冥冥之中，其实是在傅雷译作的召唤下，我才走上了翻译这条路。后来回国，就迫不及待地想把在法国看到的一些好书，翻译成中文出版。然后从1980年开始，我就慢慢走上了翻译这条路。

我在翻译的过程中，遇到了极大的困难。原文说什么，要变成中文，谈何容易。所以我就开始学习傅雷，一本书他是怎么翻译的，动词怎么处理，逐渐学到一些翻译技巧。我在对的过程中，有些发现，好像还沾沾自喜：发现个别词他好像漏掉了，或者有个别词，好像还认为跟自己理解的不一样。所以，当时对于傅雷翻译的认识，实际上完全局限在文字的表层。甚至对于一些方法，我认为翻译应当是非常忠实的，而傅雷的翻译以传神为基因，所以有时还觉得特别忠实的翻译更好。但是，慢慢地我发现了问题。

一般人学翻译，开始注重的是表面的一二三，却不了解文章字面背后的一二三四。也就是说，像我当年那样初学翻译的人，很多时候只是在字面上理解意义，不知道字面后可能深藏的意义。而傅雷恰恰能够从字面深入到字面背后，从字里行间挖掘意义。随便举一个例子：Il y a du divin même dans un puce. 这个法文原句如果我直译过来非常简单，就是一个虱子里头也有神圣的那种东西，这是巴尔扎克的一句话。但是到了傅雷笔下，马上显现出某种特有的内涵和风姿。他的翻译为："一虱之微亦有神明。"短短八个字，让字面之后所蕴含的意义毕现无余，很快拉近了读者与作者之间的距离。我觉得，起初，傅雷之于我，是那一本本翻译的书，我记住的是那些书的名字，但是翻译家的艰辛我并没有认识到；然后慢慢地通过翻译，我发现，从一国文字到另一国文字的翻译过程，是相当辛苦的，更是一种创造性的工作。正如钱锺书先生所言，从一国文字到另一国文字，那是一路颠簸，一路障碍，要达到另外一种文字的彼岸，没有对自己所属民族的那种文字的高超的功夫，和那种深厚的文字修养和文化修养，是非常难以达到的。所以，在我二十多岁、将近三十岁的时候，傅雷代表的仅仅是法国的一些名著。后来因为自己喜欢上了翻译，去钻研翻译，还学到不少西方的理论。因为我自己也搞翻译理论。美国有位著名翻译理论家叫奈达，他说任何一部文学著作，其寿命只有五十年，五十年以后就要灭亡。傅雷的译作，如果从他 1929 年翻译《艺术哲学》第一章算起，他的作品到了 20 世纪八九十年代，五十年早就过去了，但是却依然拥有生命，为什么呢？

这是一个问题。今天，包括郭沫若翻译的东西，比如《少年维特之烦恼》，都已经开始渐渐为人们所淡忘，市面上也已经很难找得到。但是傅雷翻译的任何一部作品，在今天都仍然拥有生命力，这到底是为什么呢？仅仅是他翻译得好？或者说他翻译得传神？还是另有原因？

以前，三十岁或者三十岁以前，我关注傅雷的整个翻译过程。当时我就想，傅雷到底翻译了什么？他选择了什么东西来翻译？我觉得这一点非常非常重要。如果读傅雷的译作，然后再回过头看他翻译了什么，你就会明白，傅雷翻译的每一部作品，都是跟我们国家一定时期的那种精神状态，国人的那种精神需求、文化需求，以及在善与恶的分辨当中的某种要求，紧密相连的。刚才我已经讲到过他翻译的《约翰·克利斯朵夫》。罗曼·罗兰写这本书的时候，第一次世界大战刚刚爆发，整个欧洲精神崩溃、颓废，好像看不到一点光明。罗曼·罗兰一直在寻找，希望找到一种大勇主义，即书中所说的“打开窗户吧”，让自由的空气进来，让大勇主义进来，也就是我们所说的大英雄主义。所以，罗曼·罗兰写作这部书，实际上是想为欧洲、战后的欧洲人呼唤一种英雄主义，为人类带来某种出路和希望。因为第一次世界大战之后，痛苦、绝望、怀疑，笼罩了整个欧洲大陆。傅雷在 20 世纪 30 年代与他相遇，之后就仿佛一下子跟《约翰·克利斯朵夫》的这位创造者，也就是罗曼·罗兰，形成了一种灵魂上的共鸣。他感觉到中华民族也同样是一个灾难深重的民族，整个中国同样也笼罩在一片阴霾之中。所以他翻译《约翰·克利斯朵夫》，而在整个翻译期间，大家知道，中国正处于抗日战争的水深火热之中。那种对英雄主义的召唤，对光明的渴望，给了傅雷极大的翻译动力。所以，他的书一出版，我们可以想象，读者一定是踊跃的。傅雷的书，在两个历史时刻，真可谓是万人争购，一个就是《约翰·克利斯朵夫》出版的时候，即解放前、抗日战争结束前的那段时期；第二个就是在1978年之后。

傅雷的译作，总是跟我们中华民族的特定历史时刻、特定的需求与渴望结合在一起。比如他翻译的《文明》，1947年翻译的斯诺的一些文章，后来集结成册，即《美苏关系检讨》。傅雷翻译了很多文学书籍，为什么那个时候他会去翻译斯诺的《美苏关系检讨》？第二次世界大战之后，苏联跟中国处于一种特别的微妙关系之中。如果我们去读傅雷写于1945年至1946年的一些杂文，就会发现他对于苏联当时出现的某种野心是有所警觉的。他要翻译这部书，实际上是要提醒我们的民族，在跟苏联的关系当中要时刻保持警惕。

解放后，傅雷开始翻译巴尔扎克作品。如果你去读他的译者前言，就会发现，傅雷写的这些东西都非常简单，但又透露出十分强烈的信息。巴尔扎克的《人间喜剧》让我们注意到，人类世界也存在善恶不分、美丑混淆、真假难辨的情况，傅雷正是要我们保持警惕。读了他的译著，好像让人感觉到某种光明的照耀。并且，他选的书往往带有一种朴素的价值，至今读来仍然不过时。再加上傅雷传神的笔触、深刻的理解，赋予了其文字以某种穿透力。傅雷的作品，包括傅雷这个人，就好比一棵常青树。他不仅在翻译的艺术上，打破了西方学者所谓的文学翻译作品五十年就要过时的说法，而且他的译作，就好像一棵根系发达的常青树，给我们留下了宝贵的精神财富，给中华文明与文化带来了新的因子。他的作品，能够不断地流传下去，而且随着时间的推移，还会显示出越来越多的价值。因为他所选择的作品，都是经得住时间考验、经受得了历史选择的经典。而在上述过程当中，我对于傅雷的认识也逐渐深刻，并且对于翻译本身，也有了新的认识。

我一直在想，如果没有傅雷，罗曼·罗兰就不会那么幸运地在中国被这么多的读者所了解。罗曼·罗兰在法国并不是超一流的作家，他在法国的影响远远不及其在中国的影响。同时，如果没有傅雷，而是另一个人翻译了巴尔扎克作品，我想《高老头》《贝姨》《邦斯舅舅》等一大批名著，它们留给大家的印象，可能又会是另外一番景象了。所以，慢慢慢慢我就觉得，翻译真的像是历史的一桩奇缘。现在，也许一部荣获诺贝尔文学奖的作品，一个大学刚刚毕业、没有受过任何较好文化熏陶的年轻人，都敢去翻译。而这样所造成的结果，就是原作的生命被阉割了。翻译有的时候就像是一桩婚姻，两颗心相遇了，他们的灵魂共鸣了，气质相投了，翻译起来就像一桩美妙的婚姻，会有非常好的结晶。可如果遇到一个不好的翻译，这样的生命就会凋萎。所以在很长一段时间里，对于“翻译”这个词，就像德国一位非常有名气的学者所说的，翻译啊，实际上是让一个国家的文化得到重生。所以说，没有傅雷的翻译，在中国就不可能有巴尔扎克那样的生命，不可能有梅里美那样的生命，也不可能有罗曼·罗兰在中国的影响力。所以在这个意义上，我想罗曼·罗兰也好，巴尔扎克也好，他们都应该非常感谢傅雷。我们今天通过傅雷可以理解，翻译是一段美妙的奇缘。

但是，历史上对于翻译的理解却并非如此。据我所知，大文学家歌德，他开始对于翻译，并不是那么看重。他说，翻译就像媒婆，有的时候强行拉在一起，有的时候，弄好了可能促成一段婚姻。所以起初当他的作品被翻译时，他完全不以为然。但后来随着年龄的增大，他发现自己的作品已经了无生趣。他觉得自己的书在德意志的土地上慢慢地枯萎了，失去了芬芳。后来法国有个翻译家奈瓦尔翻译了他的《浮士德》，送给他读，歌德眼前顿时一亮。后来歌德在日记中写道，当他读到奈瓦尔翻译的“Faust”（《浮士德》），就好像在法兰西的土地上，那束枯萎的鲜花重新盛开，获得了生命，散发出越来越浓郁的芬芳。我想，傅雷就是让巴尔扎克、罗曼·罗兰、梅里美的那些在法兰西大地上日渐枯萎的鲜花，在中华大地重新开放、散发出更加浓郁芬芳的人。

这里，我们不妨检讨一下。如果中国的《红楼梦》，中国一些好的作品，落到一个不是很好的译者手里，它的命运会如何呢？对于翻译的品质，在座的各位不一定特别敏感。实际上，一个好的翻译家的作品，起到的是吸引的作用，会吸引越来越多的人阅读。而阅读的人越多，对作品的理解才会越丰富，无形中也就丰富了作品的内容。所以，一部好的作品，它必须被翻译，价值越高它就越有可能被翻译，而且要呼唤翻译。如果一部作品不能被翻译，就好像不能被阅读，而不被阅读，它就要死去。像傅雷这样的翻译家，恰恰是他们，让一部作品的生命得以在另外的一片土地上不断延伸。如果要理解翻译，我想这一点大家千万不能忘记。

对我而言，傅雷这棵常青树，不但延续了国外一些文学家在中国的生命，更重要的是，他的译作滋养了我们的整个民族。因为傅雷的译作，到了后来已经不仅仅是译作那么简单，他的文字的生命开辟了某种体裁。我是一个做翻译的，我经常用一本叫作《描写词典》的翻译字典。我先后用过两部《描写词典》，记不清是哪个出版社的了。但是我发现其中的很多描写，一些非常好的词语，都是从傅雷的译作当中摘录的。这说明，傅雷的译作，已经成为公认的写文章、翻译文章时的一种工具，它成了中华语言的一部宝典。在这个意义上，傅雷不仅在思想上给大家带来了光明，而且在语言层面，也赋予我们以养分，成为我们学习的榜样。

然而，我想翻译的作用还不仅限于此。傅雷为什么能够选择这些翻译？他为什么能够采取这样的一种方法来翻译？他的作品为什么会有如此之大的影响力？带着这些问题，我开始尝试从艺术反观傅雷这个人，其间读到金梅写的《傅雷传》，还有其他的一些书，以及傅雷为其译著撰写的前言、后记等。我觉得单靠一己之力不行，所以就利用工作之便，让我的学生也来研究傅雷。今天上午给大家做讲座的金圣华教授，我记得她在法国作的博士论文，就是研究《高老头》。好像北京外交学院也有一位老师在法国作的博士论文，也是研究《高老头》。那么在我这里，我同样让学生从傅雷译作的用词造句、形象塑造等方面，从整个的层面上逐步展开研究。四五年前，曾经有个学生说，现在的文学大概可以分为两类，一般人都认为是外国文学、中国文学。中国文学，大家知道，那么外国文学到底是什么呢？外国文学实际上也有两类，我们所读到的外国文学，是中国翻译家翻译的外国文学。他说，法国出版的法文《红与黑》与中国出版的中文《红与黑》，它会是一个品质吗？所以，他提出，当然前辈也有这么提出的，实际上外国文学中，还可以分出翻译文学一类。翻译文学这个概念提出后，他就以傅译《约翰·克利斯朵夫》为研究对象，着手做一个有关翻译文学经典的形成和影响的研究。经过研究，他发现一部翻译文学经典的产生相当不容易，它需要一种历史的沉淀，更需要翻译家本人与作者之间形成某种合力，才有可能产生出真正好的翻译文学作品。而傅雷恰恰是这一方面的典范。我一直在想，我也读了一些东西，包括他的书信，包括他写的一些政论，包括他的《世界美术名作二十讲》，等等。就在刚刚来这里之前，我又去看了一次展览。我想，如果用天才这两个字形容傅雷，真不为过。他到法国一共就四年时间，去之前学了一点点法语，在去的轮船上还在学法语。到法国之后，他住在南方一个小镇上，跟房东太太学法语。但是一两年之后，他到巴黎大学去，就听关于卢浮宫的美术学课。当时他学法语也就一年多不到两年的时间，对法语谈不上精通，但是他却能够透过语言的表层，直接触及法兰西乃至世界美术的精髓。在众多的美术画作当中，他对于那些闪光的珍珠般的画作，对于它们的影响，都有着真切的分析，二十四岁就完成了《世界美术名作二十讲》。我一直在想，我们现在的一些年轻人，从小学就开始学英语，中学又学，大学还学，托福也考了，但是却依旧停留在语言的层面上。他们不知道运用语言这种工具，把它作为认识世界、创造世界的一种符号。唯独傅雷，他拥有这种眼光，能够透过语言的表层，深入到这个民族的深层内部。他的目光具有那种穿透力。他所写的《世界美术名作二十讲》，至今都是国内美术学院重要的教科书。去年我在巴黎，遇到中国美术出版总社的总编辑程大利先生，当时我问他对《世界美术名作二十讲》的看法，他只用了五个字，经典啊经典。它的经典就在于，傅雷善于提炼出对于我们民族有用的东西。

我经常上法译中的翻译课。有一次上研究生的课，我就问他们，我说今天你们对我这堂课有没有什么期待什么希望啊？他们很开心，啊呀，许老师也翻译了很多东西，而且也读了傅雷很多东西，对傅雷翻译的一些窍门啊，一些技巧啊很熟悉，他们说我们可以听你讲这些。我当时就说，你们是不是就想听我讲一讲长句怎么变成短句，形容词怎么变成动词啊？我说这些东西教科书上都有，但是你们可以想一想，当时是谁叫傅雷去做翻译的，又是谁让他选择那些东西翻译的。现在你们来上学，我记得巴金先生十七岁就开始做翻译，而且不仅是找了当时我们国家所需要的东西翻译，而且还办自己的杂志发表出来，为国人提供精神食粮。可是现在的研究生，他想到的只是翻译技巧，这个字怎么译成那个字。更为重要的却是，我们的国家现在究竟需要什么样的东西来翻译。通过《世界美术名作二十讲》，傅雷让我们看到了语言和思想之间的一种紧密关系。作为译者，我们应当具有一种选择的眼光。

《世界美术名作二十讲》，让我们看到傅雷对于西方美术、艺术世界的一种独到的认识和特别的把握，同时也让我们看到，他在每一个历史时期，对政治的敏感性都是非常强的。抗战之后，傅雷写过一些杂文，解放之后的1953年、1954年，他又写了一些杂文。我看过他文集里的一封信，好像是1952年时写的，他当时就提出：一个人如果只讲假话，只讲套话，还有什么意义啊！可见，他当时就对讲假话、讲套话提出了严厉的批评。傅雷，他在每一个能够给我们民族带来某种新希望的时刻，都会在政治上特别敏感，并且尖锐，发些文章。所以，他是一个政治非常敏感的人，所以他才会跟马叙伦一道，筹建中国民主促进会。傅雷应该算作民进最早的成员之一，如果是现在，他可能就是政协副主席了。他在书信里记载，第一次开会在上海，三十几个人，本来说好选三个理事，结果一选选了六个，后来六个变成九个，九个变成十一个，最终变成十五个。傅雷认为，民主促进会是促进民主，不是每一个人都去争夺一个位置，所以就愤然退出了。可见，他在政治上是有抱负、有追求的，在我们民族灾难深重的时刻，他能够指出我们民族的某种方向。

回到文学上来。上海滩，1944年，当时张爱玲非常红，傅雷写了《论张爱玲的小说》。在今天看来，那也是有独到见解的一篇文章，而且还开创了一代的评论风气。傅雷对真的追求，对艺术的批判，以及对思想的把握，让我们能够更好地了解张爱玲，也让张爱玲自己得以更好地了解自己。

傅雷也当过中央文物编审科的科长，去过敦煌。他对中国的艺术，有独到见解，包括后来对黄宾虹画的看法，操办他的画展。所有这一切，美术上的独到眼光，文艺上的评论勇气，开先锋的批评方法，政治上的追求与敏感，求真的勇气，对中国文化独到的见解，傅雷为什么独独选择了翻译呢？十六七岁就写小说发表，他为什么不去当艺术家、当小说家、当别的什么家？他为什么就如此专注于做翻译呢？这就像一个谜，我在不断地探索。后来，我慢慢发现，1949年以前，他觉得当整个环境政治至上的时候，一个人是很难发表自己的观点的。所以，他把翻译作为一种表达自己思想、倾注自己理想的手段。读傅雷的作品，你能感受到他有他的政治追求，对美的追求。所以在这个意义上，傅雷的翻译实际代表了他自己思想的某种传达，因为他是一个不折不扣的思想家。所以到了“文革”，一向求真的傅雷，他就觉得已经再也没有机会了，哪怕翻译的机会都没有了。如果说一个人再也没有表达自己思想的机会，人的尊严被玷污，要去靠说假话过日子，求得一次生存的机会，这种时候对一位思想家而言，他一定是不能够接受的。所以他写下了那封遗书，一共十三条，一点一滴记得清楚。我每次看他的遗书，都会真的落泪，他交代亲戚落实每一件事情，然后他非常平静地走了。而走的这个过程，实际上也是傅雷对我们这个时代的一种控诉。前两天有记者问我，他说，你对他的死怎么看？我说他死得值得，但也非常残酷。在南京，我们5月份要召开一次大的会议，叫作"'傅雷与翻译'国际学术研讨会"。我想请余光中先生来，他今年有八十岁了，结果他说因为有别的事不可能过来，是身体的原因，但他很快写了两页纸给我寄过来，字写得恭恭敬敬、工工整整。他就说，他在上中学的时候，没有人不读傅雷翻译的东西。他看傅雷的家书，傅雷翻译的作品，给他带来的影响非常之大。傅雷在中国文化的发展过程当中，特别是20世纪，其贡献非常之大，我们的国家应该以傅雷为荣。由此我想，傅雷真是有政治上的一种敏感性，他对于艺术的追求，对于中西文化精髓的深刻理解，使其成为两种文化之间的一种摆渡者。同时，他又是一位思想家。而恰恰在这个意义上，我们看到了翻译的作用。傅雷所要塑造的，是我们国人的一种精神。他要借助对西方的吸收来融合中国文化。所以随着我们对翻译不断深入的认识，再回过头看傅雷所做过的点点滴滴，就会明白，傅雷的翻译，绝不是随意的一种翻译，而是真正融入了自己的心血和追求。而且在文学上，他延续了国外那些大家的生命，促使西方文化与中国文化产生互动，以此滋养中国文化，进而在思想上达到一种传播真的境界。在我看来，傅雷的人格是非常伟大的。现在傅雷对于我来说，已经不仅仅是那一本本书，也不仅仅是一种翻译的艺术，而是一个大写的人。

那么今天，我们来纪念或者学习傅雷，应该是不一样的。傅雷翻译的一生，既包含广义的翻译，也有狭义的翻译。在我看来，翻译有三种类型。一种是一种符号到另外一种符号的翻译，"诗中有画，画中有诗"。也就是说，从诗歌到音乐，可以进行翻译；从绘画到音乐，也可以相互翻译。实际上，人类要认识世界，就是要创造一种符号。一个人掌握的符号系统越多，比如说音乐符号、绘画符号、文字符号，他对世界的认识就会越全面、越细腻。可是今天，我们把符号当成了一种所谓的尊严，家长要小孩子学钢琴、学绘画，目的不是培养孩子认识世界、创造世界的方法，而是为了能够上好的学校，甚至为了高考能多得几分，数万人去争那个所谓提前报考的艺术专业。反映到翻译上，你认识的符号越多，对世界的认识相对而言就越深刻、越全面。因为，每一个符号系统对于认识世界的路径都是不一样的。傅雷对这些符号具有深刻的理解。他洞悉音乐符号，所以傅聪成为音乐家并非偶然；他对绘画符号，对于黄宾虹，对于他的画所积淀的中国文人传统和文化传统，都是看透了的。所以，程大利先生才说，傅雷的眼睛都比我们早五十年，他能够看到这些，而我们现在的中国画界才慢慢认识到黄宾虹的了不得。同时他也掌握了文字符号，所以他是一个全面认识了符号系统的翻译家。他的《世界美术名作二十讲》，就是符际翻译的一种根本性体现，傅雷透过表面的一切，抓住了其内在的精髓。第二种翻译，是从一个民族到另外一个民族。法国作家斯塔尔夫人说，人一生最大的贡献，最了不起的事情，就是把文学从一种语言翻译到另外一种语言。这是一件非常了不起的事情，傅雷做到了。所以，我想法国的这些作家会非常感谢傅雷，我们中国人也会非常感谢他。

文字表层以下，文学翻译之后，傅雷所要传达的是一种思想、一种文化。如果我们今天评价傅雷，仅仅是从文学与文字艺术的角度切入，一定是不够的。他的文字、文学与文化是互动的，在互动中产生出思想的力量，而后传播出去。所以，傅雷是影响了中国文化征程的一个人。几年前读到一份报纸，上面有人说，一部数百万字的西方文学作品，阅读之后的二十年三十年，有时就融为几个字，比如《战争与和平》里“幸福的家庭都是相似的，不幸的家庭各有各的不幸”；而傅雷翻译的《约翰·克利斯朵夫》，就是四个字“江声浩荡”，这四个字荡涤到人的灵魂。

在翻译当中，傅雷恰恰就是把文字化作了一种思想，在文字中注入了个人的强烈感受，使译作的文字与原作的文字产生共鸣。“江声浩荡”这四个字，就好像预示着一个英雄的横空出世；“江声浩荡，自屋后上升”，莱茵河边那浩荡的江声起来之后，就预示了一个英雄的降临。但是你再去看另外两个译本，一个译作“江流滚滚，震动了房屋的后墙”；另一个译作“屋后江河咆哮，向上涌动”。同样一句话，只有傅雷翻译出了那种气势。我曾经问过这两个译本的译者，我说“江声浩荡”那么好，为什么你会翻成“江流滚滚，震动了房屋的后墙”？他说，你想一想嘛，在屋子的后面有一条江，然后滚滚，对不对？那不是我屋子的后墙也要震动吗？

我说原文，他说原文看不出来就一定是“浩荡”，“浩荡”两个字并没有的。英国人的翻译跟这个又不大一样。gronder 名词就叫 grondement，grondement 指轰轰的声音。只有傅雷在这个词当中感受到河的某种象征意义。百余万字的作品当中，他能够敏锐地发现这一音乐的动机，每到高潮处就出现这个动机。所以整部书中，有多少次出现这个词，就应该有多少次“江声浩荡”。傅雷恰恰抓住了这些，他从整体上抓住了其象征的作用，并且前后照应，几处遇到都是“浩荡的江声”或者“江声浩荡”。但是，有的翻译家却只是从字面上理解，根本不能照顾到全文，不知道也忘记了当中出现过几次这一音乐华章般的强烈动机，更别说在译文中重复地烘托出这一动机来了。

在傅雷眼里，翻译不是死的文字。这就像余光中说的，翻译就像一只鸟。有的人一字一词地对应，就像一只鸟，连根毛都没有少，但是它是一只死鸟，至多是一个鸟的标本。但是，傅雷的翻译，有的时候也许会失去一根毛或者别的，因为在翻译的过程中，存在不可调和的矛盾，必须加以改造，不改造，国人就无法接受。所以，看上去好像它失去了一些什么，或者跟原文不能够一一对应，但是，它传达的却是新鲜的生命，是一只活的鸟。这就是一个翻译匠和一名翻译家之间的区别：翻译家像傅雷一般赋予作品鲜活的生命，而翻译匠最多做出一个一根毛都不少的标本。我们要感受的，恰恰就是傅雷在其翻译当中所感受到的东西，所以说翻译是难。最近，我在上课的时候，遇到一些翻译的例子真的翻译不出，我说如果傅雷先生在就好了，我真的可以去请教他。比如说，法国有个女院士尤瑟纳尔（Yourcenar），她在一部小说中模仿我们的话本小说，说我们的姑娘多么美，可是翻译的人是怎么来处理的呢？“啊呀，这个姑娘，她脆弱得像芦苇，她甜蜜得像口水”，还说“她咸得像眼泪”。我到现在也没看懂，什么叫“甜蜜得像口水”，还“咸得像眼泪”，“脆弱得像芦苇”，实际上那个不是脆弱，应该是说这个姑娘非常柔，如杨柳。但是法文原文是这样的，如果不改，中国人不明白什么叫“甜得像口水”；可是如果改了，那些制作鸟的标本的批评家，就会说你跟原文不一样。所以在翻译的过程当中，我们再去看傅雷，就能明白他所有的文字到最后，都是朝着一种鲜活的方向前进。

我看过傅雷的很多译本，他追求“神”，比如形容一个人肚子很大，开始翻译成“大腹便便”，后来觉得这个词不够好，最后改成“腆着一个肚子”，形象马上就不一样了。说一个人在房间里悄无声息地往前走，最后他改成三个字，非常简单，“悄悄地”，看上去不经意的文字，却传达出一种新鲜的事物。我们考查其翻译过程时，就会发现，傅雷在翻译艺术上不断追求的，一个是形与神的问题，一个就是归化与异化的问题。

傅雷注重“神似”，并认为翻译形神皆备最好。但是，从外语到汉语，发音变了、字形变了，而形式一变，意义就有可能产生变化。这时，如果一味机械地翻译，意思也就完全走样了。傅雷从对绘画符号的深刻理解当中，看到了形与神之间的这种特殊关系，由此提出，在文学翻译中求本，在形似与神似之间，应该是重神似、不重形似。翻译之难在傅雷那里，成为一种挑战，是对原文的挑战和超越。傅雷让原文的东西在中国这片土地上，跟中国的文化水乳交融而不露痕迹，构成了一种语言创造的典范。

总结一下我们今天的内容，从对翻译这个词的理解，到三十年来对翻译的探索，傅雷对我而言，他的意义是不一样的。他代表一种文化的高度，影响到学界的思想，滋养了中华民族的文化。这样去想，我们就可以回答出，为什么傅雷执着于翻译、钟情于翻译这个问题。这以后再去理解傅雷的意义，就会明白，翻译对于傅雷，是一种思想的表达、理想的体现、热爱祖国的显示。由此理解他的翻译事业，我们才能够真正超越文字的表层，上升到文化以及思想意义的层面。

最近有记者采访我，他说，现在纪念傅雷到底有什么意义？我们中国人做事总要找点意义。我们活着也要有点意义，如果没有意义或者说没有意思，也就不活了。任何事情都要追求一种意义，而翻译恰恰对意义这两个字异常敏感，因为没有意义就无从传达，所以有一首歌里唱：“啊！你是天，你是地，你是意义，除了你没有真理。”傅雷认为，翻译从一开始就要穿透文字、抓住意义，然后再把意义转移到另一种语言，赋予其新的生命。他的这种理解，比一般的理解多出一个层面。所以，当有人问我翻译到底有什么意义的时候，我说我们在今天纪念傅雷，他本身的意义是更为重要的。因为我们这么一个时代，已经是一个全球化不断加快的时代，经济是一体化的，在欧洲，它的国界可以打开，它的货币都可以统一，但是唯独它的文化却不能够统一。文化必须多样化，如果所有的民族文化都统一了，那么世界也就失去了它的丰富性。所以，我们要维护文化的多样性，而文化又是跟语言结合在一起的。可是，大家学英语的时候却都忘记了，如果全世界都学英语、不讲中文，我们中国还会存在文化吗？如此一来，我们的四书五经就没有了，就不可能再传下去了。所以要维护文化的多样性有个前提，就是必须有语言的多样性，而翻译恰恰就是保护语言多样性的一种最好方式。同时，翻译的意义还在于，通过翻译可以非常敏感地发现与我们不同的东西即差异，而翻译最重要的就是能够尊重差异、表现差异。我们为什么要去翻译外国的东西，傅雷为什么要去翻译外国的东西？正在于要发现外国与我们之间的不同，而这些不同的东西对于我们中华民族来说，又恰恰是一种补充、一种丰富。今天，我们宣传与弘扬傅雷广阔的胸怀以及求真的勇气，因为这些正是我们这个时代所需要的。今天，我们纪念傅雷，实际上不仅仅是为了翻译，更是为了翻译之后其所代表的世界的相互交流、交融、补充以及丰富的过程。而傅雷的影响，已经远远超越了中国，法国已经把傅雷作为一种中法交流的象征。法国的文化部、外交部十年前就创立了“傅雷计划”，希望把法国的百部优秀作品推向中国。法国是一个崇尚自由与博爱的国家，他们把将自己的作品向外传播的计划命名为“傅雷计划”，这恰恰体现出傅雷精神的重要性，体现出傅雷的时代意义。在今天，傅雷已不仅仅属于中国，他更属于整个世界；傅雷精神，可以帮助我们跨越文字的障碍，在文学上有所交流，在文化上有所互补，促使全世界的人们为了一种和平和谐的文化而努力追求。

回顾傅雷的一生，他的心是那么善良和纯洁，他求真的勇气又是那么可贵。我想，他求美的每一个足迹，一定都会深深印在我们每一个人的脑海中，印在每一个中国人的心里。带着如此的感悟再次阅读傅雷，我们一定可以体会到那些个字分外珍贵。今天，在这里，仅以我自己的理解，从翻译的角度谈了一些我个人对于傅雷的认识，谈得可能比较粗浅，但是不管怎样，我们拥有这么一个世纪的约会。非常感谢大家，谢谢！

（本文为许钧于 2008 年 4 月 9 日应邀在国家图书馆所做讲座的整理稿）

再版小记

我曾在很多场合说过，傅雷，对于我而言，是灯塔，一直指引着我在翻译之路上前行。

学习翻译，研究傅雷，几乎贯穿我的整个翻译探索之路。我知道，学术贵在传承与发扬。早年，我曾花过不少时间细读傅雷的译文，学习的主要是傅雷的翻译艺术和翻译方法，还探讨过傅雷的翻译特色和风格。随着学习与探究的深入，我开始关注翻译背后的人，关注赋予了原著强大生命的翻译家傅雷。我不断思索，对于傅雷而言，翻译意味着什么？傅雷为什么一辈子如此专注于翻译？他的翻译到底给中国社会、给中国读者带来了什么？带着这一个个问题，我从对傅雷翻译的关注，到对傅雷思想的关注，再到对傅雷作为翻译主体的关注，一步步走近傅雷，理解傅雷。傅雷对翻译精神有着本质的把握，对翻译艺术有着独特的追求，对翻译之道有着深刻的领悟，《傅雷翻译研究》就是对傅雷展开多维度研究的一次具有突破性的尝试。该书出版后，得到傅雷之子傅敏的高度评价，也得到了翻译学界的积极认可，于 2020 年获得了全国高等学校科学研究优秀成果奖（人文社会科学）一等奖。在我看来，这是学界对傅雷翻译研究的特别关注和支持，是对傅雷翻译精神的弘扬。《傅雷翻译研究》出版之后的这些年来，我和我的团队没有懈怠，不断拓展对傅雷翻译精神、翻译艺术、翻译思想、翻译影响的研究。我和宋学智教授继续合作，在商务印书馆的“故译新编”丛书出版了《傅雷卷》，又在浙江大学出版社“中华译学馆·中华翻译家代表性译文库”出版了《傅雷卷》。宋学智还在浙江大学出版社的“中华译学馆·中华翻译研究文库”出版了重要的学术著作《傅雷与翻译文学经典研究》。此外，还在《中国翻译》《光明日报》等重要学术刊物与报纸上发表了多篇具有拓展性的傅雷翻译研究成果。我觉得，对傅雷的研究与探索之路很长很长，我们要继续走下去。

许钧　2023 年 6 月 16 日于南京黄埔花园